主编 ◎ 尚珂 高泉

流通法制论坛

LIUTONG FAZHI LUNTAN

第三辑

知识产权出版社

全国百佳图书出版单位

图书在版编目（CIP）数据

流通法制论坛. 第 3 辑 / 尚珂，高泉主编. —北京：知识
产权出版社，2015.8

ISBN 978-7-5130-3446-3

Ⅰ.①流⋯　Ⅱ.①尚⋯②高⋯　Ⅲ.①商品流通—法制—文集

Ⅳ.①D912.290.4－53

中国版本图书馆 CIP 数据核字（2015）第 070808 号

内容提要

"流通法制论坛"是为促进学术与实践交流，汇聚最新国内外流通法制理论与实践
成果而搭建的交流平台。论坛鲜明的特色和研究方向，得到社会各界广泛关注。来自政
府管理部门、研究机构、高等院校以及法律服务机构、企业等诸多单位的政策制定者、
理论研究者、实务工作者汇聚一堂，围绕着流通领域法制建设理论与实践的重大问题、
热点问题进行广泛而深入的研讨，实现法律与经济的对话、理论与实践的碰撞。论坛具
有前瞻性、多元性和深入性等特点，形成了许多有真知灼见的学术观点和研究成果，以
供读者了解借鉴。

责任编辑：纪萍萍	**责任校对：**孙婷婷
封面设计：邵建文	**责任出版：**刘译文

流通法制论坛（第三辑）

尚　珂　高　泉　主编

出版发行：知识产权出版社 有限责任公司	**网　　址：**http：//www.ipph.cn
社　　址：北京市海淀区马甸南村 1 号	**天猫旗舰店：**http：//zscqcbs.tmall.com
责编电话：010-82000860 转 8387	**责编邮箱：**jpp99@126.com
发行电话：010-82000860 转 8101/8102	**发行传真：**010-82000893/82005070/82000270
印　　刷：北京中献拓方科技发展有限公司	**经　　销：**各大网上书店、新华书店及相关专业书店
开　　本：787mm×1092mm　1/16	**印　　张：**17.75
版　　次：2015 年 8 月第 1 版	**印　　次：**2015 年 8 月第 1 次印刷
字　　数：310 千字	**定　　价：**52.00 元

ISBN 978-7-5130-3446-3

序　言

　　"市场流通法制论坛"是为开展学术与实践的交流，汇聚国内外流通法制理论与实践成果而搭建的交流平台，每年举行一次。在论坛上，来自政府管理部门、研究机构、高等院校以及法律服务机构、企业等诸多单位的政策制定者、理论研究者、实务工作者汇聚一堂，围绕流通法制建设理论和实践领域的重大问题、热点问题进行了广泛而深入地交流、研讨，形成了一系列具有真知灼见的学术观点和研究成果。这些学术观点和研究成果，进一步推动了流通法制研究的不断深入，为我国流通产业立法、执法和司法实践提供了智力支持，对于推动我国流通产业的健康发展具有积极的意义。目前，论坛逐步形成了鲜明的特色和研究方向，得到了社会各界的关注，学术影响力不断提升。

　　2013 年 10 月底，市场流通法制论坛再次由中国商业法研究会和北京物资学院主办，北京物资学院流通法律与政策研究中心、中国商业法研究会流通法专委会承办。莅临论坛的嘉宾有来自国家商务部、北京市政府相关部门、最高人民法院和地方高级法院的领导，有来自国务院发展研究中心、商务部研究院、物流与采购研究会、中国商业法研究会、北京市商业经济学会、商业科技质量中心等研究机构、学会、协会的研究者，有来自清华大学、辅仁大学、浙江大学、福州大学、辽宁大学、山西大学、北京航空航天大学、北京交通大学、首都经贸大学、华北科技学院、北京财贸职业学院等高等学府的专家学者，还有来自北京天竺综合保税区千方集团、中国储运公司、重光、中通策成律师事务所等企业代表共四十余位。本次论坛的主题是"加强市场流通立法　推动流通产业创新"，与会者围绕着市场流通立法、市场流通秩序与监管、物流法制建设等专题，从不同角度畅言。

　　有关市场流通立法的专题发言中，我国著名流通经济学家丁俊发教授指出：我国国民经济运行中市场条件运用不充分以及体制性因素是我国市场经济法制不健全的根本原因，并提出了对市场立法的五点建议。国务院发展研究中心王薇研究员从统一市场体系、大型经济主体、创业环境、创新驱动发展、内外贸一体化等五个方面畅谈了对市流通法制建设的新思考。北京市政府法制办毛初颖处长从法学与经济学理论的视角阐述了怎样以流通法这样一个视角来影响政府的一些行为模式和思考模式。福州大学法学院汤黎虹教授以"新一轮市场化改革与市场流通基本法重新定位"为题，提出了自己对市场流通基本法的基本认识，阐述了市场流通基本法的目的、价值取向、原则范围等。商业科技质量中心尚卫东处长从流通业标准化计量和质量管理工作实践需要出发，分析了市场流通法立法的必要性、可行性，提出三种立法思路，以"物"为中心的内容设计，以服务为中心的顶层设计，以流通业主管部门为中心的排他性管理内容。来自政府研究机构的商务部研究院消费流通研究所张育林研究员提出，在立法中要考虑商业网点布局怎样跟城市发展相结合。北京商务委员会闫竞新处长介绍了北京市流通法制建设概况，提出了一些重要的关键性问题，如政府与市场的关系，促进型与管理型立法的关系，中央与地方流通立法方面的关系。北京物资学院吴长军副教授代表流通法律研究中心课题组以所承担的《中国流通法制建设报告》研究为基础进行了发言，阐述了中国流通法制建设的最新发展状况和目前面临的"瓶颈"问题，指出了中国流通法制建设的完善路径。

在针对市场流通秩序与监管专题的发言中，首都经贸大学法学院高桂林教授以《食品安全监管法律问题研究》为题，分析了食品安全监管存在的法律不健全、政出多门、标准不健全、社会信用缺失等问题，提出了建立政府和社会双层监管模式、食品安全管理部门问责机制、标准定期更新、建立公益诉讼等对策。北京航空航天大学法学院副院长付翠英教授有关《合同监管的定位与立法思考》的发言梳理了我国合同监管的立法、执法规定，分析了完善我国合同监管的必要性和可行性，建议合同监管重点集中在事前的预防，并指出预防制度涉及合同备案制、合同示范文本制度，合同行政指导与格式条款的制度，以及企业遵守合同的公示制度。最高人民法院研究室陈龙业法官的发言针对司法审判的难点问题买卖合同风险负担进行了阐述，对合同法交付主义的基本规则提出了个人的看法。清华大学竞争法与产业促进研究中心主任张晨颖副教授以《价格卡特尔的反垄断规制》为题，分析了价格垄断的各国立法例，针对"销售额认定""宽大政策""法价值"等专题进行了深入和全面的探讨，揭示了反垄断法在市场流通中的独特法律价值。北京商业经济学会秘书长、北京财贸职业学院商业研究所所长赖阳教授以《云消费革命》为题，剖析了云消费革命涉及的消费"云内容"、消费"云终端"、消费"云支付"三个方面，指出在云消费时代，传统业态面临的不是消费购买力的问题，而是购买力的转移，要在战略上有新的思想。辅仁大学法律学院黄宏全教授从我国台湾地区消费者保护法角度来观察研究流通法制的问题，给论坛带来了新的视角。

　　在物流法制专题发言中，北京交通大学法学院张长青教授以《中国物流法律体系的构建与完善》为题，重点阐述了"构建统一物流损害赔偿的立法思考"，分析了不同物流形式的损害赔偿标准不统一、归责原则不统一等问题，提出在物流损害赔偿领域，建立统一市场规则，统一市场体系等对策。华北科技学院法学院副院长李遐桢副教授以《船舶油污致害责任主体研究》为题，就目前立法中关于油污损害赔偿的相关规定提出了三个问题，一是关于责任主体的范围，二是船舶所有人的认定标准，三是船舶油污致害责任主体的认定。北京天竺综合保税区管委会任国锋处长介绍了一个非常特殊的领域，即海关特殊监管区相关的物流以及法制的问题。

　　圆桌讨论阶段，与会者把立法话题带到了更为具体的流通实践领域。论坛发言热烈，研讨深入，取得巨大的成功。中国商业法研究会会长、北京大学法学院刘瑞复教授在本次论坛结束时指出，本次论坛具有前瞻性、多元性和深入性等特点，实现了法律和经济对话。本届论坛对今后流通法制研究做了两件大事，一是丰富和完善了流通法律理论体系，二是深入研究了流通法律的研究对象，为今后进一步加强学术研究、推动学科发展，奠定了良好的基础。

　　本书对参加论坛的专家、学者的发言及相关学者的投稿进行了整理并发表，以供读者了解借鉴。在整理过程中，有许多不足之处，敬请读者批评指正。

编　者
2015 年 5 月

目　　录

上篇　论坛纪实篇

嘉宾致辞 ……………………………………………………………………（3）

主题演讲 ……………………………………………………………………（9）

　对当前中国市场立法的看法 …………………………… 丁俊发（9）

　流通领域的法制建设 …………………………………… 王　微（13）

　流通法学的话语权 ……………………………………… 毛初颖（17）

　新一轮市场化改革与市场流通基本法的重新定位 ……… 汤黎虹（20）

　商品流通法制观察——以我国台湾地区"消费者保护法"

　　为中心 ………………………………………………… 黄宏全（23）

　商业网点与城市发展若干问题的思考 ………………… 张育林（26）

　北京市流通法制建设概况 ……………………………… 闫竞新（30）

　对海关特殊监管区域促进国际物流发展的几点认识 …… 任国锋（32）

　合同监管的定位与立法思考 …………………………… 付翠英（35）

　买卖合同的风险负担移转规则的再探讨 ……………… 陈龙业（39）

　云消费革命 ……………………………………………… 赖　阳（43）

　价格卡特尔的反垄断法规制 …………………………… 张晨颖（46）

　构建统一物流损害赔偿的立法思考 …………………… 张长青（49）

　船舶油污致害责任主体研究 …………………………… 李遐桢（52）

　中国流通法制建设报告 ………………………………… 吴长军（56）

圆桌讨论 ……………………………………………………………………（60）

闭幕词 …………………………………………………………… 刘瑞复（70）

媒体报道 ……………………………………………………………………（73）

　【科技日报】专家呼吁：加强食品安全监管　规范流通

　　　　　　　市场秩序 ………………………………………………（73）

　【光明日报】北京物资学院举办流通法制论坛 ………………………（75）

下篇 论坛学术篇

流通法理论研究……………………………………………………（79）

再论我国市场流通基本法立法的必要性和可行性 ……… 尚卫东（79）

市场流通法的地位、管理体制与立法方案研究 ………… 吴长军（87）

商品流通基础理论概述 …………………………………… 刘 群（100）

论商业征信中私权利与公权力的平衡 ………… 赵忠龙 张成松（109）

基于多元统计分析的我国农产品流通水平研究 ………… 栗智慧（121）

从信用评级看专家责任 …………………………………… 李晓郛（133）

论商事代理法律制度完善 ………………………………… 李爱华（140）

论第三方物流经营人法律责任的归责原则 ……………… 高 泉（149）

流通法实务研究……………………………………………………（156）

从空姐代购案看海外代购的罪与罚 ……………………… 孙 瑜（156）

浅析冷链物流法律法规与标准 …………………………… 何文杰（163）

浅析快递法律问题及解决路径 …………………………… 任梦慈（172）

论海上货物运输的迟延交付 ……………………………… 雷宇萍（184）

浅析网络购物环境下经营者权益的保障机制 …………… 黄晓丹（201）

网络购物中消费者权益保护的法律问题 ………………… 刘晓萌（218）

关于解决北京打车难问题的调查研究 …………………… 曾捷英（231）

集体建设用地公开流转问题研究 ………………………… 毛 未（237）

营改增的税法精神 ………………………………………… 李永贞（250）

浅析家电维修服务行业乱象及其整治建议 ……………… 吴一东（259）

关于我国物流成本管理的问题研究 ……………………… 胡耀伟（267）

上篇 论坛纪实篇

- ❖ 嘉宾致辞
- ❖ 主题演讲
- ❖ 圆桌讨论
- ❖ 闭幕词
- ❖ 媒体报道

嘉宾致辞

北京物资学院党委书记李石柱先生致辞

各位领导、专家学者、来宾，老师们，同学们：

在北京金色的秋天，我们高兴地迎来了"第八届中国经济－法律论坛暨市场流通法制论坛"的召开。我谨代表北京物资学院对论坛的召开表示衷心的祝贺！对在百忙之中拨冗出席本次会议的各位嘉宾表示热烈的欢迎！对多年来一直关心、支持我们工作的各界人士表示由衷的感谢！也对中国商业法研究会多年来给予的指导、支持表示诚挚的敬意！

流通的综合能力将是衡量一个国家国力的基本标志之一，直接关系到一个地区、一个国家经济运行的效益和效率。2012年，国务院发布的《关于深化流通体制改革加快流通产业发展的意见》，明确了流通产业在国民经济发展中居于基础性先导地位，并提出到2020年，我国流通产业基本建立起统一开放、竞争有序、安全高效、城乡一体化体系，流通产业现代化水平大幅提升，对国民经济社会发展的贡献进一步增强。这对我们流通产业界既是莫大的鼓舞、激励，更是莫大的鞭策；既是莫大的机遇，更是莫大的挑战。我们责无旁贷，我们必须勇往直前！

北京物资学院作为一所以流通、物流为特色的高等学校，一直致力于在流通、物流领域进行科学研究和人才培养。特别是近几年来，我们以"建设高水平、特色型大学"为目标，主动适应社会经济发展的新需要及人才培养的新要求，不断夯实和强化流通、物流特色，提升我校的办学水平和服务社会的能力，现已成为北京市高等学校在流通、物流领域研究的专业高地之一。

就我校法学学科而言，长期以来，借助于各界的支持，依托学校多学科在流通、物流领域既有的优势，在流通法制研究方面独树一帜，取得长足进展；先后建立了流通法律与政策研究中心，主导成立了中国商业法研究会流通法专业委员会，定期举办市场流通法制论坛，建设了一支优秀的流通法制研究团队，完成了一系列研究成果，丰富发展了法学领域的研究，也成为学校在物流、流通领域多学科协调发展的不可或缺的力量。

"市场流通法制论坛"作为北京物资学院的一个重要学术品牌，一直秉承"关注现实、重视研究、服务社会、增进交流"的学术理念，专注于流通法制环境的优化、市场流通秩序的规范等方面的研究，得到了在座许多学术团体、政府部门、法律机构及各界人士的指导与支持，论坛层次、水平和社会贡献力不断提高，知名度、影响力日渐提升，进而被中国商业研究会纳入"中国经济—法律论坛"，成为其重要组成部分。

"第八届中国经济—法律论坛暨市场流通法制论坛"围绕业界和社会关注的热点，将"加强市场流通立法，推动流通产业创新"确定为主题。我期待着各位与会专家、学者以本次论坛为契机，围绕主题深入研讨，形成富有价值的观点和成果。同时，我也希望通过市场流通法制论坛这一平台，进一步增进我校与相关政府部门、学术团体、兄弟高校和流通企业的交流合作，在实现共赢的同时，共同为我国流通产业的科学发展贡献力量。

最后，再次对论坛的召开，表示热烈的祝贺！顺祝各位身体健康！万事如意！

二〇一三年十月十九日

商务部条约法律司副司长唐文弘先生致辞

谢谢北京物资学院邀请我参加此次论坛！在座的老领导、丁俊发同志是我的老领导，给我们专业方面很多的支持，应该是他来致辞可能更好。

商务部组建以来，我们在流通立法方面做了一些工作，一是条约法律司专门成立了流通法律处，这在其他部委里面或者说跟以前相比来看有了特别大的进步，这是我们10个处室中的1个处。平常工作当中我们动用3个处的力量，另外有3个处的力量来协助这个处开展工作，仅从部内来说这1个处要对6个司，实际上是很困难的，即使是这样，应该说商务部在流通立法方面协助全国立法机关，国务院立法机关，出台了包括《反垄断法》《直销管理条例》《生猪屠宰条例》等条例，还有47件部门规章。出台的这些法律行政法规水平比较高，但是部门规章水平还有差距，所以我们愿意来参加这个会，就想向大家学习。

北京物资学院流通法律团队在流通领域研究中水平很高，接受了商务部等有关部门多次委托研究流通立法工作。感谢北京物资学院这些年来给我们的支持。

在立法的过程中，我们深刻感受到市场流通法律理论研究有待加强，特别是我们自身，急需壮大人才队伍，着眼于市场流通立法理论及实践问题的研究，这个论坛为政府、学界、业界搭建了沟通平台，有利于整合各方市场流通法律研究资源，加强在市场流通法律研究及立法方面的合作，加快相关领域法律人才培养，对推动我国市场流通立法工作有积极意义。商务部将大力支持论坛相关研究工作，希望市场流通法制论坛能够成为市场流通法研究的重要基地，整合各方资源，对市场流通法律问题进行跨学科、多视角研究，总结各国市场流通立法经验，将论坛打造成为理论与实务、国内与国外沟通的桥梁，积极参与支持推动中国市场流通法律的发展与完善。

谢谢各位领导，谢谢各位专家！

二〇一三年十月十九日

中国商业法研究会副会长、陕西省高级人民法院副院长黄河先生致辞

尊敬的各位嘉宾，各位专家、学者，大家上午好！

中国商业法研究会第八届中国经济法律论坛及市场流通法制论坛，在承办单位辛勤工作下，今天上午召开了。我受中国商业法研究会会长刘瑞复教授的委托，代表商业法研究会对大会的召开表示热烈的祝贺，对各位嘉宾、各位专家、学者在百忙之中参加论坛表示衷心的感谢。

商业流通业作为我国国民经济产业体系中极为重要的组成部分，在促进生产、推动消费，促进经济结构调整和经济方式转变等方面发挥着重要的作用，产业运行过程中不断涌现出来的诸多利益形态、行为方式及社会关系急需法律的确认、规范和调整。传统的民商法、行政法等法律部门，由于各自的集成的理念基础及规制领域等方面的限制，均不能满足这些社会需求。人们想要依靠他们来为流通业和业态的顺畅运行提供法理与法律的支持，无疑是不现实的。

因此，法学界需要另辟蹊径，以流通产业运行的现实需求为基点和归依，谋求流通业的发展能起到直接和全面的保驾护航作用的理论成果，并以此为基础，全力推进我国流通业专门立法的尽快出台。此次论坛正是为此而开，开得正当其时。从论坛所设定的诸多讨论的主题来看，其中既有对流通产业运行基础法律问题的关注，也不乏对流通业态前沿性法律问题的全面把握。

我相信通过大家的共同努力，一定能为流通业的健康发展提供法学理论支撑，为相关法律制度的建立和完善做出应有的贡献。我多年从事司法审判工作，过去虽然从事过经济法、农业法、房地产法的研究，对流通领域的法律关注并不是很多，但是流通业所涉及的法律与经济法、农业法密切相关，与我们在座的每一个人的生活息息相关。所以，我利用致辞的机会，对流通专业委员会就流通业里面所涉及的法律方面的研究再提几点自己不成熟的看法。

首先，流通法是以流通产业的整体运行过程为基础性的规制领域，市场交易秩序的保障是其最主要的环节，但并不是唯一的环节。运输、仓储、保

管过程中发生的各类社会关系也是流通产业运行过程中发生的，国家基于特定利益考量的调控与管制等都应成为流通法的规制对象。比如农产品，从田间到餐桌，它要经过许许多多的环节，那么如果发生了质量问题，到底是哪个环节出的问题？责任的承担到底是哪个主体？这个不仅仅是泛泛去研究农产品的质量问题，有些生产出来的质量是合格的，但是在运输和仓储保管过程中出了问题，所以对这个过程里边发生的一些关系也应该去研究。

其次，流通法的理念基础呈现出复合型特征，流通法并不如民商法和行政法那样专注于某种利益的保护，而是以复合型利益保障为宗旨，其中属于公共利益的起码有公平统一有序的市场秩序，以及关系国计民生重要产品的稳定供应，对此研究大家也应该做到具体。比如说公平，法学上讲的公平在制定政策、制定法律的时候到底支持哪些？政策的倾斜度是什么？司法过程当中我们也讲公平，但是讲公平有的时候是在口头上和文件上，司法审判过程当中也有许许多多的不公平。比如说原告和被告打官司，双方都在庭审活动过程中发表自己的意见和自己的诉求，但是一方对法律是精通的，一方农民只有小学文化程度，哪还知道用多少法律，他们两个的诉讼地位就不公平。仅仅叫他们去提供自己的证据，阐述自己的诉求，将来处理这个案子是不是公平的？这就需要你对某一方去引导，对诉讼技巧比较低的这一方，作为法官就需要去引导，你不能仅是一种中立的态度。所以对公平这个问题，我们在制定政策和实践中都需要去很好地具体研究。

流通法的规制手段呈现多样性，除了传统的私法合同、公法管制以外，财政金融支持，基础设施建设，特定流通人才或组织的培养都体现于流通法的规制内容之中。

我基于一些基本认识，对今后的流通法的研究提几点建议，有求于各位专家。

1. 流通法应解决哪些问题？也就是需要法律解决且法律能够解决的问题，还有哪些我们现实生活中急需法律解决的。比如刚才我讲的整个产业运行过程中发生的一些关系，目前有些法律还没有办法解决，但是有些是急需要去解决的，这是我们应该在当前研究的一些重点。

2. 在流通业和具体业态的法律规制中，我认为不能贪求全面，应有所侧重。决定侧重的基本只有一点，那就是当下的社会急需。比如我们这一次论坛中涉及的对粮食流通立法现状，对食品安全，对流通业的促进，流通方式的法律规制，这些问题都是我们现在急需要去研究的。当然除了这些研究以外，我们也要随着社会的发展，国家的不断进步，包括政府职能的转变，社会经济结构方式的调整，还需要研究流通业一些其他的问题。比如说知识产权、市场交易的建设与规范问题，这也是我们流通过程中遇到的问题，因为过去仅仅是靠知识产权界人士去想办法解决，现在知识产权的价值性体现不出来，只有把它交给市场，对它的价值给予充分的认可，然后才能达到知识产权鼓励创新的目的，那么在这个交易的过程中就会涉及一些法律问题。

3. 我们国家在政府职能转变以后涉及的问题。比如说《国务院办公厅关于政府向社会力量购买服务的指导意见》，政府向社会组织、企业购买公共服务的职能转变过程。我们国家经济发展到今天，需要政府从这里退出来，把一系列承担的社会公共服务交给企业，然后政府再给企业付一定的费用。国外有些国家很早就已经研究，有些法规出台也很早，比如 1992 年的时候，欧盟就出台了《公共服务采购指南》。那么到底哪些主体进入这个领域来，承接政府这个职能的社会组织应该具备哪些条件？政府通过怎样的方式，怎么样的程序来进行购买？这些问题的确需要进一步研究，要避免在新一轮的公共服务购买过程中出现许多的腐败问题。同样的价格买不着同样好的产品、商品，政府集中采购的价格比有些单位买的还要高。这一系列问题，都是在新形势下政府职能转换流通领域里面出现的一些新问题。

还有一些问题，比如碳交易问题，也是国家经济社会发展过程当中出现的问题，对于这个问题我们也进行一些研究。我当过两届人大代表，2003年是第一届。我研究的时候提出这些公共产品应该国家补偿。我们陕西有一个治沙的劳模，叫牛玉琴。牛玉琴和我都是第十届人大代表。开会的时候，我说无论如何要对老牛说句公道话。她把家里所有财产都贴在治沙上，把她老公也牺牲在治沙场上。但是她现在有十七多万亩的树林，这是一个什么产品呢？这是政府应该做的事情。从经济学上来说，这应该由政府补偿。国家没有做，可以把树林征收，把钱给人家补了。要不然就给人家一定的补贴。

我 2003 年提的议案就叫"制定中华人民共和国生态建设法"，就是根据牛玉琴这个事例。前几年碳交易开始了，政府对提供公共产品进行补贴的方式方法多了。对这些问题我们应该做进一步的研究。

当然在研究流通领域这些产业发展的时候，我们也应该借鉴一些国外的做法，他山之石，可以攻玉。比如韩国 20 世纪 90 年代颁布流通产业发展法，我们可以借鉴。希望中国商业法研究会流通法专业委员会对这些新的问题和社会急需的一些问题，做进一步的研究。祝大会圆满成功，谢谢大家！

二〇一三年十月十九日

主题演讲

对当前中国市场立法的看法

丁俊发

在我们国家流通的立法方面，我们做了大量的工作。我国从市场的无序走向市场的有序，特别是改革开放以后，不管是全国人大也好，国务院也好，包括商务部成立以后，在流通的立法方面的确走了很大的步子。

我参加工作以后，毛泽东同志的两篇文章影响了我，一篇是《实践论》，实践是检验真理的标准；另一篇是《矛盾论》，不要去掩盖矛盾，要重视现实。所以现在从流通的立法方面，我是想从《实践论》和《矛盾论》的角度讲讲我的两个基本看法。

汪洋同志主管流通以后，也提出来要跳出流通看流通。因为我们流通问题都是这样，如果仅是从现在流通的角度本身，我们有好多东西说不清楚。比如说我们开会有一个现象，讨论流通问题的时候，生产部门很少参加，我们现在讨论物流的好多论坛也是，制造业也很少参加，流通企业也很少参加。这里面形成一个什么呢？就是本行业讨论本行业，说流通重要，流通的人都在一起讨论说流通重要。流通光讲自己的流通重要这是不行的，因为流通的好多问题反映在很多其他的方面。流通的东西都是生产部门生产出来的，都是工业部门的，都是农业部门的，如果没有生产部门生产一些东西，我们流通什么呢？所以现在来讲，我们要讨论流通的问题，必须要跳出流通，要从整个国民经济的全局来研究一些问题。

我想讲两点基本看法，简单讲讲观点。

1. 从市场流通立法方面来讲，我认为有五个方面的问题要引起我们的思考。

(1) 整个国民经济的运行，我们市场条件运用得不充分。不管是自由市场经济，还是社会市场经济，我们中国叫社会主义市场经济，都离不开两只手，一个是宏观调控，一个是市场调节。但是不同国家在政府宏观调控方面的力度不一样。任何一个市场经济国家不可能没有宏观调控，从我国的实践来看，从现在引起的各种矛盾来看，我们国家在国民经济运行中，市场调节运行不充分，也就是说政府调控的东西还比较多。有好多东西应该市场去调节的，而我们政府在调控。所以，现在从整个国民经济运行都反映出来问题，我们政府是忙得不亦乐乎，因为不管是多大的问题都要政府去研究，政府去调控。

那么在这种情况下，市场配置资源的作用没有充分发挥，包括现在我们非常挠头的问题，比如说产能过剩。产能过剩在西方国家来讲市场调节很快就调节了，市场上根本卖不动，都亏损，那企业肯定要被淘汰的，但是我们就淘汰不了。有好多东西市场已经证明老百姓不需要了，还在生产，所以这一点来讲是有问题的。

我们在政府的调控方面应该有三个手段。一个是行政手段，一个是经济手段，还有一个是立法手段，法律的手段。我们过多地运用了行政手段，而经济手段和法律手段运用得不充分。

在法制建设过程中间，还有两个不充分的问题。第一个是统筹兼顾立法不充分，我们往往是哪儿出了问题了，这个问题比较突出了，才来立法。经常讲叫头痛医头，脚痛医脚，粮食出问题了赶快研究立个法，棉花出问题了赶快立个法，成品油出问题了赶快立个法，没有统筹兼顾去考虑，在这方面应该是不充分的。第二个是立法以后，怎么样能够宣传贯彻，能够真正接地气，真正能把它贯彻下去，这方面也不充分。所以现在经常发生的问题是人大立了法，国务院有很多法规、政府部门也有很多规章，但是这方面的宣传贯彻不够。包括国家的好多标准也是一样。国家标准立了以后，宣传贯彻都跟不上，到基层去问，一些企业都不知道。

（2）体制性因素是我们中国市场经济法制不完善的一个根本原因。体制因素里面我想举几个例子。

一是官本位。我经常讲国家的文化。美国的大片，都是讲未来，星球大战、机器人等很多东西。过去我们看美国的星球大战那个东西是胡编乱造，但是现在很多东西回想起来，都成了现实。那中国的好多影片都是历史片，回顾历史很多，帝王将相的非常多。那么现在中国人的一个基本观念，就是有个好皇帝，有个好皇帝国家一切都好了，都是这样。这个东西是一种官本位。官本位的东西来讲层层都是靠国家领导。我们现在国家开会完了以后，省里开会，省里开会以后市里开会，市里开会完以后县里开会，然后是乡政府开会，老百姓听的都是村长、乡长、县长、市长、省长的讲话，至于有多少立法重要不重要，老百姓不一定很关心。这是我们形成一种官本位的思想。西方很多国家总理老在换，几个月就换一次总理，但是国家照样在运行，为什么呢？因为它有完备的法制，不管是哪方面的法制都非常完备。

二是地方政府对法制很多东西干预太多。所以形成了无法可依、有法不依、执法不严的三种情况并存的局面。所以我是很希望我们的法律部门，立法部门，从上面到下面一通到底，减少地方政府对这方面的干预。

前年我跟全国政协一起对 6 个省的流通、物流和餐饮业进行调查。调查过程中有一个情况令我印象深刻，地方的好多企业都反映什么呢？说是上面立了法，下面不执行。拿来一看，这是一个商务部的文件，好多地方说那个东西不管用，这里面反映什么呢？我们干预太多。所以我们讲上有政策，下有对策，有好多上面的东西，下面不一定行得通。

三是从国家的法律制定来讲，主要是全国人大法制委和国务院的法制办，在统筹进行这方面的研究。但是现在有这样一种情况，我们许多的立法是每个部门往上报的，报上去以后，国务院进行统一平衡。说你报 10 个，今年立两个，哪个部门办法多，可能是给你多立几个，哪个部门办法少，可能一个都没有。所以怎么样统筹考虑我们的立法，这都产生影响。

（3）中国还没有完全形成统一大市场、大流通格局。中国的商务部不是美国的商务部，中国的商务部成立只是走了一步，后面还得往下走。为什么呢？商务部没有完全把很多方面统一起来，它只是统了一部分或者大部分，比如粮食是发展改革委管的，成品油和其他药品很多东西商务部不一定完全能管起来，所以对中国来讲没有完全形成一个统一市场和大流通格局。在这种情况下，经常发生一种状况，这个部门搞的一个流通方面的东西跟另外一个部门搞的流通方面的东西是互相矛盾的，这种状况经常发生。

还有一种情况，我们所有的法律也好，法规也好，部门规章也好，都应该由 3 个部分构成。第一是假定，第二是处理，第三是制裁。假定就说这个东西适用什么范围或者什么情况下适用。第二是我们赞成什么、反对什么，我们允许什么，我们禁止什么。最后你如果违规，应该受到什么样的法律制裁。但是我们现在发现不管是法律规章也好，拿了你这个东西以后，不知道怎么处理，里面的空间太大。

（4）行业自律作用发挥不充分。以前我讲一个观点，说一个国家如果真正要和谐的话，三个方面的作用缺一不可。第一是国家的法律，第二是行业的自律，第三是社会的公德。没有国家的法律就无法规范一个国家所有的企业、事业单位和个人的行为；第二必须要有一个行业自律，行业不一定是法律规定，但是，西方国家大量的东西都是通过行业自律来解决行业的规范问题。在行业自律的作用方面，从中国来讲发挥不充分。

（5）中央和地方的立法关系不协调。我们虽然承认中国的经济发展极不均衡，但是很多时候还是一刀切，所以我主张要充分发挥地方在法律法规方面的调节作用，要给地方一定的立法权，来符合我们国家的这种情况。

2. 对市场立法的五点建议。

（1）要充分认识到现在中国经济发展以后市场流通的一种变化。刚才前面几位领导都讲到，中国变成世界第二大经济体，在这种情况下我们人均 GDP 在 5 000~10 000 美元，整个流通的变化非常之大。这样的话，很多立法要跟上，所以在这方面应该充分地认识流通的重要性，要加强立法。

（2）我建议要重启商法或商品流通法的起草。我一直主张要搞这个法，商业部已经开始搞了，但是后来一直没有搞下去。从全国人大来讲，认为已经有很多法规定了流通的一些基本规范，没有必要再搞一个统一的法。但是我一直主张搞个中国的商法或者商品流通法。为什么呢？从法律范围来规定流通的一些基本的东西，特别是规定在流通领域里边政府、企业、市场、行业协会等不同的地位和作用。

（3）应该成立跨部门的流通法研究小组。有两件事情，第一件是对中国所有流通法进行清理，第二件是搞一个流通立法的文件规划。

（4）要加大流通行业自律和地方对调节流通法规的作用。

（5）建议建立商品流通企业的法律顾问组。在 1994 年的时候，有关部门搞了一个流通企业法律顾问的工作试点办法。我们知道，企业在国民经济运作里面有非常重要的作用。市场经济运作的水平高低主要是取决于企业的运作水平。现在经常发生好多企业违规的事情。流通领域里面、物流领域里面也有很多违规的东西。所以我还是建议要重启，企业法律顾问这个制度要建立起来，加大法律顾问对企业的法律指导作用。

（作者为中国物流与采购联合会首席顾问、教授）

流通领域的法制建设

王　微

　　很高兴再次来到市场流通法制论坛。我记得去年应该也是这个时候，中国商业法研究会流通法专业委员也举办了一个论坛，我也有幸参加了那一次论坛。

　　能够来参加这次会议，对我工作和个人学习的提高来讲都是一件幸事。

　　当前我们国家正处在深化改革的关键阶段上，"十八大"以来，习总书记在很多场合反复强调要以更大的政治勇气和智慧，不失时机地推进改革的深化，要克服当前体制机制的一些顽障痼疾，进一步解放生产力和激发市场的活力。

　　大家也知道，下个月要召开十八届三中全会，在这个会议上会有很多改革思路、方案和方向要向社会公布，国务院发展研究中心在这个过程中结合未来的深化改革，也在进行一些深入研究。

　　在改革的过程中，一个非常突出的问题就是法制建设，因为一个国家的经济发展水平的提高是跟它的市场经济制度完善有着密切关系的，没有哪一个国家说它的市场经济制度不完善的前提下经济发展水平很高。所以中国在经过改革开放 30 多年以后，我们在经济水平上了一个大台阶，综合国力有所增强的基础上，如何让市场经济的体制更加完善，它的背后核心和更加重要的工作实际就是我们市场经济的法律体系建设和法制建设。所以我觉得在当前这个环境下，我们深刻地思考中国的法律制度建设，特别是围绕着市场经济体系的完善来探讨法律制度是一件非常重要而紧迫的工作。

　　从我们研究流通来讲，我觉得当前有这样一些非常重要的方面，应该让我们对现在市场经济体制的法律建设，特别是流通这个领域的法制建设，有一些新的思考。

　　1. 习主席 7 月份到武汉去视察的时候有一段讲话，专门提到要加快统一市场体系的建设这个问题，要进一步形成全国统一的市场体系，形成公平的竞争环境，更好地发挥市场在资源配置的基础性作用，这是未来我们国家改革的一个非常重要的方向。

统一市场体系的建设，实际上并不是凭空而来的，刚才丁会长也说了，其实在过去的 30 多年里，我们始终在呼吁这样一个问题，但是为什么在今天重新把这个问题当作我们未来改革推进的一个方向和各种政策和改革的关注点呢？这与背后我们经济发展中一些重大因素的变化是非常密切的。

一个就是说现在全国生产消费格局在发生重要变化，特别是生产力的布局，已经从过去的一个本地生产，本地的情况变成了按照资源条件、区位和竞争力的优势来进行集中布局的过程。大家可以看到，包括农产品、大宗商品生产正在出现集中、集群和集聚发展的态势。比如像农产品生产，再如一些中部的粮食主产区，东北的粮食主产区，蔬菜是在向大量的南方的一些环境比较好的地区集中。劳动密集型的一些生产力布局，在向中西部加快转移，而重化工业和高新技术业向东部沿海转移。所以在这样一个过程中，商品在全国范围内进行流通配置这样一个格局和要求，正在快速地上升。

也就是说，我们过去所期望的这种大生产、大流通、大市场，正在现在这个阶段上深刻地快速地发展着。这种要求就跟我们现在流通过程和市场管理过程中的很多法律的制度建设有了很大的冲突。特别是包括我们过去有很多条块分割的管理体制，比如说国家定了一个法规，那地方也要定一个法规，但是各个地方法规之间不一定是完全一致的，虽然是遵照了上位法，实际上很多商品在流通过程中都会遇到不同地方市场准入障碍和管理上的障碍，包括我们的标准体系。大家也看到，很多市场上的著名案例，实际上就是跟我们不同的地方标准和法规不完全一致所产生的一些争议。

在北京市场，像矿泉水的事件，它就是由于国家的标准、地方的标准，不同的地方标准之间都存在着不同的规定而产生的。实际上在我们国内市场上存在着一定程度的准入壁垒和流通的约束。

这些年我们国家基础设施建设有了很高水平的发展，基础设施为大流通、大物流创造很多条件。加快发展这样一种大市场、大流通和大生产格局，迫切地要求我们推进全国统一市场的建立，突破我们过去在管理上、制度上和规范上的障碍，来形成大的市场。

2. 刚才我们说的像行政条块管理方面、地方法规方面、标准体系方面，可能都面临着相当程度的调整。在这样一个大市场形成过程中，我们也看到了第二个问题，就是大市场必然带来很多大型经济主体的快速发展，大家也看到现在出现很多全国性的生产企业乃至一些国际性生产企业、流通企业，比如说像我们的全国连锁百强企业、全国五十强大型流通企业，他们的经营网络已经遍布全国。

它本身也是伴随着我们这样一个大的市场发展而形成的。这些年我们一到地方去调研的时候，最突出的反映就来自全国性经营的企业，比如连锁经营企业。它的注册制度，增值税和所得税的税收制度，中间设置一些障碍，使得这些企业很难从全国统一的角度来进行经营，进行纳税，进行成本核算。这样导致我们很多大型的流通企业、物流企业的运营成本要高于那些发达国家。

在这样一个大市场形成过程中，大型企业的成长是一个必然趋势。我们很多的法律法规是不是有利于经济主体发展水平的提高，这是我们面临的一个非常重要的问题。

过去我们谈论很多公平竞争问题，在行政性垄断上谈论很多。但是大型企业成长起来以后，实际上也面临一个非常重要的问题，就是大型企业和中小企业之间，大型企业和消费者之间能不能进行公平交易的问题。这个问题在我们国家反垄断法里并不是一个非常重要的规范重点。大型企业的成长或者经济性的垄断，在我们整个市场交易过程中带来一些不公平，也存在交易过程不透明等一系列问题。

我们看到连锁企业收进场费等这样一些问题，在这个过程中消费者的权益能不能得到比较充分的保护？这些实际上都关系到我们大的市场形成过程中，如何形成更加公平的交易制度的安排。这方面的规范，我们过去在规范过程中并没有得到比较完善的规定，或者说还缺乏很多法律制度的安排。

3. 大家也经常谈到，现在我们在处理不同企业之间，地方之间的竞争公平性这个问题上，没有一个相应的所谓的争议调节机制。也就是说，一个地方和另一个地方的法规不一致，或者说给企业创造的环境不一致的时候，由谁来进行仲裁和争议。很多国家，比如美国有州际贸易法案来管辖这样的问题，还有一些国家是通过更高层法院来处置这样的问题。在中国，像商务部在处理国内贸易不同地方不公平的竞争或不公平的规则方面，缺乏这样的审议和争议的解决机制，这样的问题在我们的经济中还是广泛存在的。

4. 我国现在是大市场形成过程流通水平不断提高过程中，下一个阶段就是由过去低成本劳动力的密集型向创新驱动来发展。创新过程中有很多新的商业形式，新的交易对象，新的交易主体会出现。特别是大家非常关注的电子商务的问题。电子商务虽然是在线上的交易方式和组织方式，但是它的经营实体还是要受到现有法律的规范。

电子商务的很多经营行为我们也需要给予更多的关注。在这个过程中，我们的立法思想跟国际上的立法思想之间有很大区别。比如说欧盟，它更多采取消费者保护这样一个原则来制约电子商务交易过程中可能形成的一些不规范的行为，但是在其他方面必须要遵守现有的各种法律和规范。所以从这样一个方向上，我们对于创新的流通方式，创新的商业模式，用什么样的立法思想和什么样的法规来进行规范，有利于它的创新，又有利于它的发展，这也是我们在未来法制建设中需要给予高度关注的地方。

5. 在深化内贸和外贸一体化发展，特别是我们这一次上海自贸区建设的过程中，我们面临的最大的问题和障碍就在于我们的法制建设问题。打通国际市场联系方面更多是遇到我们国内法制建设问题，或者一些法律法规不能完全适应这样一个全球国际化要求的问题。所以我们深切感觉到，现在中国流通领域的发展，内贸和外贸的发展都面临着非常紧迫的法制建设要求。

我们在座的很多律师、法官和法律专家，可能需要你们给我们国家未来的建设提供更多的智力支持，我们也衷心地期望你们取得更多更好的研究成果。

（作者为国务院发展研究中心市场经济研究所副所长、研究员）

流通法学的话语权

毛初颖

我从政府立法角度的一些思维模式和行为模式谈一谈这个问题。

话语权本身就是以本学科的思维方式，研究方法和基本原则，去解释相关的社会现象，并且指导和影响政府进行相关行政决策和执行，调整相关领域的社会关系。但是在这个方面，政府在做具体的决策和执行当中有一套想法，而这些想法肯定得依靠各个专家智库解决。现在讲科学立法。科学立法很重大的一个方面是征询各位专家的意见。各个专家、各个学科贡献自己思维模式，这使政府得到很重要的提升。

我自己梳理了一下话语权，它有这么几个历史沿革。最早开始，政治学占话语霸权的地位。从"文革"以后，开始对未来的憧憬，我记得应该是像文学、美学这方面走了先锋。改革开放以后，市场经济代替计划经济，更多的是经济学，现在还有很多人讲经济学的霸权。

依法治国，是不是迎来了法学的霸权或者法学话语权？我说纵向和横向两个方面。横向来讲，在法学本身当中，流通法所处的地位以及流通法跟其他法律关系之间，流通法有没有自己的话语权或者自己的话语模式？

刚才从大的角度来讲。现在讲科学发展观，也讲中国梦，这是比以前的任务更宏大，也是更难以把握住重点的一个命题。哪个学科能够贡献出施政基本的方式和原则，明晰解释社会现象，阐述和评论公共政策，也就掌握了时代的话语权。

立法本身也是话语权集中表达的方式，但是立法并非是法学家的一个特权，如果我们仅仅满足于法理的一些注释，合法性的辨析，以及文字的规范和技巧，这样的话，我觉得这不足以引领立法的任务。

如果讲法学话语权的话，法学优势在哪儿？在某些阶段，论鼓动性，法学家的贡献不能匹敌文学家。在建构市场经济阶段，论客观性、逻辑性，法学家又不能匹敌经济学家。

但是我觉得法学家的优势，反而就是因为法制这个东西不是一个单纯的制造。如果是单纯的制造冲动，就是说通过一个逻辑的推论，像一个自然法的原则，我觉得只会摧残现实，增加现实不确定性，造成规则与现实的背离，最终使法律失去功用与价值。

我碰到很多法学家身上都有自然法学派的烙印，在自然法或者很多人认识当中存在一个自然客观法的价值，这个价值是独立于现实法之外的，并且应该作为检验现实法正当性的标准。他们是从一些自然法权利演绎出来的法则，以正义、平等、自由这些抽象价值构建自己的批判武器，并且以此评价政府的各种行为。这些抽象概念可以演绎出多重理解甚至相背离的理解方式，拿这个来指导立法实践，对话当中就会有一种背离感，就是我想和我要干的经常出现一些背离。在这里，我不是说自然法学派不好，而是不能仅有单面的法学性格。

如果反观美国这样一个被律师统治的国度，对这个国家来说，我觉得对法学产生最深刻影响的是实用主义哲学。实用主义哲学从来没有摆脱二流哲学的帽子，虽然是一个二流哲学，但是在美国这个国家取得了辉煌的成功。我就想它的好处在哪儿？既是唯物又是唯心的，是一个充满调和的产物。而调和是一个博弈的过程，我觉得调和本身是法学的一个基本性格。他们推崇的是一个调和矛盾中庸和博弈的观点，而且推崇实际经验，反对纯理论。

在中国有人说中国是实用主义哲学流传最广的一个国家，从改革开放以来，像邓小平讲摸着石头过河，黑猫白猫论，这都很像实用主义哲学，我并不是说要推广实用主义哲学，而是说这里面有很多跟法学的一些基本性格特征很吻合。

实证研究一些政府实际的行为模式和它的实践，这是一个重要的研究对象。首先应该理解政府行为，并且给予解释和一些务实的评价。在这个方面，法学有着政治学、文学、经济学无可比拟的实践优势。因为它能够提供这些博弈的平台，提供这些程序路径，这是过程性的东西，是法学最优势的地方。

政治学、美学、文学这些方面，更多是关注社会应该怎么样，而经济学关心社会为什么会这样，它的解释往往是从起点一直到终点。法学更应该回答说可以怎么样，它更多关注的是过程的一个东西，应该更多关注行为的过程。经济学关心科学和效率，法学就应该更关注什么是可行的，哪些是社会群众能接受的。

政府在施政的时候需要更多的是路线图、行动方案以及可能性。要做这个事情，需要对社会现状做出妥协和容忍。容忍过程和路径中的不完美，非理性以及非逻辑性的一些观点，实际上，在这方面做的研究相对少一些。

横向方面来讲，讲一讲流通法话语权。流通法话语权有一个假想敌，我把它想成民法的角度，因为咱们国家民法和商法的分歧一直是存在争论的，流通法在自己的学科里面应该贡献自己独立的立法原则，这些立法原则体现的是商法最本质的一面。如果产权是民法的基石，而流通则是商法的基石。

科斯是经济法学家，他在芝加哥法学院退休。他是讲产权和交易成本的问题的。在他的概念里面并重地强调两个前提，一个是产权，一个是交易成本。而产权和交易成本本身存在反比的关系，就是说如果在极端情况下，产权的不科学，它能够通过流通把这些不公正性给抹平了。中国传统的小农经济，产权很清晰，但是毛病在于限制流通，商法落后。西方现代文明真正应该归功于流通的发展。欧洲文明起步也是在产权不明晰的条件下，通过海上贸易和地理大发现来推动的，这本质上是一个商法的胜利。

产业资本是小流通，围绕着生产要素聚集，而商业资本强调的是大流通。我是这么想的，一个逻辑是我生产什么你买什么，另外一个逻辑是我要什么你生产什么。市场主体通过产业资本已经把生产方组织起来，这比过去传统经济有一个大发展。但是消费需求这一块，没有真正组织起来。把消费者组织起来也是一场革命。

在流通领域，针对降低交易成本本身，它是一个独立的评价体系。打个比方，如果说垄断和市场本身是一个交易的瓶颈，反垄断法可以作为一个流通法的环节来讲。而像评价一些社会现象，比如评价 GDP，如果仅仅讲生产，在生产过程中实际上国有经济在运行过程当中有巨大的库存，这些资源限制和浪费，造成的流失在我们整个 GDP 生产当中并没有给合理地估算出来。

税收制度，我们国家更多是流转税，西方国家往往是所得税和财产税。制度本身形成也有差别。流转税，征税其实是阻碍流通的。站在流通法的视角来评价，我们就很容易直观地指出税收制度的缺陷性。

我刚才举这些例子，也是想跟大家交流一下，就是说怎么样以流通法这样一个视角来影响政府的一些行为模式和思考方式。

（作者为北京市政府法制办处长）

新一轮市场化改革与市场流通
基本法的重新定位

汤黎虹

刚才听了一些代表的发言，我是持赞成态度和支持态度的。作为市场流通基本法，我觉得它确实很有必要，也很可行。这个大家刚才也听到了，主要是基于什么？基于大流通和统一市场的需要，这也是我们国家将来发展的一个趋向。

必要性、可行性这些方面，尚珂院长的团队已经论证得很充分。我想主要是结合当前或者今后一种判断、一种看法，对这个问题展开一个研究。那就是要做点定位性的研究，当然宏观一点。题目就是"新一轮市场化改革与市场流通基本法的重新定位"。

一、问题的缘起

中国当前和今后至少 10 年，在展开新一轮的改革，当然可能时间更长一些，这叫市场化改革。在市场化改革中我们看到了"克强经济学"，它主要是做质量经济学这样一个考量，关键是要把市场、企业、政府这样的边界搞清楚，把更多的事权交给市场。如果没有理解错的话，这可能是它的一个实质，当然更深刻的内容还在后面。我们现在研究市场流通基本法，研究这一部法律的定位问题，首先可能要考虑的就是市场流通基本法与市场化改革如何衔接，怎么衔接。

首先，就是立法的目的性，立这个法干什么？因为市场化改革的一个核心目的就是降低流通成本，这样才能调动所有主体的积极性，而降低成本背后的推手是科技进步。还有什么？就是公平交易这样一些制度化建设问题。这样就和我们整个改革的思路连在一起。那我们怎么样来实现这些方面呢？"克强经济学"讲了要进行结构调整，这是它的必然手段和过程。这个结构调整是大结构，不是小结构，是多范围、多方位的结构。

其次，它的调整原则恐怕也不仅仅是我们过去谈到的那样一个秩序原则，而是一种调控性的，我更倾向于调控性的原因是大流通这样一个概念。

最后，就是在它的调整范围方面将会倾向物品市场这个调控关系，一会儿再谈这个想法。我们恐怕要有这样一种定位的缘起思考，不是这样进入的话，就很难说明问题。因为我们现在新一轮的改革中，一个战略的考量就是转变经济增长方式。整个方式转变要通过改革来实现，这个改革至少要 10 年，不管你承认不承认，你愿意不愿意，将来方向就是按照这个方向走。作为法律的立法，一定要紧跟这样一个思路来进行研究，这是我谈问题的一个出发点。

二、市场流通基本法的目的

我做了一点研判，在 20 世纪 80 年代写了《市场管理法》这本著作，20世纪 90 年代又出了一本书，但是对现在很多问题还觉得认识得很不够，就又做了一点研判。我发现，不管是生猪屠宰、酒类管理、特许经营、商业网点建设，直销条例、特许经营条例，还是反不正当竞争法、消费者权益保护法等，我判断它大量的趋向是秩序。我们的立法大量是给政府赋予一些职权，给政府配置职权，有的地方甚至有的部门，借着加强社会管理，特别是社会管理创新的过程中强化管理权，但是忽略了一个问题，那就是服务型的政府建设，而服务型是一个方向。我们在不断地强化管理，而且认为管的越多越好，实际上则既管不了，也管不好。那么，我们在建设服务型政府方面，在市场流通基本法上是不是也要有这样一种判断。流通这一块，是不是调控职权？改革过程中要改善我们的宏观调控是应有之义，如何解放和发展生产力，真正发挥我们政府应有的作用。

基于这样的判断我想作为基本法，它的价值取向应当是整体效益。我这些年来研究基本法经济理论。论经济法的理论基础时我就谈到，它背后的东西是什么？它的根据是什么？其中一个根据就是它的价值趋向是整体经济效益，不是整体利益，更不是秩序。

我是这样一个判断，整体经济效益是不是也是作为我们市场流通基本法的一个重要的价值取向或者说基本的价值取向。这个判断它符合新一轮的转型的需要，对调动各方面积极因素是有益的，主要是解放和发展生产力，关系到中国长期稳定的发展。

三、市场流通基本法的范围

我认为市场基于物品市场流通而分为五大市场。原来讲两大市场，商品市场和要素市场，后来我给它分了，学界有很多人也都认同是五大市场，因为统统都是商品。物品市场、金融市场、劳动力市场、技术信息市场和文化市场，这五大市场现在大家都认同。这五大市场都进入商品交易，商品的范畴，劳动力作为商品的话劳动力也流通，所以商品这个概念是不是不太合适，这是一个小概念问题。

因为性质上都是商品，所以我们把物品拿出来作为我们重点考量调整的课题，建立市场调控关系。调整范围，我们更多要注重物品市场的调节关系，主要是产业政策。我们应该与产业结构调整相衔接，要限定流通的范围。它要跟金融政策和货币政策有衔接。再一个就是物品市场的控制关系，主要衔接这么几个：一是与社会安全衔接，这是一个控制的衔接问题；二是与物品的质量衔接，这是一个控制问题；三是与公平交易衔接。我就谈这么多。

（作者为福州大学法学院教授）

商品流通法制观察——以我国台湾地区"消费者保护法"为中心

黄宏全

我是来自台湾辅仁大学的，今天的议题我觉得有非常实质的意义，因为今天的讨论是从一个面的角度来看的。

在一个物流社会里面，尤其是蓬勃发展的中国物流社会里面，我们去看看最末端的那些消费者的问题。整个生产环境的变动，不只是大陆，台湾也是如此。现阶段我们从消费的角度去看看如何造就一个优质的消费环境，更细致的消费环境。我以台湾的"消费者保护法"为例来谈。

每一个人都是消费者，包括在座的各位。企业经营者应该有一个基本的想法，就是人人为我，我为人人。企业经营者和消费者之间处在两个非常平等的地位。

应该有一个直接保护消费者的法律。台湾的"消费者保护法"比大陆的消费者权益保护法晚两年出现。在这个"法"当中，规定几个比较重要的事情，就是有关于生存的部分，就是如何让一个消费者非常单纯地满足身体和生理上的需要，不会让他的生命、身体、财产受到损害。在21世纪大家很强调的一件事情就是，每一件事情都有它的风险，但是应该了解相关的资讯。2008年的时候，发生了世界经济风暴，"资讯公开"方面的要求变成21世纪一个很基本的要求。白话讲就是说，让你知道相关的资讯之后，才去消费，否则一定会快快决定之后就会慢慢后悔。

消费者权益的保护，变成这么一个单纯的事实，变成是一个权利的行使，这么一个权利保护的层次。每一个人都是消费者，但不是每一个消费者都知道应该怎样保护权益。台湾的"消费者保护法"里面特别规定消费者保护团体，就像北京市消费者协会这样一个机构。但是台湾的消费者保护团体纯粹都是来自民间。

在"消费者保护法"里面，我们要跳出传统民法的概念，也就是说对于整个商品和服务全面改成无过失责任。从原来的过失责任全面改成无过失责任，就像现在的"民用航空法"一样，碰到不可抗力的话，也是要有配套责任。

关于惩罚性赔偿，台湾的"法律"规定，因为商品的提供，造成消费者损害的话，赔3倍以下的惩罚性赔偿，总的结果就是1赔4。那的确是一个非常严重的事情，因为业主的负担会变得非常重。对于过失的部分，会造成1赔2。

台湾地区引进德国的消费者团体诉讼制度。20个以上消费者的损害赔偿请求权，可以用消保团体自己的名义向法院提起消费者团体诉讼。诉讼标的额超过60万元新台币以上的金额，不用交裁判费。因为消保团体提起的消费者团体诉讼，有点像公益诉讼的性质，由律师强制代理，而且律师不可以跟消费者收取报酬，这是纯粹的公益诉讼。

对于契约部分，在流通领域里面很重要的一件事情就是有关格式化契约的问题。现行法律当中没有规范到我们在流通实践当中所产生的这一些契约类型，所以必须透过这种格式化的契约去创设出非典型的契约类型来。

举一个比较简单的例子。我现在跟某家公司订立了一个合同，说请你在3天之内将你的货品送到我这边来。他是在3天之内把货品送到我们的物流公司。让他送到我的地方就算是已经了结这个合同的履行吗？还是3天之内要到我的手上来？台湾地区对这样的问题也没有很完整的规定。法律条文当中没有这样规定的时候，就必须要透过这种定性化契约或者格式化契约来约定。台湾在格式化契约方面，帮助业主和消费者制订了非常多的范本，用这些范本来约定相关事项。过一段时间之后，把这些范本变成是应记载和不得记载事项。应记载和不得记载事项公布出来之后，具有相当程度的规范效果。

另外一个是特种买卖，现在无店铺式的买卖特别多。台湾在特种买卖里面，对于邮购买卖，定了一个犹豫期。收到商品之后7天之内可以做无条件的契约解除，消费者有无条件的契约解除权。这种情况下如何应用在我们物流的社会里面，可能是我们必须要面临的一件事情。在电子商务交易的时候，我们把电子商务交易当作特种买卖里面的邮购买卖。

下面谈谈有关消费资讯。现在很多广告是夸大不实的广告，所以我们要确保广告内容的真实。业主进行广告必须要符合一定的条件，也就是说必须要确保广告内容真实，不可以夸大不实，而且不可以做过度的包装，同时要做真实的标示。

　　我想从一个环保的角度来看，不需要从事过多的包装，这的确是我们未来要很努力去做的事情。名人代言，因为相信名人的代言，所以就去购买商品，而受到的损害在台湾不计其数。但是放在"反垄断法"里面去，如果你没有亲身经历过这件事情，你不可以出来代言，否则要负连带责任。

　　总结来看，在一个消费环境里面，聪明的消费者才能让保障加倍。为了让消费者放心地去消费，政府应该关心这件事情，企业经营者更是如此。

　　（作者为中国台湾辅仁大学法律学院教授）

商业网点与城市发展若干问题的思考

张育林

我是商务部研究院的，和各位不太一样的是，你们都是做专业理论研究的，而我可能更偏重研究政策，更关注于商务部的一些工作，我今天利用这段时间跟大家分享一下。上个月我刚从美国考察归来，商务部市场体系建设司组织了一个大型商业网点规划赴美考察团，去了3个星期。这3个星期有培训，有参观，有拜访，所以我觉得还是很有收获的，有一些最新的动向，尤其是在商业的立法，商业网点的规划，政府如何进行商业网点的管理这方面，我觉得有些启发，也有一些自己的看法，在这里跟大家分享一下。今天有专家，还有一些领导谈了对立法，甚至对流通下一步改革的看法，我觉得都是很好的，而且也是仁者见仁、智者见智。比如刚才丁俊发会长讲到，觉得这个市场流通法还是应该有，尚院长的团队，还有在座很多在进行研究的也是这个，今天谈的都是自己的一些观点。

先说一下考察的基本想法，因为商业网点的考察其实也是商务部的一个工作，大家知道，除了市场流通法的工作条法司在做之外，还有一个城市商业网点的工作一直在推进。两三年前参加一些论坛我就说这个条例有望出台，但是到现在还是没有出现，这个工作一直在进行当中、推进当中，但是结果总是觉得应该有下文，却总是也见不到，这也说明商业立法的进程相对比较缓慢，比较曲折。

考察主要的主体就是大型商业网点及其规划，一是看看商业网点在美国包括哪些，涵盖哪些内容。二是看看美国有没有商业网点的立法，如果没有，商业网点的规划方面是怎么做的。除了规划之外，就是政府如何进行管理。我们大概就围绕这个主体，去了3座城市，洛杉矶、休斯敦和纽约。跟当地的规划部门、行业中介进行了一些交流。

总体的印象，我觉得在美国没有专门针对商业网点的立法，也没有专门针对商业网点的规划，但是对规划的内容和对商业网点进行管理有很多的法律规定，虽然没有专门的名称，但散见在各种规划里面。美国运作的框架，它的法律架构，很多东西主要体现在各个州，州底下是县、市等，各个州情况不太一样，各个县、市情况也不太一样。管理主要是体现在不同的法律上和一些主要城市的规划方面，而且管理的详细程度也是我们不能想象的。一些大型建筑（如商场）前面应该种几棵树，有的城市就是规定得这么详细，就看我们怎么样去分析，去借鉴。

除了介绍这个之外，根据今天上午大家所讲到的，也谈谈我对商业网点和城市规划的看法。唐司长也在讲，单独商业网点的条例该不该立？因为这个问题已经被提出多少年了，但是这一次又重新被提出来，就是因为我们看国务院的一个［2012］39号文，深化流通体制改革这里面特别提到了一些商业网点，比如说兴建的社区商业网点要配置多少，10％预留的商业面积。我们看到最大一个背景就是城市化快速推进，除了新的城市群涌现之外，我们在城市发展过程中间和其他发达国家已经走过的道路一样。我们现在中心城区非常繁荣，但是未来发展也可能出现摊大饼的发展，中心区也可能会出现，像日本东京，发展也会郊区化，会出现一些萧条的情况。这样的话，我们怎么借鉴别的国家和城市走过的道路，我们在商业网点布置上应该考虑什么？

我觉得应该把商业网点与城市发展结合起来，比如城市商业网点怎么考虑，怎么样能够稳定我们的市场，繁荣城市的功能，这是一个需要跨越我们的部门进行考虑的问题。包括立法，刚才有些专家也讲了，不管它是产业法或者什么法，整个产业放在市场框架，放在我们国家整个城镇化的大框架里面去进行考量。

商业网点与城市化发展的思考：

第一，商业网点概念已经形成多少年，下一步如果我们出台这方面的条例，或者说做规划的时候，我们哪些地方设网点？流通这一块从行业的划分上，商品交易市场是我们国家商业发展最大的一个特色，可能和其他国家比起来，就是批发这一块。那么零售很多业态，除了零售业态标准之外，它还有很多新兴业态的出现，这个要考虑。还有一些商业的聚集区，包括商业街，还有一些功能区，CBD等，这个商业的聚集区，甚至我们现在把城市综合体看成一个新业态，在网点里面要很好地考虑这些新型业态。北京市商业规划里面还有一个大概的分区，分层级，区域型商业中心、社区型商业中心，整个城市的商业框架层次我们要考虑。如果再做商业网点的规划，要结合现在新出现的业态。

第二，要不要立法。我刚才讲了，前几年我们整理出来其他国家的一些法律，尤其是集中在日本，当然我们也有一个考量，我们的市场流通学欧美的市场主导型，还是学东亚的行政主导型？我们想可以结合。从我本人的观点，就是说可能市场流通这个大法，基本法确实是比较难的，我个人比较倾向流通产业的促进条例。刚才有一个教授在讲，说法律里面我们看很多规制的内容比较多，有一些调节的，更多我们说能不能把促进的，也结合到政府职能转型，把促进的内容加重一些。我们没有基本法，那我们能不能把其他的一些专项的法律给立下去，能够比较快地付诸实践。

第三，要不要规划。商务部有一个统计，地市级地方的商业规划全做完了，现在又要推县一级的。县一级规划要跟城镇化结合起来，提倡建乡镇商贸中心。这里面就有一个特别大的问题，规划都做了，基本上全覆盖了，但是规划能不能落到实处，很多东西还是停留在把规划挂在墙上。所以我个人观点，不管你做没做，最后一定要落到实处。这里面不管是商务部门、住建部门，还是城市规划部门，一定要紧密结合，把这些规划体现在城市建设里面。

刚才讲美国没有专门规划，但是有土地分区规划，除了休斯敦，因为休斯敦连城市总体规划都没有，它这个城市跟别的城市不一样，这是它的长项，它靠这个来吸引投资，等等。其他一些有城市规划的怎么做呢？就是搞土地分区，这一块我不管你搞什么，但是我告诉你这个地方的环保要达到什么，就是有一个大概的功能分区。我想你做商业网点的规划，不管到最后怎么样，你总要落实。

应该跟城市规划部门很好地结合，也不妨借鉴美国的这种做法。譬如，这个地方是学区，那个地方只能做商业，交通要是什么样的，人行道用多少，停车场用多少，把这些都规定好了。至于做什么，在美国私有的产权持有人就可以交给开发商去建，因为有这些硬性的指标，甚至有的地方同样是一个土地区划，但是你是做办公区，还是做购物区？它有一个容积率的规定，你符合了这个规定，你开什么样的商业网点都可以，做超市，做什么都可以。这样的话，它是纳入城市总体规划里面，那这个落实基本上就有一些保障。

第四，政府管理怎么做？政府不管是做商业网点的管理还是其他一些流通市场秩序的管理，我觉得现在我们国家最需要的就是要透明、要公开、要有程序。为什么这么讲？我听得最多的就是听证，他们不管什么东西都是听证，听证是非常广泛的。任何一个项目，你的商业项目和其他的项目，都要走听证程序。听证的时候会来很多的利益集团，一个是公共利益代表，二个是特殊利益的代表，三个是产业的代表，产业代表可能人比较少。那就是说我要做这个项目，要进行开发，三方进行博弈。这个博弈是公开透明的，公共利益代表、特殊利益代表和产业的代表三方把所有东西都公开了。举办这样的听证会。然后再进行通过的辩论、公示等，这个程序是公开透明的，是合法有效的。商业网点这样做出来就不会像我们拆了又建，建了又拆。可能程序走得非常慢，建设得也非常慢，但是一旦建起来，它就会永续存在，持续发展。

另外一点要提的就是政府的服务。我们也看到政府除了这个之外，也有很多措施。比如有一些旧的街区改造，政府也会进行一些奖励等，这些都是在做的。我们现在有一些东西不是类似奖励，更多还是进行一些项目、试点等，这些都是有必要的，但是要建立一种程序化的、公开的、透明的机制。

最后想回应一下台湾同人说的电子商务新兴业态。我们也做这方面法律的东西，在座的都是法律方面的专家，能不能把视线更多地转到我们的电子商务虚拟交易研究的重点来。

（作者为商务部研究院消费流通研究所副所长、研究员）

北京市流通法制建设概况

闫竞新

很荣幸有机会受邀参加本届市场流通法制论坛，让我们有机会共同讨论市场流通的立法议题。下面我从 4 个方面向大家简要汇报北京市商务立法工作的有关情况。

一、流通业成为首都经济增长的重要力量

流通立法与流通业的快速发展与流通业在国民经济中的重要作用是密不可分的。近年来北京市流通业取得了长足的进展，已经成为首都经济增长的重要推动力量。从以下 3 组数据可以看出，本市商务业发展的现状。

第一组数据，关于社会消费者零售额的，本市社会消费者零售额接连跨上新台阶，5 年内消费规模迈向 4 个千亿元的台阶，自 2008 年起，连续位居全国城市之首，2012 年达到了 7 702.8 亿元，其中网上零售额达到了 596.8 亿元。

第二组数据，关于消费率和投资率的，最终消费率自 2006 年起连续 6 年超过投资率，2011 年达到了 58.4%，超过投资率 17.3 个百分点。在全国率先形成消费投资协调拉动型新的增长格局。

第三组数据，关于税收和就业的。增加税收和拉动就业效果显著，2012 年商务领域涉及的批发零售、住宿餐饮、居民消费、运输仓储和商务服务五大行业，税收收入占全市的 30%，总就业占全市的 36.6%。

二、北京市商务立法工作的稳步推进

1. 颁布了 6 部地方政府规章。分别为行业管理类的《北京市洗浴和美容美发经营场所管理若干规定》，特定商品类的《北京市盐业管理若干规

定》，行业安全类的《北京市商业零售经营单位安全生产规定》《北京市餐饮经营单位安全生产规定》。流通秩序类的《北京市商业零售经营单位促销活动管理规定》，蔬菜零售的《北京市蔬菜零售网点建设管理办法》，这也是为落实便民工程，以及搞好"菜篮子"工程，我们商务部门最近做的一些重要举措。

2. 加强调研，做好项目储备。自 2006 年以来，先后将"汽车配件市场管理办法""商业老字号保护和促进办法""商品交易市场管理条例"等立法议题列入地方性法规规章立法调研项目。同时，积极开展特色商业街、连锁经营、商业网点及电子商务等立法课题研究工作。

三、市场流通立法实践中遇到的问题

一是如何正确处理政府与市场的关系，二是如何准确定位促进型立法与管理型立法，三是如何适当把握中央立法与地方特色立法关系。

四、关于北京市市场流通立法的思考

一是围绕重点议题扎实开展调研，二是充分发挥市场规范性文件的引导作用，三是强化地方标准的规范带动作用。以立法调研和实践管理经验为基础，扎实做好立法的前期准备工作，一旦时机成熟，适时进入立法程序。

以上是关于北京市流通立法基本情况的一些简要介绍，不妥之处请在座各位专家学者批评指正。借此机会，我们也欢迎与会的各位领导、专家、学者多关注支持首都地方的商务立法工作，多到我们商务行业来考察和调研，多为我们提出宝贵意见和建议。

（作者为北京市商务委员会处长）

对海关特殊监管区域促进国际物流发展的几点认识

任国锋

我来自基层，来自海关特殊监管区域，我希望通过今天的发言和内容的介绍，能给在座的各位学者和老师带来一个更大的题目。

大家最近比较关注上海自由贸易实验区。上海自由贸易实验区是由海关特殊监管的区域演变而来的，特别值得各位专家、学者关注，海关特殊监管区域自由贸易实验区是一个更大的市场，是一个国际的市场。它的流通更具有特殊性，是一个国际的流通，它的法律问题更需要我们关注。

据我了解，海关特殊监管区从 1990 年以来还没有一部法律。今天希望我的内容介绍能给各位老师带来一些思考，也能帮助海关特殊监管区更好地发展。

一、海关特殊监管区域的国际物流运作模式

这是比较特殊的一个行业，国家海关特殊监管区实际上 1990 年才出现，我做一些知识性的介绍，不当之处希望能够给予指正。

大家知道，现在我们国家的物流成本非常高，基本在 18% 左右，但是发达国家一般控制在 10% 之内，一般是在 7%～8%，特别是我们的物流成本，我跟很多老板聊过，他们的物流成本基本占了整个产品的 30%～50%，成本很高。

物流怎么区分？实际上物流分为两大部分，按我们行内说，一是普通物流，也就是咱们国内的物流。二是国际物流，也就是保税物流。保税物流最重要的平台就是海关特殊监管区域，现在分为四大类在进行运作，比较重要的是参与国际分拨配送的物流。比如笔记本电脑，主机、键盘、鼠标是各地

生产，但是给供应商的时候只能一个地点出发，怎么办呢？在亚洲地区一个地方集中配送。大宗货物、转口贸易，国际商品展示，这都是以后要做的主要行业。

二、海关特殊监管区域的发展概况

大家知道，在改革开放以前，我们国家是闭关锁国的，基本上没有海关特殊监管区域。那么进口的东西就在沿海地区有一个点，有一个场所。一直到 1990 年，我们国家和国外交往越来越多，出现了第一个海关特殊监管模式，叫作上海外高桥保税区。关于海关特殊监管区域和海关监管场所，区域现在分为八大类，场所只是一般的一个点。

第一家就是 1990 年的上海外高桥保税区，第二家是出口加工区，第三家是保税物流园区，第四家是保税港区，第五家是综合保税区，最后是跨境工业园区，是这么一个区分。不排除以后的发展将逐渐朝向自由贸易园区。上海的外高桥保税区、上海的阳山保税区、上海的浦东机场保税区合并成上海自由贸易实验区。

它的功能不详细介绍，是口岸功能、物流功能、贸易功能、研发展示功能。它的主要政策，在现有政策当中，在这个区域内它属于境内关外，虽然是在中国境内，但是属于关外。进口的产品在这个区域内不交任何关税，相当于在国外一样。如果这个货不走了，比如机器设备、厂房不动弹了，那永远不交税，多长时间都可以。如果是零部件组装完了以后再出去的时候，从日本来的再到美国去，那什么税也没有。如果销售到国内，按成品部件征税，这是从国外来的产品。

第二个特点就是从国内购买的物品，比如在国内购买生产配件，在国内买机器配件，那就相当于出口，马上办理退税手续。

第三个特点就是在园区内互相交易的货物免征增值税和消费税，这是基本政策。

外汇政策也是比较特殊的，它在这里不受任何限制。大体知识介绍就这些。

三、海关特殊监管区域有关问题的探讨

1. 相关部门政策相悖的问题。作为海关特殊监管区域，现在明确的有 10 个部委监管，即商务部、发展改革委、财政、税务、海关、检验检疫、

工商、土地规划等 10 个部门。在这些部委之间出台的政策存在相悖情况。相悖造成了很大的浪费，甚至使得这些海关特殊监管区域无法运作。

大家记得上海自由贸易园区成立挂牌的前期，第一个轰动的就是要求人大在这个区内废除立法，很多法律先废除。它用的是什么办法呢？用开放倒逼改革。一些规章性的先给放开，然后倒逼改革，是采取这么一种方式。我说的相悖，比如说现在很严重的一个问题就是"一日游"的问题。举个例子，我们北京亦庄有一个京东方，在电子城有一个东方冠捷。京东方生产一个屏幕供给东方冠捷。它俩距离是二三十公里，但是前几年把货物供给东方冠捷是什么模式呢？京东方要把这个东西拉到香港，后来是拉到天津办理出口，进行出口退税，然后东方冠捷再从香港或者从天津再拉回北京，组装生产完了以后，再送到天津或者香港。大家看，京津唐高速大部分货车，有的把货物拉过去，货车在那里等一天再拉回来，这个市场流通顺吗？什么问题呢？是多部门的问题。他为的是什么呢？这就是我们行内讲的"一日游"问题。

为什么京东方这个东西要到香港，到天津游一次呢？他是先办理退税问题，税务给的政策是出口退税政策，京东方为了降低自己的成本，他先把货物生产完了以后，他先出口，报关出口马上就能退税。东方冠捷自己有退税手续，接过来以后，他减少资金占压要远远比掏点物流费用更合适，所以他就拉到天津再退回来，就是这么简单。

再一个是增值税发票的问题。上海自由贸易园区首先就是自由贸易问题。为啥要尖锐地提出问题？最早的时候海关特殊监管区允许进行国际贸易，但是国税财政不给区内企业开增值税发票，因为这些企业不是一般纳税人。贸易没法做，他有他的道理，就是相互之间没有办法，在海关特殊监管区域这个法律问题非常严重。

2. 思想保守，开放不够，利益流失非常严重。网上都公布了，中国 2% 的人口在购买世界上 30% 的奢侈品，30% 的奢侈品当中有 50%～60% 是中国人到国外去购买的。从国外带奶粉，带手表，还有带包的，那为什么就不放开？我们有这些海关特殊监管区，就在海关特殊监管区域建一个直销式的平台，这 50%～60% 不要到国外去买，就在国内买，我们这些企业还能交税。如果说这样不行，就允许出国的人回来拿着护照，在 15 天之内可以在中国买。出国回来大包、小包都得提着，何不拿着护照到监管区域来买。所以这是思想保守，不开放的问题。希望我们专家学者呼吁尽快加快海关特殊监管区域，升级步伐，把我们整个思想突破一下。

（作者为北京天竺综合保税区管理委员会处长）

合同监管的定位与立法思考

付翠英

谈到合同监管，监管领域跟流通领域都离不开合同，同时又涉及监管。上午听了几位，包括法规处的处长讲了一些问题，这些定位都特别准确。作为一个部门法来讲可能谈不上，作为一个综合性法律的确值得我们去研究。流通法和合同法不能截然分开，还是有相关性的，因为这是一个契约社会，社会的组成无论各个层面都是用契约去完成的，是从合同领域来解释。

上午也有台湾的教授提到消费者法律保护，我也是特别赞同，很多时候如果要在效率和公平之间选择的话，我觉得社会更需要的还是公平第一，这是我个人的认识。我选择合同监管这样一个题目，也是基于下面的一些想法。

一、问题提出

我国《合同法》第 127 条和第 99 条有这样的规定，工商行政管理部门和其他行政主管部门在各自职权范围内，依照法律行政法规规定，对利用合同危害国家利益、社会公共利益违法行为，负责监督处理，构成犯罪的依法追究刑事责任。我们先不看最后的半句话，前面讲依法监督处理，工商行政管理机关如何履行合同监管职责？合同监管必要性、可行性在哪儿？监管方式在哪儿？虽然这些问题提出来了，但我觉得最根本的还是要解决合同监管的定位问题。如果立法，你这个立法基础究竟在哪儿？

我们和北京工商局有一个合作，去年暑假做了一些调研。调研涉及工商局、法院、仲裁机构、行业协会、企业，一个暑假调研了 20 家单位，是非常辛苦的。这些调研完了之后，对我们的工作提出的问题非常多，其实最核心或者本质的一点，不同的部门对合同监管的认识完全不一样。比如说法院，非常抵制，说合同有什么可监管的，还有北京仲裁委也这样认为。但是行政部门肯定是不一样的，他们就特别要求加大监管力度。从宏观到微观，都是要合同来完成，到底怎么去监管，这也是我们研究这个问题的初衷。

我先简单就我国合同监管现状谈一下。合同监管最初也是计划经济的产物，真正出现合同监管是 1978 年后。1981 年《经济合同法》使合同监管工作进入了一个新时期，第六章是经济合同的管理，直接用管理来解决。

到了 1983 年合同监管出现强化并进入转型时期。1983 年《经济合同仲裁条例》规定工商管理机关负责合同仲裁。还有《合同鉴证办法》《投机倒把行政处罚暂行条例》，这标志着工商部门对合同监管的一个强化。后面两个法都已经废止了，表明在转型过程当中我们究竟向市场走还是完全遵循一个政府的完全干涉，也就是上午丁教授提到的，其实是政府在市场中究竟发挥什么样作用的问题。我说得更微观一点，到 2010 年 11 月，国家工商总局发布《合同违法行为监督处罚办法》，简称 51 号令，现在工商部门主要是根据 51 号令执行合同违法的监管行为。

从地方上我们也查阅了将近 30 家地方性的立法，关于合同监管的，名称也不一，范围也不一，而且重复极高。所以说以中国的立法状况来看，立法成本在那儿摆着，但是它的适用效果很低。

现在合同监管存在的问题，主要是法律依据不足，执法措施缺乏威慑力，合同违法成本偏低，理论研究不足，监管机构设置不合理，信息共享渠道不通畅。尤其是部门联动机制，比方工商局立案涉及诈骗的，工商局接到消费者投诉，但是公安局那边又立不了案，这种情况特别多，跟法院的联动也很少，这反映出一些问题。这些问题归根到底，就在于合同监管定位方面。合同监管我们究竟怎么来考虑的？必须要解决一个合同自由与合同监管之间的关系问题，合同监管实际上是对合同订立一个限制的问题，所以在内涵层面上，我个人认为凡是提到监管的，它不可能是一种市场调节机制，而是行政机关对市场主体活动进行监督和管理的一种理论概括，这是我个人的定义。

二、合同监管

从历史发展来看，只要有合同存在的地方，肯定有一套合同管理制度，国外也是有的。现在法制观念下，合同监管应该有这么几个特点。因为合同本身的复杂性，我们调研的企业，特别希望政府要出面监管，为什么？尤其处于弱势群体的企业在订立合同的时候明显受制于强势企业的不公平条款，可是他们没有办法。一个施工单位，国家一级资质企业，他说要看合同条文就是明显不公平，可是又没办法，这就希望政府出面，把具体合同能够管一管，这是企业的一些要求。

我个人理解，合同监管的理念应该侧重一种非强制性的行政行为，赋予必要的强制，涉及违法行为的时候可以强制。合同监管方式上应该具有柔性和灵活性，不要像我们现在政府部门想一概地推行一个示范文本。当我们去调研北京的燃气供应，他们领导就提出燃气供应合同要示范文本，不要用个人的。那这个"一刀切"的方式也很不合适，要有柔性和灵活性。

监管制度，合同监管的目的主要以约束行政执法人员为主，不是约束企业的，所以说约束监管对象为辅，这样它就明确，我给行政部门一个职权，在什么职权范围内去履行监管职责。合同监管应侧重宏观监管以及事前、事后监管，淡化微观监管和事中监管。有些企业最烦的就是政府在中间老查他们的合同。企业还有商业秘密，不可能把所有合同都给监管部门。合同监管应该有这样一个定位。

对于理论分歧，主要存在合同自由与合同监管，以及合同自由与公权干预，这是仁者见仁、智者见智的问题。我个人的一些想法，在我们国家合同监管立法基础还是需要的，它是存在的，我是从理论上概括这样几个方面。正当性是实质正义的追求，监管是合理的，合同资源得多元主义理解。合同监管现实性是市场需要，一定要有监管，当然它有监管的对象。还有它的可行性也就是效率和效益的要求，监管理念一定是侧重非强制性的，同时监管对象层面是公益性的。

合同监管立法的条例，我们也查阅香港、澳门、台湾地区的规定，他们也不是纯粹绝对至上的合同自由。在合同法领域，合同自由原则在 19 世纪是需要的，但是合同自由本身就意味着是有限制的自由。我强调从自由本质来考虑它是多元的。所以当我们说对自由限制的时候，本身它就是自由的一种含义。

合同监管的现实需要。我们现在真的需要合同监管吗？就我国市场体制改革而言，它不是一个自发的改革形式，历来强调顶层设计，设计好了就按照这个走。也不是自上而下发动，实际是政府权利，顶层设计当中推动的。这个推动性难免造成由计划经济到市场经济转型中会发现很多社会需要的公平秩序，所以说监管是必须的。我国改革开放 30 多年，转型期新旧因素的交织也要求有一种公平的交易环境。

现在有很多扰乱市场秩序的违法行为。政府信用缺失，社会信用缺失，实际上合同履约率也是非常低的。现在社会强势一方还是遵循弱肉强食，要么接受，要么走开，有些特殊领域需要我们进入监管。

可行性效率和效益也是我们熟知的要求。立法基础是有的，在国外的立法存在于特殊的领域。

合同监管有没有必要？肯定有，也可行，但是一定是集中在事前的预防，事中的控制。控制要尽量减少，事后来调处。预防制度涉及合同备案制，合同示范文本制度，合同行政指导，还有格式条款的制度，以及企业守合同的公示制度。事后调处是违法行为查处以及行政调解制度。

我们对于合同监管的认识。监管重点涉及的领域，也有自己的独特性，不是所有合同都要去监管。监管对象中，如旅游合同、保险合同，都可以通过监管去确保条款完成。

（作者为北京航空航天大学法学院副院长、教授）

买卖合同的风险负担
移转规则的再探讨

陈龙业

我来自实务部门，更多侧重于一些司法解释的论证，这跟我们的工作结合在一块，实际上也有一种准立法的论证过程。今天参加这个会议，既有理论的深入探讨，也有与实务的紧密结合，对我本人来说是非常宝贵的学习机会。

接到邀请之后，我非常重视，也非常珍惜这个机会。结合我本人的工作，包括以前的一些研究，选了买卖合同风险负担移转的规则再探讨。为什么叫再探讨？这应该说是一个老问题，从古罗马就有。再探讨还有一个原因，这是在买卖合同领域当中，应该说绕不过去的一个非常重要的问题，尤其跟合同的效力，包括物权、处分行为、债权行为这些结合在一块，我也是出于学术兴趣把它做了一个研究，跟今天论坛的主题也能做一定的结合。

主要内容有4部分，一是一般的规则，介绍的是国际通行大陆法系、英美法系，不同国家做了简单的列举，二是对合同法交付主义的基本规则提出了一点个人的看法，三是对特种形态下的买卖合同风险负担规则，四是病态下的买卖合同风险负责规则。

一、风险负担的本质

我一直坚持的观点是在民法当中所谓风险负担的问题实际上就是一个风险分配的问题。什么是风险？风险是怎么界定的问题，这一块风险到底分配给谁？相对来说应该是比较统一的界定。譬如说，买卖合同的标的物，非因合同主体的主观原因或者因为客观的原因，发生了意外的毁损、灭失，比如自然灾害、动乱等原因，灭失这一块的风险，分配给谁更加合理？这应该是风险负担的一个本质。

风险负担在它内涵界定当中的一个争议的问题是什么呢？因为买卖合同是双务合同，在双务合同当中，这个风险到底应该叫什么风险？比如卖方承担的是交付标的物，交货的义务，买方是交款的义务。一种观点认为，如果卖方承担风险，那就意味着卖方交货的问题，这是一种说法。另外一种说法，意外灭失的风险，实际上就应该是价金的风险。目前我看到的资料，我认为这样界定是更好的一个思路。它可以准确地把《合同法》第 142 条和第 117 条的不可抗力免责这两个规定衔接在一起。也就是说，风险负担的实质实际上是交付继续承担交付价金和免于承担交付价金的风险负担，当然这个观点也供大家来批评。

从古罗马时期采取所有权主义，采取所有权主义又叫物主承担的规则，换句话说，天灾由所有权人负担。我为什么对这个问题比较感兴趣？我本人对侵权责任法原来也学得挺多，侵权责任法里面在古罗马时期有一句话，不幸的石头只能由不幸的人来承担，这是一脉相承的。风险实际上也是损害，它的上位概念应该也是一个损害的分配问题。我本人一直在致力于构建一个损害分配的大问题，向下的一个内容。

所有权主义的基本理论基础跟过去的历史原因有关系。一个最基本的原因，所有权人应该对最终的标的物享有占有、使用、收益、处分这个利益，那它的风险就应该由所有权人来承担。据我了解，《法国民法典》第 1138 条也是采取了这样一个做法。

我们国家通行更多的是交付主义的模式，标的物意外灭失的风险由谁来承担呢？应该是由交付时期转移，交付之前卖方承担，交付之后买方承担。《德国民法典》、中国台湾地区的"民法典"、中国的合同法、英美法系的相关法律，都采取这种做法。从立法背景角度来讲，我们国家采取这种做法，包括对德国民法借鉴，对联合国国际货物买卖合同公约的借鉴，我们这个合同法，目前是评价非常高的。它确实是对两大法系一些重要的立法思想做了借鉴，对两大法系甚至公约的主流观点的一种接受。

我这里想指出一点，风险负担的规则是强调，如果当时有约定，我们可以排除，我们谈这一系列内容都是在当事人约定之外的一个范畴。为什么采取交付主义？交付主义基本的法理依据，也是利益享有与风险负担的一致。为什么这么说？从初衷考虑上讲，为什么采取交付？交付实际上享有占有标的物的人，对这个物进行最直接的控制，可以说有最直接使用收益，获得利益。

另外一个就是风险的控制，有的人从成本角度来分析。比如我对这个标的物直接进行事实上的控制，我能更有效采取措施避免有关风险的发生，由实际占有该标的物的人来承担风险，有利于激励其避免风险。

交付主义的标准可以说更加明确，谁实际占有，谁承担风险，便于判断，同样便于判断也便于举证，确定明确的规则，对于纠纷解决也很有积极意义。

二、交付的界定

交付主义的界定就是直接交付的思想，用实际控制的移转来确定风险负担的移转规则，我提出这么一个观点。现在虽然我们主流的观点认为，包括实务上也采取这种做法，就是按照交付作为标准来判断，但是如何界定这个交付，我们国家的顶尖学者对这个问题的认识还是有很大的争议。其中一种非常重要的观点就认为这个交付包括观念交付。

我在这儿提出一个观点供大家探讨。我认为这个地方的交付就是一种实际占有的移转。交付它的法律效果，从债的角度是履行义务，从物权角度来讲交付决定所有权的移转。谈风险负担移转，实际上跟它一脉相承就是实际控制的移转，所以我认为这应该是以现实交付为限。

第一个理由，是风险负担的实质，风险负担移转的规则，通俗来讲可能是一个游戏规则，采取这个做法，两害相权取其轻，谁能直接控制这个风险，那就应该是直接占用的这个人。

第二个理由，我个人认为，如果把观念交付都放到交付主义的这样一个模式之下，意味着这种观念交付落在《物权法》第23条至第27条。《物权法》规定的这几种交付方式是在解决所有权移转，如果把这几种交付形态都纳入交付主义的模式下，实际上等于把《合同法》第142条所规定的这种交付导致的风险移转，跟《合同法》所有权的移转发生了混淆，不符合交付主义的本质。所以我认为这个地方应该是以现实交付为准，就是实际占有的移转。

从实物角度上讲，实际占有或者实际控制的移转，在司法解释当中也有明确的体现，甚至在不动产交易的领域当中也有这样的体现。有关商品房2003年颁布的司法解释，买卖纠纷在第11条规定写得非常明确。2008年就这个问题进行充分考虑，因为跟当年地震有关系，涉及到底风险谁承担，钱还不还的问题。在不动产领域当中都是采取这样一个规则，何况动产，何况买卖合同所做一般性的规定。实际占有移转是风险负担移转的一个基本的判断标准。

三、特种形态下的买卖合同风险负担的规则

一是承运货物。货物需要运输的，在 2011 年起草的买卖合同司法解释第 11 条到第 14 条的具体条文当中都有落实，我们合同法在第 144 条、第 145 条也都有相应规定，这个不给大家做细说。这个地方有一个特殊的情形，如果存在出卖人恶意，比如对于在途货物，在订立合同的时候就知道这个标的物已经毁损，但是没有告知买受人，这个时候司法解释做明确界定，买受人可以主张相应的风险负担由出卖人承担，人民法院对这个也予以支持，这是一种情况。还有一种情况就是标的物特定化问题，没有装运单据等可识别的方式将该标的物特定于买卖合同，这个时候标的物毁损灭失，买受人不负担相应的风险，就是特定化之前买受人不承担风险，大家注意这是在途货物的问题，这是一个大前提。

第二种情况就是特种买卖，主要有争议的就是拍卖的问题。有的人认为按照实际占有移转去确定拍卖过程当中的风险负担规则，对拍卖行是不公平的。所以这个地方发生两次实际占有移转。就像运输合同当中把标的物交给承运人一样，你不能说风险由承运人承担，这是一样的，拍卖行所承担的可能只是一种暂时的保管，所以它跟买卖合同的风险负担是两码事，拍卖一旦落定，这个风险开始移转。

四、病态下的买卖合同风险负担

存在履行瑕疵的情况下，如果不存在根本违约，在这种情况下不适当履行，且不影响风险负担转移。但是如果存在根本违约的情况下，违约阻止风险的移转。最后在合同无效情况下可撤销，在效力待定的问题当中，通常来说有效合同怎么办就适用有效，无效合同就适用无效规定。

有一个非常有争议的问题，即买卖合同对于无权处分行为。买卖合同司法解释明确规定，合同即使是无权处分他人标的物，在这种情况下只要是善意情况，合同就应该是有效的。这种有效情况下，风险负担解决的履行，包括我们现在提出的交付行为，这个交付行为可能会受到影响，而合同效力不受到影响，这时候风险负担应该何去何从，这也是我现在思考的问题，也希望大家继续关注这个问题。

（作者为最高人民法院研究室法官）

云消费革命

赖 阳

我是研究流通、零售、批发、商业规划这个领域的。这是法制论坛，但是我没有这方面的研究。我在这里来交流探讨对于商业的一些研究心得。

流通法制建设的目的，是推动流通业的创新。我个人这些年提了一个观点，现在正处于一个云消费革命的时代，所以流通业不是简单的小打小闹的创新，而是一个全面颠覆性的产业革命。这两年，很多行业内人士就跟我探讨，说我们现在业绩下滑得非常厉害，业态还怎么维持？怎么生存的问题。在这里，我把观点跟大家做一个简单沟通。

现在的零售业，激烈的变革不是过去传统业态的此消彼长的关系，而是整个零售业全面洗牌，未来 5 年左右的时间，我相信传统消费零售方式会发生全面改变，而新型零售创新增长速度有十倍、百倍的变化，这是产业的根本趋势。

什么叫云消费？消费的内容是云内容，消费的终端是云终端，支付的方式是云支付。什么意思呢？过去消费的内容在大卖场里面肯定是有几十种商品可以选择，但是前提是要开车走很远的地方，在社区便利店商品不会超过3 000 种，因为受到店铺面积、陈列、存储的限制，这个限制将不再存在了。在美国发布的商品，国内可以通过一些其他渠道高价获得，时间空间的障碍可能不再存在了，现在我们在三线城市甚至小山村里面可以同步获得刚刚上市的最新商品，而且价格完全可以跟一线城市取得无差异的效果。所以商业领域利用时间和空间赚取差价的可能性越来越低。

在城市也是如此，大卖场一站式购买东西比较齐全的效果可能会被社区便利店取代。便利店如果有一台电脑，选择 30 万种商品的话，第二天给配送过来，那消费者还去不去大卖场？所以无论是在商业中心、社区便利店之间的时间空间变化，还是大城市、乡村之间的时间空间变化，都会被突破。消费突破商品服务的一切障碍，消费者所想就有渠道给提供，就能够获得。

云终端。消费的平台也变了，有了网上商店。可以买书，买电子产品，在座各位有没有订购生鲜产品？也是很便利的。订购之后，一个装着冰块的生鲜盒就送到你家里。消费者接触平台从传统商店到电脑，到智能手机，到现在家里出现交互式的电视，甚至像电子书的阅读器直接下订单可以购买，消费者接触一切平台都可以成为消费的终端。

支付上也在打破这个界限。刷现金、银行卡，现在有支付宝。支付宝可以在实体店里面刷。支付宝完全可以承担一定的信用功能，可以有一定的账期，打破资金融通的界限。消费者未来拿一部手机可以买价值几十万的产品，里面包括信用卡透支，一些抵押信贷消费等整合起来一次性支付完成，所以支付的各种"瓶颈"也被打破。如同现在大家说电子商务对银行业在进行冲击。

对于我们商业的变化，跨地域的经营障碍没有了。过去跨地域经营有管理的问题，现在没有实体店铺，就可以突破一个城市，一个区县，甚至一个国家的界限。消费跨地域支出障碍也不存在了，这是商业根本性革命的一个大趋势。过去说每个城市都在增加赊销品零售总额，要跟人均收入挂钩，实际上与人均收入没有关系，而是与这个城市的商业是不是占据了云消费的制高点有密切关系。也就是说，比如小米手机在北京发售，它新发布几万台手机在两分半钟时间里销售一空，全国各地的消费者在购买，小米这个公司在北京，他一年300亿销售额都在北京。如果小米公司在上海，可能北京有几百亿消费者支出都在上海，增加的是上海销售品零售总额。

商业需要思考的是，我们传统的商业，实体商业怎么样，网络商业怎么样，实际上将来两者的界限必然不再存在。商品开发者与销售者的距离没有了，很多品牌商现在不通过传统零售渠道，直接面向消费者，如苹果开实体店。现在已经发展到如刚才所说网上出现直销、闪销，几万台手机事先预告哪天发售，当时一发售，几分钟内抢购一空，已经成为一种常态了。甚至美国出现特斯拉电动车也是一种全新创新模式，不需要去加油，在任何便利店只要换一块电池就可以续航。过去开汽车需要打着发动机，在这里一踩油门就可以出去，完全颠覆过去传统驾驶的概念。这比过去我们对商业渠道的理解，对传统流通环节的认识发生根本变化。

消费挖掘的纵深化。很多国内的企业，像电子商务企业不挣钱，他们没有找到很好的盈利模式。亚马逊是美国最好的电子商务企业，一直保持很高的盈利，为什么？它从网上开始卖书，发展卖电子书阅读器，直接可以订购下载最新报纸、图书，变成了一个新的销售平台，变成卖产品的一个挣钱平台。以此为基础，又可以发布大量的新书成为一个出版商。出版一本书要出版社进行大量调研，营销策划，有很多投入，所以很多图书不敢轻易出。将来的竞争对手不再是零售商，而是很多大型国际出版商要被它的这种模式所颠覆。

对于商业的消费在这种背景下，网上实体，刚才说云氛围下也发生根本变化。消费者消费行为已经转向三化：体验化、社群化、专属化。购物中心在美国的增长为零。新增长的是生活方式中心。大家到这里来会朋友、喝咖啡，儿童在里面有非常好的现场体验氛围，巨大的玩具造成一个非常活跃的气氛。生活方式中心提供的不仅仅是陈列商品。我国香港新一代零售商提出的 K11 购物艺术追新的概念，不仅在香港开 1 号店，在上海也开了它的新店，向客户提供休闲娱乐体验，甚至在这里做了一个小型室内都市农庄概念的展示。美国拉斯维加斯威尼斯人酒店里面有蓝天、白云。

我们国内的商业，北京东大桥新开了一个叫侨福芳草地的体验店，里面有大量的艺术作品，不仅有博物馆摆满了各种艺术品进行展示，营造非常好的艺术氛围，还顺便提供购物消费的服务。

美国女孩专卖店。每个女孩在这里可以找到跟自己同样发型、同样肤色的娃娃，可以买各种穿戴的衣服。微软也转变了自己的经营模式，有云服务。美国非常著名的 AF 时尚品牌商的店里面的最大特点是黑黑的，没有灯，光线非常微弱，用手摸里面的服装，看里面的价签。每个门店门口一定是左边站一个帅哥，右边站一个美女，还拿着相机，客户可以跟帅哥美女合影。品牌商也是以旗舰店展示，而不再像传统品牌商做一个个服装专柜的形式。国内、国际都是这样的发展方式，面临一个战略危机。

社群化。很多消费不再像过去简单地去某处购物，而是接触意见领袖，通过微信、微博跟朋友们沟通。影响消费的最终决策不再是过去的传统的传播渠道，而是一种个人对个人的在一个社群里的传播和认同。

最后是专属化，量身定制。唯一定制已经不再是难题。网上订鞋，通过 3D 模板自己选择材质款式，定制署上你名字的鞋送给你。澳大利亚鞋商做到了这一点。服务人员不再是客服 1 号、2 号，而是直接用他的真实的姓名跟你沟通，跟你交朋友，给你一个非常好的服务环境和氛围。这是消费新的革命、新的趋势。

（作者为北京商业经济学会秘书长，北京财贸职业学院商业研究所所长、教授）

价格卡特尔的反垄断法规制

张晨颖

首先感谢论坛主办方的邀请，很高兴有机会在这里和大家进行交流。迄今为止我听到各位的演讲有两方面感觉。一方面很受鼓舞，感觉到我们生活在一个美好的时代，特别是刚才看到这些图片的时候，我觉得非常有活力；另外一方面也有点担忧，我觉得我已经要被这个时代淘汰了。我刚刚学会使用信用卡，改天要用手机扫一下二维码去付款。考虑到社会矛盾以及各方面的博弈，还有一段路要走。

科技进步给我们生活带来一系列的变化，流通也随之不可避免出现一些新话题或者是挑战。

从传统经济法上来说，无论是涉及市场管理的防治，反不正当竞争，反垄断制度，或者涉及宏观调控的税收法律制度，特别是流转税，是不是处于趋势化地不可避免向所得税的这样一种征收方式进行转变过程当中？我想都会深刻影响着物流，同时也深刻影响着我们的生活。

我的题目讲到价格卡特尔，是我们反垄断法或者流通领域的一个基础性问题。无论它的支付方式是怎么样的，交付的风险在哪一个时点进行转移，都不能够违背商业交易的一个基本规则，那就是供需关系或者是价格是最基本的市场信号。

反垄断法从根源来说，最早就是处理价格垄断的问题。回溯到我们国家反垄断制度，反垄断实行 5 年时间，处理了一些案件。特别是近期大家相对关注的是两家酒厂被处罚，以及对奶粉价格垄断的问题。

无论是横向还是纵向的价格垄断，都是在我国反垄断法基础上，主要是以发展改革委为代表的部门规章这样一个框架下来进行执法的。其中有几个具体的问题需要来讨论，第一是关于价格卡特尔行为的认定问题；第二是关于在处罚过程当中，多次讲到对上一年度销售额按 1％～10％ 的幅度进行处罚，销售额作为这样一个基数如何来进行确定；第三是宽大政策的适用，比如奶粉价格垄断的案件，有些商家最终没有被处罚，而有些商家被处罚上亿元。这样在执法过程当中，如何进行认定，就被提上议事日程。

在现在这个阶段，整个经济国际一体化趋势之下，在 2000 年以后比较重大的事件当事方就是微软。微软因为绑定 IE 浏览器，被欧盟限时 5 年要求进行实质性整改。但是到 2013 年 6 月的时候，微软并没有实质性来做这样一个行动。欧盟处 5.6 亿欧元的罚款，应该说是一个天价的罚款。这里所涉及的问题是非常严肃的事件。

各位都是专家，我这里不再班门弄斧。我选一个问题讨论一下，比如销售额的问题。大家都知道反垄断法第 46 条涉及处罚，关于法律责任当中第一个条款，经营者违反本法律规定，并实施垄断协议由反垄断执法机构责令停止违法行为，没收违法所得，并处上一年度销售额 1%～10% 的罚款，尚未实施所达成垄断协议的，可以处 50 万元以下的罚款。应该说这一条貌似是非常清晰的，但是我们仔细去观察就会发现里面有数个非常核心的问题。比如标了上一年度的销售额，这就出现一个问题，上一年度首先从时间节点来讲怎么去计算，它有多个节点可以去考察，比如说从违法行为发生之日起开始算上一年度，同样可以被行政部门立案调查时候的时点，同样可以做出处罚的时点。应该说在不同时点上，上一年度时间的界定存在差异。与之相对应，就是这个销售额必然存在不同。

此外还有销售额的认定，它是涉及全球的销售额还是只涉及要在中国司法领域的销售额。涉及垄断企业可能是一个综合企业，销售香烟有数种香烟，到底是合并报表这些产品的销售额？还是仅销售 10 种商品，但是只有一种达成垄断协议，对这一种来认定它的销售额，还是全口径所有报表里面都认定它的销售额。和这个相比，我们在法条里面看到 1%～10%，我们更多关注 1%～10% 的幅度是比较大的。反观刚才说到的问题，对于销售额的认定，它的幅度或者灵活性更强。

和它相关联的就是关于宽大政策，无论是国家工商总局还是发展改革委都讲，如果是主动去申报来进行坦白的参与卡特尔行为的一个坦白者，你是可以被宽大的。它的问题是，被宽大的一个部分是销售额，我们可以非常清晰地看到，无论你是怎么认定的，总之被认定这部分销售额可以被豁免掉。但是问题在于违法所得是不是可以被豁免，两个部门的规章里面存在一定非协调的部分。甚至说，比如在认定的时候，是 50% 以上还是 50% 以下，哪个主体可以认定在哪个幅度，这里面认定都有差异化的。

我有时候在想一个问题，就是历史惊人的相似。我们讲到在 19 世纪后半期的时候，颁布谢尔曼法的美国的经济现状，当然和今天很多法律以及中国的情况有着天壤之别。可是在某些社会现象的观察当中，我们会发现某些本质性的问题，恐怕是值得我们去以史为鉴的。

上午有嘉宾也谈到了，关于我们法学价值的问题，可能对于经济法学特别是反垄断法学，非常容易考量的一个范畴就是说，我失去的和获得的，我们说没有一个最优的状态。要有一个优化的过程，只要进行利益重新分割，就意味着一部分人损失，一部分人有额外所得。我们经常容易用的一个逻辑路径就是以功利主义来衡量，得到多，失去少，我就认为这样一个改进是理性的，或者说实现了优化。

我们是不是可以换一个思路去看，无论是不是叫作自然法学派，总之在我们人的伦理或者是法学价值里面，总有某些价值是被颠覆不破，或者这种利益价值不可以被用来交换，换言之，它是一种理性存在的。在经济法学里面，这个问题是我自己近来要考虑的一个问题。向各位的汇报就到这里，也希望各位老师给我提出批评和指正。

（作者为清华大学竞争法与产业促进研究中心副教授、中国商业法研究会副会长）

构建统一物流损害赔偿的立法思考

张长青

我今天谈一谈物流领域中的货物损害赔偿问题。物流领域主要是指运输、仓储保管，过去我们叫货物损害赔偿。货物损害赔偿在《合同法》里有一条规定即无过错原则。《合同法》在货物损害赔偿的时候，应用起来根本不适用，各个法院也没有一个适用，都按照行业法、铁路法、民用航空法、海商法、公路法或者是条例，如内河条例或者海运条例。这样的赔偿就有一个问题，就是标准不统一，规则原则不统一等。

过去传统的货物运输是将货物交给铁路，拉到铁路局，把货物从北京发到上海，这是铁路运输。一旦发生赔偿，按照铁路货物运输损害赔偿，铁路法有规定限额，普通货物如果不论价，不包装的，每吨 100 块钱，一公斤 1 毛钱。我们现在卖任何垃圾一公斤都超过 1 毛钱，如果你不保险的话，就只有这个赔偿。

航空法稍微高一点，国际航空法更高一点，海商法又高一点，就是高低不等。公路法没有限额，公路运输没有限额，内河没有限额，内海运输业没有限额，这造成一个什么呢？同货物不同价。现在货主把东西交给物流公司，一旦货物运没了，经过铁路和航空，就找最低的，说在铁路上弄坏的。货主根本不知道从哪儿弄坏的，因为货物交给别人了，人家就按照那个赔偿。

根据《合同法》，这一块由国务院来规定，由国家法律法规来规定，国家法律法规又没有统一规定，目前这个市场就很混乱。包括快递，我们现在运输是按照 5 种运输方式来赔偿，5 种运输方式赔偿标准都不一样。尤其是快递，快递往往都是用的什么运输形式？电动自行车。电动自行车在道路交通法里面规定属于非机动车，不属于运输方式。因此快递说赔偿快递费的 3 倍，它又不属于邮政法，邮政法是有限额的，这造成市场混乱，不符合社会公平、公正、正义的原则。

最简单的就造成什么呢？同货不同价，这是行业立法原因造成的。也有同命不同价，一个人坐火车是赔偿 15 万，坐飞机是 40 万，坐海上船是 80 万，当然生命是无价的。归根到底是什么意思？建立统一标准，统一货物损害赔偿标准，建立一种统一的市场体系，这样公平。

为什么不公平呢？为什么出现这种现状呢？这些年因为我参与好多条例的起草，我的体会，铁路法是行业起草的，我看了国务院最近转变行业职能的规定，就是说我们各部委的政策法规司负责起草法律条文的草案，起草法案报国务院法制办，全国人大常委会通过，行业内部起草固化了它的不当利益。铁路法是铁路方面起草，航空法是民航局起草，然后交通部往上报，海商法也是这样，公路法也是这样，因此就造成了混乱局面。能不能把它统一起来呢？我觉得理论上可行，现实上也是可行的。美国就有一个统一运输合同法，而且用条文的形式公布。

刚才付老师讲得也挺好，我认为我国的合同法里边包含了大量的国家干预性的经济合同，事实上这些合同根本不是民事合同。说得不好听一点，或者倒退一点，我们应该恢复经济合同这个系统体系。比方说运输合同，供用水电燃气合同。过去要制定货票，必须报部的行政主管部门许可，现在变成审批了。既然是审批了，就得监管，就有监督检查的职能。

我认为监管主体不是工商行政管理局，而是行业主管机关。因为行政职责就给他定了，他起草，他制定，他监督，他检查，他处罚，合同本身监管这都是他的责任。所以说应该统一这几种运输规则。

现在的合同法为什么这么混乱呢？说三足鼎立的合同法都打破，我们现在市场经济下建立一个合同法中包括所有的合同，这是不对的。因为这里的合同，我认为水电燃气供应合同、旅游合同、运输合同都是经济合同。再有电信合同、保险合同，这些带有公益性的合同是经济类合同。还有很多合同，是公益性合同。

现在出现运输损害赔偿问题，我们说这个物流领域损害赔偿，合同法根本就不适用。用传统经济法的理论，国家干预的理论去解释民法合同当中的自由契约精神，那是解释不了的，那显得苍白无力。反过来用契约精神去解释火车票今天涨价了，明天又不涨价了，这显得苍白无力。他不是民事合同，是经济合同。经济合同有一个国家干预的问题。

几个不统一我简单说一下。

第一，运输合同领域里面，规则原则不统一。

第二，赔偿标准不统一。有的有限额，有的无限额，有的有限额又取消了，这就造成赔偿标准不统一。

第三，该不该限额，理论上不统一，就是说这个运输领域该不该限额赔偿。我认为，这不是买卖，付出的劳务，应该有限额。

第四，保价保险不统一。有的货物有保险，有的货物不保险，有的既保价又保险。出现这个问题就不统一了，保价说你不是有保险嘛，让保险公司再赔偿。

第五，赔偿程序不一样。比方说过去铁路运输中的赔偿问题，很简单，到铁路起运站、重点站、事故发生站，这三个地去起诉都行。现在呢，不同了。要走铁路货物或者其他货运，我开汽车到你们厂，把这个拉到车站，运到上海，上海派汽车运到飞机场，然后再到全国，最后快递送到你们家去。就是这个过程涉及赔偿问题，原告起诉被告的时候，被告说了，那个东西在哪儿坏的，那个损害从哪儿发生的，电动自行车不是运输工具，而是人力，说的问题涉及不同的程序，如果弄不清，官司怎么打怎么乱。

所以，建立统一市场规则，统一市场体系，是社会公正、公平的要求。

（作者为北京交通大学法学院教授）

船舶油污致害责任主体研究

李遐桢

我们国家随着国际贸易进一步发展，很多货物运输都是通过海运来完成的。有一个数据统计，2/3 以上的货物是通过船舶来运输的，尤其是我们国家是石油的第一大进口国，90％以上石油通过海上运输来完成。船舶本身是通过石油作为燃料的，如果船舶发生碰撞，作为货物的石油或者作为燃料的石油有可能会泄漏，泄漏之后会造成一定的污染，这个污染是非常严重的。这样就需要污染公司进行赔偿。

这就产生一个赔偿主体的问题，我们国家很多法律对这个问题都进行了规定，比如最高人民法院的规定，还有一些国际条约规定。这么多的规定都有重复之处，也有矛盾的地方，对这些问题进行研究，我提出了几个问题。

第一个问题，根据最高人民法院的司法解释，油污致害责任的责任主体是漏油船舶的所有人。漏油船舶所有人是责任主体，除了他之外，其他人都不是责任主体。比如货主，石油的主人不是责任主体。如果在发生碰撞的情况之下，非漏油方也不是责任主体。在 2001 年燃油公约当中明确规定，除了漏油船舶所有人要承担责任之外，还增加了 3 个主体，船舶承租人、经营人以及管理人，进一步扩大了赔偿的主体。但是适用范围非常有限，因为适用的范围仅仅是燃油污染，只有燃油造成污染的时候主体才能扩大到这么多，其他情况之下好像都不可以，只由漏油船舶的所有人来承担责任。

第二个问题，从国际条约、国内法及相关司法实践看，船舶所有人是漏油致害责任的主要承担者，但是谁是船舶所有人，也是一个值得讨论的问题。因为我们国家，有的船舶登记了，有的船舶没有登记。在船舶买卖过程当中船舶发生漏油，这个漏油责任谁来承担？这都是需要进一步去讨论的问题。

第三个问题，在碰撞船舶双方一方漏油，而一方没有漏油情况下，非漏油方的船舶所有人是否要对受害人承担责任？如果承担责任，它的理论基础是什么？要承担的是损害责任、连带责任还是什么责任？如何进行制度设计。如果碰撞双方都漏油的情况下，双方又要承担什么样的责？

研究问题汇报三方面的问题。一是油污致害责任主体的范围；二是船舶所有人的认定；三是船舶碰撞下油污损害责任主体的认定。

下面讲责任主体的范围。

漏油船舶所有人来承担责任，这是一般的观点。但是不论是理论界还是实务界，还是有一些需要讨论的问题，为什么只有在燃油泄漏的时候承租人、经营人可以承担责任，而其他情况下的承租人和经营人就不用承担责任？美国为什么没有加入1992年的民事公约，主要考虑原因是这个赔偿问题非常有限。美国法律的责任主体非常宽泛，不但是船舶所有人有承担责任，而且还有经营人。而船舶经营人的范围就无限大了，法院可以根据自己的需要来认定，没有一个很固定的范围。

船舶油污损害的船舶主体，船舶的经营人、承租人，对船舶运营管理和控制产生实质性影响，有实质性影响者造成了油污泄漏，那他就要承担一定的责任，应该把这个东西统一起来。

船舶所有人是泄露油污责任主体的理论基础。一是物件致害责任理论，这个东西造成损害，这个东西是谁的，谁就要承担责任，漏油造成损害，那船舶所有人要承担责任；二是管理和控制责任理论，这种理论认为，船舶所有人之所以要对船舶损害承担责任，是因为通常船舶所有人有对船舶管理和控制的权利，我们通常倾向于后一种观点。

它的原因主要是什么呢？物件致害责任理论主要是适用范围有严格限制。致害物件的所有人和管理人承担责任，管理人承担责任的时候，恰恰采用的是管理和控制来解释这个问题。也就是说谁控制这个东西，这个东西造成损害的话，谁就要来承担责任。所有人通过雇员达到对船舶的管理和控制，也就是说船舶所有人通常不直接去开船，他要雇一些船员、船长去开船。船长、船员的过错造成船舶碰撞，造成石油泄漏。船舶所有人通过对船员行为的控制来达到对船舶的管理和控制，这样来解释为什么船舶所有人要对这个油污损害承担责任。

船舶承租人也可以作为油污致害的责任主体。船舶管理维修都是由他来承担，实际上控制和管理船舶，所以他要承担责任。船舶融资租赁承租人也应该成为油污损害的责任主体，为什么这样呢？因为我们国家关于融资租赁合同有一个规定，融资租赁合同当中租赁物维修和保管通常由承租人来承担，并且承租人要对租赁物造成的损害承担责任。

有些承租人只有在特殊情况下才承担责任。比如说航次承租人，他对船舶通常没有很大的控制管理权，只有在什么情况下会承担责任呢？对船舶拥有实际控制管理的情形之下。比如说按照他的要求配备船员和船长，按照他的要求去航行，这对船舶产生实质控制和影响，他才去承担责任。

船舶经营人也可以作为油污损害的责任主体。船舶经营人范围非常广，哪些是经营人呢？美国诉美孚石油公司一案当中，法国法院认为船舶经营人也是责任主体，但什么是经营人？这是一个需要讨论的问题。

我个人认为，将船舶所有人、承租人单列为油污损害赔偿的责任主体之后，经营人是指船舶所有人、承租人之外的能够对船舶进行控制的人。经营人范围非常广，可以是货主，可以是船舶承租人，或者船舶的建造者、设计者、维修者、销售者，这都有可能。

我们国家明确规定经营人有更重要的意义。为什么？因为一些私人的船舶很难具有经营资质，所以私人船舶通常要挂靠到一些企业。这样的人实际上就属于船舶经营人的范围，他当然要在船舶造成油污损害情况之下承担责任。这是一类。

还有一类，大家经常讨论船舶挂靠经营问题。我们国家船舶挂靠经营通常是被禁止的，但也是屡禁不止的。为什么屡禁不止呢？因为有利益的问题。小船舶不能经营，所以只能去挂靠。挂靠情况之下，通常把船舶登记到一方名下。这个时候从表面上判断，挂靠人恰恰不是船舶所有人，是一个经营人。在这样一个情况之下，挂靠人和船舶公司要不要对油污的损害承担连带责任？我个人的研究认为，挂靠人与船舶公司对油污损害承担连带责任。因为从表面上判断，挂靠人是船舶的经营人，而船舶公司是船舶的所有人，这两个都承担连带责任。

下面讲船舶所有人的认定。

船舶所有人认定基本原则，一是登记，二是实际拥有。再一个是买卖中船舶所有人认定，我认为通常是按照交付来判断，一旦交付给买受人的话，造成油污，买受人要承担责任。一船二卖情况下，如果船舶交付给其中一个买受人，而登记在另一个买受人情况之下，取得占有的买受人应该认定为所有人，他要承担责任。

国家船舶所有人认定。虽然船舶属于国家，但是国家不承担责任，登记在哪个公司的名下，哪个公司就是所有人。单船公司的问题，它的所有人通常是这样来认定的。单船公司船舶被母公司支配，运用公司法人否认理论，母公司是船舶所有人。

下面谈船舶碰撞下油污损害责任主体。

船舶碰撞之下，一方漏油，一方没有漏油，谁来承担责任？这有一些路径选择，一共有 4 个选择。但是我认为只有第一选择是我们国家目前采取的，也是国际条约当中通行的。这一种方式，就是先由漏油船舶所有人承担责任，非漏油方不承担责任。他承担责任之后，向非漏油方追偿，这对受害人非常不利。后面 3 种途径都可以，哪一种救济方式都比第一种好。我的意见是，按照我们国家环境污染损害规定来处理，可能会更好一点。就是由受害人自己来选择，他选择哪一个就是哪一个，有相应的立法作为支撑。

如果两艘船都漏油的情况之下，两艘船就要看它造成的损害能不能合理区分。如果能合理区分，那就承担损害责任。如果不能合理区分，就是连带责任。我的发言就到这里。

（作者为华北科技学院法学系主任、教授）

中国流通法制建设报告

吴长军

听了一天的演讲，感觉非常受启发，我受研究团队的委托，做一个"中国流通法制建设报告"。

我分 3 部分给大家报告，一是中国流通法制建设的最新发展状况，二是中国流通法制建设目前面临的瓶颈问题，三是中国流通法制建设的完善路径。

中国流通法制建设报告，这是今年研究的一个课题，尚珂教授领衔。第一个总报告是高泉副教授负责，就是中国流通法制建设总报告，建设中国流通法制的一个立法状况、执法状况，包括下一步的趋势，还有立法的建议。

第二个报告是由我负责的中国商品流通法制建设报告，这个报告由几部分组成，商品流通法制的制度框架，具体又分析了批发业以及零售业，还有食品监管业这一块的专题介绍。

第三个报告是中国电子商务法建设报告，由王惠玲博士负责，梳理对我国电子商务法制的立法执法情况，以及对未来立法提出了好的建议。

第四个报告是中国快递业法制建设报告，由阎章荣博士负责，梳理我国快递业法律体系建设，以及目前快递业存在的一些问题，最后提出了一些立法建议和执法建议。

第五个报告是中国物流业法制建设报告，由白硕博士负责。白硕博士一直致力于物流法的研究，梳理中国物流业法制体系建设问题，包括执法中、实践中存在的一些现实性问题，也对物流业发展提出了建议。

第六个报告是中国绿色流通法制建设报告，李爱华教授负责，包括再生资源的利用，也是流通法制关注的一个重大课题。

第七个报告是中国流通法制建设典型案例，由苗静博士负责，梳理了最新的 2013 流通法制的最新司法、执法，以及具体的重大流通事件，做了一个分析。

第八个报告是中国流通法制建设立法动态，由刘茵副教授负责。

第九个报告，刘洁博士负责中国流通法制建设研究文献综述，就流通法制研究的一些现状进行了梳理。

一、中国流通法制建设的新发展

现代市场流通法律体系逐步完善，有一系列的法律层面的法律，行政法规，部门规章，地方性法规，这个体系日趋健全。最新的修订是 2013 年有这么几个比较新的出台的部门规章，《价格行政处罚程序规定》《价格行政处罚证据规定》《电子招标投标办法》，等等。

流通领域行政执法与执法监督明显加强。我们梳理 2013 年从国家工商总局到发展改革委，到商务部，包括食品药品监督管理总局，执法力度是加强的。国务院发了一系列的通知，发了一些文件，应该说执法效果还是比较好的。

中国流通法制的研究取得了一个重要发展，从今天我们这个论坛的盛况就可以看出，我们学界、理论界、政府部门都非常关注目前流通法制的理论研究，也出现了一些比较好的研究成果。

二、中国流通法制建设的"瓶颈"问题

一是立法系统性和协调性不足。流通法要作为一个基本法做统领，有国务院的条例做支撑，再有一个成体系的部门规章，地方法规体系。目前这种系统性、协调性还需要进一步完善。

二是立法滞后和立法空白问题。在流通各个领域之中虽然建立了比较完善的法规体系、规章体系，但是网络零售、快递等方方面面还有很多空白和存在立法滞后问题。

三是立法层次和立法质量需要提高。立法层次在商品流通这个领域，立法还是大量的部门规章以及规范性文件来作为规范。所以它的立法层次，法律层面的法律还是比较少，特别是市场流通基本法至今没有出台。

四是市场流通领域缺乏一部基本法律的支撑。市场流通法或者商品流通法作为一个基础法，目前也引起了商务部的注意，他们对这个事情在调研。这部法律也急需出台。

五是立法指导思想的价值尚需统一。无论是立法也好，执法也好，它的立法价值以及指导思想非常关键，立法价值是一部法律的灵魂。

三、中国流通法制建设的完善路径

——制定商品流通法，规范流通市场秩序。

——完善食品药品法律，健全安全监管体制。

——健全物流法律体系，促进物流产业发展。

——推进网络零售立法，建立网络营销规范。

——推进诚信体系建设，培育诚信经营文化。

——提高流通立法质量，保障流通产业发展。

下面再简单给各位报告一下。

1. 制定商品流通法，规范流通市场秩序。第一个比较需要解决的问题就是立法宗旨问题。商品流通法的立法宗旨着眼于建立一个统一、竞争、高效的现代商品流通体系，规范促进市场交易，保护消费者合法权益，从公共利益角度维护社会公共利益，最终保护社会持续稳定发展。

基本原则的确定。它是经济法的一个子部门，需要平衡协调国家利益、企业利益之间的关系，要平衡好短期发展、长远发展的关系，这就需要一个平衡协调原则。要维护公平竞争。公平竞争是它的灵魂，有公平竞争的法律秩序，对产业健康发展不可或缺。再就是责权利的统一，这一点高老师谈食品安全法的时候也提及了，一部法律要把责任、权利、利益匹配起来，它才能够得到有效的执行。

立法价值强调两个价值，一个是安全，一个是效率。安全价值、效率价值是相互促进的。

安全价值有两个层面，一是宏观安全，二是微观安全。宏观安全就是流通产业是牵扯到国民经济其他产业，上下游产业健康发展问题，如果在流通环节出了大问题，出现一些紧急性物资短缺，特别牵扯到国计民生的物资短缺，可能会引起整体经济的安全问题。微观安全主要是强调消费者安全，对消费者的保护。

效率价值也可以分为两个层面。要追求它的经济效益。企业提高它的利润。企业的生产率提高，经济效益提高，这是它的价值。国家出台一系列促进政策，扶持流通产业发展。再就是社会效益。流通法是经济法的范畴，讲究一个社会效益与经济效益的有机统一，这一点也是它追求的价值。

中国流通法制建设完善路径的调整范围就不讲，竞争体系就不再详细讲，简单梳理了一个框架。从商品流通的过程来看，需要建立的制度是商品采购制度，这是第一环节，第二是商品储备制度，三是商品调配制度，商品销售制度，最后是售后服务。售后服务包括技术的维护、维修，商品的更换，等等。管理调控制度、流通安全制度、特许经营商品制度、统计与监测、流通业促进制度等，还有一些标准制度，这是它的基本制度。

2. 完善食品药品法律，健全安全监管体制。关于食品药品的监管，高老师已经讲过了。需要修订目前食品安全法，药品管理法，包括实施细则。目前全国人大提出修改程序，我们学者建言献策，使它更完善。要健全食品药品的标准。建立标准对行业的健康发展具有重要意义，特别是食品药品行业。再就是改革食品药品的监测体制，严格食品药品领域的责任追究。这是非常重要的，增加违法成本，有利于食品行业的健康发展。

3. 健全物流法律体系，促进物流产业发展。完善物流主体和市场准入法，物流企业是一个产业链中的中间环节，上游是生产企业，下游是零售企业，所以它的市场准入也需要法律的规制。完善物流经营行为法。物流经营包括这样一些环节：运输、储存、装修、包装、配送、信息处理。这些流程中需要规范，经济法、民商法要做出一些规定。

4. 推进网络零售立法，建立网络营销规范。赖阳老师给大家阐述了一个云消费概念。目前这种网络购物，电子商务越来越普及，人们足不出户就可以购买商品，购买服务。网络零售立法需要尽快出台网络零售管理条例，要完善网络零售信用的评价，资质评估体系，制定保护网上商业数据的管理办法，有利于网络零售业的健康发展。制定网上交易小额争端解决办法，也需要提上议事日程。

5. 推进诚信体系建设，培育诚信经营文化，建立多部门诚信系统的有效对接和信息共享机制，金融、公安、食品监管、工商部门要有一个信息共享，建立行业许可，市场信用、市场监测等体系。

6. 提高流通立法质量，保障流通产业发展。贯彻系统思想和现代流通立法理念，贯穿一个全流程监管理念。加快制定重点领域的立法，制定流通领域的专门法，包括商业布局法等。完善流通规章体系，特别是一些特许经营行业、典当管理、商业网点管理、农产品批发市场。

（作者为中国商业法研究会常务理事、副秘书长，北京物资学院劳法学院博士）

圆桌讨论

李业顺

（中国商业法研究会秘书长）

通过今天的会议，关于流通法制这方面感受颇深，收获也很多。首先谈谈自己的感受。感受最深的是关于流通法制基本立法的问题，很多专家都谈到了这个问题。

我觉得现在来说，咱们流通法制基本立法已经迫在眉睫。怎么说呢？从物质基础来说，咱们国家现在实行的是市场经济。在市场经济法制体制整体中，生产领域这是一个领域，最后是消费或者是其他的领域，交换的领域，中间就少了流通领域没有基本立法。所以流通领域基本立法也是比较急切的，这是一个最基本的物质和现实的基础。

另外我觉得从现在的法律角度来说，流通法制基本立法也是迫在眉睫的。咱们国家有公路运输方面的一些基本法律，有铁路运输基本法律，航空、海运基本法律都有，但是这些法律需要一个基本的法律来进行协调，进行统筹。没有一个基本的原则，这些法律是一盘散沙。现在很多法律这方面还存在一些矛盾。公路上开车的都知道，秦皇岛北藏高速经常堵车。一方面公路运输超员，另一方面铁路运输方面的协调出现问题。咱们如果有一个基本法律统筹着公路法和铁路法，立法协调好，这方面问题就会得到解决。

在共同运输过程当中还有共同的一些问题，包括哪些物品是禁止运输，哪些物品需要优先运输，不管是铁路、公路，还是海运、航空，都要遵守一些基本原则和运输的规则。所以说怎么运输？怎么协调好？不能靠单一法律单打独斗，需要一个统一的基本法律。也是谈自己的体会，我觉得咱们交通基本立法是迫在眉睫的，咱们的论坛是很及时的。谢谢大家。

刘万勇

（中通策成律师事务所律师）

我应该是搞实务这里面为数不多的代表。我只能代表搞实务的呼吁一下在座的各位专家，在制定法制建设的时候，适当考虑一下法律在实践当中的执行性问题。实际上我今年接过 3 个案子，都是很典型的案子，我只讲其中的一个。

从北京发一个快递，发到荷兰的阿姆斯特丹，然后再运到另外一个地方，这是流通行业里面一笔典型的业务。在这个过程中，发生争议的情况一般不是这个物品坏了没有，或者是怎样，而是从根本上来讲是否收到货。在研究这个案子的过程中，我就琢磨着，我们这个流通领域跟其他的行业领域之间有什么区别？也包括我们现有的互联网也好，技术发展也好，核心的区别，我想有这么几个。

第一个，我们认为流通领域是在债权体系上和物权体系上进行关联的一个架构，一个核心的环节是这个流通。在打这个诉讼的时候我们没有主张这个货有瑕疵或者没按时运到，而是主张没有收到这个货。因为我主张没有收到货是最容易的，在物权体系上，在流通领域之间的架构没有桥梁的。在具体操作方面作为律师来说，打没有收到货，作为具有举证责任的一方是最困难的。为什么不打货物有瑕疵？因为货物有鉴定的机构，有一套完善的体制。

下面介绍这个货是怎样运出去的。河北的一个 DHL 公司，他拿到这个快递，给了河北的一个卡车公司，再由卡车公司交给了一个河北当地的航空运输公司，航空运输公司包给了中国和欧洲之间的一个有包机业务的人，这是我们的当事人。我们的当事人包了一架飞机，是实际承运人，运到德国的一个卡车公司，再运到荷兰，然后由荷兰当地 DHL 公司拿到这个货物。在你们看来这个货物都是从 DHL 到 DHL，我们物流体系涉及的运输主体非常多，要打这个诉讼，需要把所有的人全部诉讼到。这里面就容易产生某个环节证据链的丢失，建立不起来债权和物权之间的联系。

我希望我们的专家能够考虑具体操作方面的可操作性，这是第一个。

第二个，物流的特点是短平快，现在尤其是突出一个快字。一个快递 3 天之内就到了，涉及这么多的主体，不可能形成完整的一个合同或盖章，等等。往往都是一个电话、一个电子邮件，等等。这种长证据链下面很容易有漏洞。我希望能够在立法时考虑实务操作性的时候，考虑在实际运营当中没有合同，没有纸面合同，没有这些证据，大家的举证责任如何进行操作？

第三个，在实际产生争议的时候，往往大家打的都是举证责任的问题。希望在立法的时候能够多考虑每一个执行环节里面到底应该由谁来举证，这个实际上是我们律师或者实务操作过程当中遇到最多的问题。

郗伟明

（山西财经大学法学院副院长、副教授）

今天听了各位教授的发言，我有很大的受益。我想从 3 个方面谈谈我的理解。

第一是一个基点问题。2009 年我们国家关于物流产业振兴规划中明确了十大任务和九项重点进行。在这当中我国物流法制的发展有两个表现，一个表现是经济运行方式的转变，从计划经济到市场经济，使传统的物流体制发生了比较深刻的变化。我以山西为例，比如铁路，现在晋煤外运，公路建设也是号召煤炭企业投资，搞"三纵十横"的公路大规模建设。给我们的感觉，从物流整个推进上来讲，尤其是铁路运输这一块。现代大型企业的介入，公路铁路的运营发生变化。

由于市场化发展的变革，尤其是经营模式的改变，新型物流业也快速发展了。今天提到网络销售问题，使现在小型的物流公司如雨后春笋，发展非常快。这样就给我带来一个思考，就是说我们在物流立法和推进过程中，到底是政府主导，还是市场主导？

第二是关于试点的问题。这里我拿两个小的试点作为对我们物流法制建设的思考。一个是关于物流园区的建设，2013 年 10 月 15 日以发展改革委牵头推出这样一个指导意见。正如刚才吴博士所言，在这个过程中我们缺少系统性、协调性，因为在物流园区规划建设当中，它分了 3 级 5 类 12 个部门，5 类当中又划分了区域；从物流企业建设来看，因为物流企业是最基础的市场主体，他们现在也面临一些问题。部门管理多和乱，12 个部门，大家都有九龙治水的感觉，在物流过程中也是这样，有十几个部门管理，而真正物流管理的归属在行业上的划分是没有的。从整个行业来讲，它缺少一个统一的整体。

另外在行业准入上也没有保障。我们前几年经常听到这样一些新闻，有一些物流企业一人一车一部电话，最后收了款以后就消失了，给客户带来重大损失。运输价标准也各不相同，处于竞争阶段。大家都在比价格，怎么样成本低，怎么样快捷就怎么干。这些企业运行起来风险都比较大。

第三是得出我的结论。一个结论是关于物流基本立法到底怎么给它定性的问题，学者们都在谈有必要把它作为一个基本法尽快出台，也有反对的意见，认为还不适宜。我关注的方向是，我们到底是把它作为一个准入法、监督法，还是作为产业法或者促进法的问题。我的个人意见认为，目前这种状态下由于它的复杂性，适合作为一个产业促进法或者基本法可能更为妥当一些。因为不管你是监督也好，准入也好，它都带有局限性。

另一个结论是关于产业政策和市场法律建设互相衔接的问题。我们现在看到物流方面，产业政策比较多，虽然它有一些专项、调整性的法规和配套，但是总体而言，这种产业的发展和法制的衔接还是需要得到充分重视。在这当中，我想以发展的周期性来看可能更客观一些。比如从形成期，我们以扶持为主、引导为主，以产业规划为主。在成长期这个过程中我们实现一个优胜劣汰，进而对法律制度进行调整和变革。到物流发展的成熟期，这个过程中我们出台了物流基本法。

陈志明

（北京中交兴路车联网科技有限公司经理）

非常感谢论坛主办方及各位朋友，有幸代表产业界实体来参加这次论坛，应该说今天的学习收获非常丰盛，让我受益匪浅。论坛中间提到对电子商务，物流行业产业发展法律法规建设的问题，对我们促进新的行业发展非常值得关注。

我想今后又有一个新的产业领域可以值得大家去关注，那就是车联网产业。从 2008 年之后，国务院以及交通部这一块，实施了一些新的政策，对全国的车辆监管工作非常关注。前不久通过世博会的一个试点，我们国家已经实现了对客车、旅游车以及运输车 3 类车辆的监管。从今年开始，三部门，包括交通部、安全部、公安部联合组建一个系统平台，实现对全国的货运车辆的监管建设。这个建设工作主要是两个方面，一个是建立货运车辆监管平台，实现对它的 GPS 定位管控。另一个是建立所有的货运车辆，包括新出厂货运车辆全部要安装定位系统。这意味着什么呢？这意味着在不久的将来，我们国家就会是全球唯一一个可以实现对全国所有货运车辆由国家监管和管控的国家。

目前通过我们的数据统计，全国目前拥有的货运车辆是 1 800 万辆台，从事货物运输的队伍将近 3 000 万，这个队伍在目前整个中国市场中，特别是物流运输这一板块里面是积极的角色，应该说目前中国物流市场状况发展非常迅猛，但是水平还是非常低的。特别是对整个队伍的管控培训管理，对市场资源不透明性带来的成本增加，以及巨大风险，这个领域应该说是非常值得关注的。

作为车联网公司重点就是要实现资源的整合和公开。目前我们车联网公司主要围绕 3 个板块积极推广业务。

第一个板块是 GPS 推广，作为核心手段来实现全国所有车辆资源的整合。我们很有信心地讲，未来整个中交兴路车联网公司将会成为一家可以掌控货运车辆资源共享的公司。

第二个板块就是物流业务。我们专业从事物流这一块，而且有十多年时间。我们物流这个板块重要方向是两个，一个方向是我们要打造一个货运车辆的交易平台，通过我们整合所有货运车辆资源，全面有效地开放给物流企业，让物流企业通过我们系统平台在网上实现交易和车辆配载。另一个方向就是大力扶持中小型物流企业，实现他们的快速增长，帮助和解决他们因为资金、运作资源不足的问题，实现他们的持续发展。同时我们更多是整合这些货源，让这些货源回归到我们的平台上，为这些司机提供货物。作为司机来说，他的核心命脉就是货物，只要你解决了货物，那你的 GPS 定位管理等一系列服务都会随时响应。

第三个板块是为所有货运车辆、车主提供加油、保险、定位、维修、救援，还包括融资租赁，包括网上支付，还包括车辆挂靠等相关服务。

这 3 个板块的服务，核心重点都是围绕货运车辆。我们的目的是在整个中交网络平台上面，货运车辆与货主之间实现低成本无缝的快速对接。

我们现在也在积极开展几个核心的业务。一个是我们正在积极打造货运车辆交易平台，可以免费快捷、低成本、高效率在平台上面找到符合的车型。未来我们要实现的是所有物流交易费用都能通过这个平台，在车联网平台上面实现交易网络，可以做一个安全保证；二个是目前我们在积极推动的，就是以车辆为主来实现挂靠服务，所有货运车辆都可以挂靠到这里来，提供贷款等一系列的配套服务；三个是我们在积极推广为中小型企业提供相应的资金服务，解决他们的问题，促进货运的快速提升；四个是我们在推广手机终端的 APP 服务。未来的 APP 服务可以实现的功能包括定位、货物配载、货物信息的签收反馈，包括网上交易。终端服务 APP 这一块目前可以实现的是手机定位和物流业务的签收管控工作。

今天我主要介绍的就是车联网，更多希望各位专家给予关注，当然我也提出一些问题值得关注。物流快递有一个很重要的模式就是加盟。中交兴路的模式，实现业务的拓宽，更多是实现联盟合作的方式。联盟合作实现品牌共享，这里面未来会是我们行业中间如何去管控的一个风险点。

我们现在在大力推动全国的车辆挂靠服务。按照行业规定来讲，对于个体司机的存在可能性很小，但是对现在行业特点，包括营改增之后，很多企业都希望实现有效的风险规避。车辆挂靠这一块服务，应该说会成为下一步快速推动的服务内容。

淘宝现在已经成为大家所关注的重点，作为中交兴路车联网的车辆网上配载服务，实际上就是网上配车与配货，包括未来要实现网上车辆物流的交易，这个在不久的将来都会实现。这个领域也值得各位专家去关注。我的发言完毕，谢谢大家！

高　岭
（中储公司风险防控部总监）

我来自中国物资储运总公司。有人经常问我们，你们是中储粮，还是中储联？实际上我们都不是。我们是中国物资储运总公司，专做仓储、运输、配送这一块。

这次这个会，我们没有做理论上太多的准备，但是从实务当中我们还是感觉到，现在企业做业务的过程中碰到的法律法规方面的事情，还是比较多，有时候执行起来有一些冲突的地方。

我谈一个具体的问题。比如说我们前一段时间碰到，本来老的仓储条例和合同法当中仓储合同不要求保管人去验收货目，合同法也有明确规定。但是实际当中我们仓储传统的业务跟金融监管业务结合以后，货权的问题就变得非常焦点。中储公司作为保管人，替银行做占有监管，向银行融资做担保。这个货在监管公司手里头，在中储手里，但是在业务持续当中，在某一个时点就会出现多个权利人在职务上做查封的申请。司法机关接受了申请以后，一旦把这个货物冻结住了，中储公司就很难再向权利人发货，其实是很简单的仓储保管业务，但是因为货权的混乱，就带来中储公司的违约。

大家前段时间都听说，在华东地区有钢贸事件，集体爆发债权违约事件。这里面的监管公司，国内这几大家监管公司基本都碰到这样的问题，现在华东地区还在解决这个问题。就是很传统的一个仓储业务的验收环节，也有一些规定是比较明确的，但是因为这里面增加了一些功能，带来一些新的问题。这个问题就是仓储公司对货物的验收环节管不管货权。从保管关系来说，他不应该管货权。把货交过来，到时候保管员按约定返还后就可以，但是企业的确现在面临了很现实的问题。现在有诉讼的发生，或者说有货物向权利人返还不了，都碰到了这样的问题。

所以我们希望相关的法律在制定时，在这方面帮助企业解决一些问题。监管公司占有了货物，不管这个货权怎么变化，监管公司的义务就尽完了，就可以不承担相应的违约责任。我觉得这是权利、义务的平衡点，应该能定下来。这是中储公司在传统的仓储业务方面碰到的新问题。

还有一个问题，现在我们感觉仓储业务的变化有这样的特点，像中储公司在全国的土地面积，还有仓储面积，有人在物流界统计的数字，说我们是数一数二的。咱不管面积有多少，中储公司毕竟是一个传统仓库企业。它大的物流中心在全国节点城市基本都有，都是单体库，一万平方米、几万平方米这样子。一个大库的投资非常大，回收期也很长。

现在中储这样的公司，有实体物流资源的公司，都在逐渐地上一些仓储配送业务。仓储节点越来越灵活，比如说是一个很小的配送中心，比如说通过劳务输出租用别人的一个小的物流节点，比如说是当地一个三四线城市的很民营化的，或者是村镇级的这种仓储。带来什么问题呢？仓储的这种固定的存储地点越来越淡薄，这就带来了管理上的问题，还带来一些法律上的问题。比如管辖，比如保管条件的稳定性，它都直接让公司面临风险。所以我们想在立法阶段也考虑仓储资源渐渐地轻便简洁，流动性快，把这样的特点加进来，看怎么来解决仓储公司的责任问题。

前一段时间我们在最高人民法院有一个专项，要做一个关于仓储运输配送方面的司法解释。本来去年这个项目很快就要上了，但是不知道什么原因把这个项目暂时搁置了一下。我想借这个机会，代表公司，代表企业，向立法界提一点，考虑一下可以跟我们做一些联合性调研。结合我们具体碰到的困惑问题，把国家的流通法立好。我们企业肯定是支持这种统一的流通法的立法研究。

李军波

（西北政法大学教授、中国商业法研究会
房地产法专业委员会秘书长）

我的研究方向主要是农业法这一块。在研究农业法过程当中涉及和流通法密切相关的东西，因为里面涉及粮食流通管理条例的问题，所以我说一点

不成熟的看法。

我觉得流通法要研究，要把比较法作为一个非常重要的研究视角来研究。如果我们仅仅是自己说自己的事，或者说把目光不放到国际上，不进行比较法研究的话，我们研究出来的东西，老觉得是中国特色。中国特色跟国际接不了轨很麻烦的。所有人都认为粮食法是中国特色，外国肯定没有，但是我们不翻不知道，一翻吓一跳，首先日本就有粮食法。加拿大有谷物法，我们翻译加拿大谷物法过程当中发现，300多个条款从前到后涉及的全是粮食的流通和储备。我们在翻译的时候觉得非常诧异的是，他们把谷物被生产出来之后第一次储备叫初级仓储，储备完了之后运到中转仓库，中转仓库运了之后，还有终点仓库，从终点仓库再运上船，行销全世界。

全世界小麦市场，就是加拿大和美国在争老大、老二，而加拿大一直争得过美国。不是说美国生产技术和美国农业科技不如加拿大，也不是说美国农民种地不如加拿大，我认为非常健全的是这一套粮食储备和运输管理法规是发挥重要作用的，但是美国就没有。因为美国实行一套自由主义市场规则，它不可能像加拿大这个样子去管粮食。这个问题在2011年的时候，美国把加拿大告了一状。美国认为加拿大把粮食交通和储备管这么严，违反WTO的原充分市场化的原则。但是官司打完之后，加拿大还是赢了。

由此我得出结论，我们要把市场流通法理论沉下去，沉到底下去。我们研究一些小问题，比如流通的争议对象特别多，不同的对象所面临的流通任务和流通规则肯定是不一样的，只有把这些小问题都研究好了之后，在这些小问题之上处理出来的东西才能架构得住流通法的整个理论构架。这个理论构架成了我们流通法的基本法。

陈　怡

（北京中交兴路车联网科技有限公司法务经理）

刚才陈总介绍了关于车联网这个板块一些具体的业务情况。我们在具体工作中，遇到的问题确实像各位专家说的，现在在流通法这个领域，特别是物流行业这一块有很多法律真空的地方，或者说存在多头的政策或者是规定，没有系统性。所以我们在实务操作当中确实面临一个没有充分的法律依据的问题。

结合我们自己的工作说几个比较具体的点，抛砖引玉供大家来思考。希望各位专家学者给我们更多的建议。

第一，现在我们要做的货运车辆平台，这个车辆大平台是在国家道路运输监管大体系下，有很多货和车的信息在这个平台上交换。但是从现在的法律体系来看，我们把货和车主这两者的关系，通过我们企业作为一个中间环节联系起来的时候，各方的法律关系事实上并没有一个特别明确的界定。为什么说呢？因为现在这种模式，我们的业务模式比较新型，这个平台是互联网或者一个网络平台，或者说一个专业的平台，但是原来货主可能是普通货运企业，也可以是一个实体制造商或者生产商，这都是有可能的。这里头各方是什么样的法律关系，是简单的运输关系吗？或者说这里头有一些委托的关系或者是包括代理的关系？这当中会有各类的法律关系产生。

说一个很实际的问题，现在有一个客户有货需要我们帮他运输，那我们作为一个中间方或者物流第三方，我们会找具体的实际承运人。这个实际承运人如果是运输企业是没有问题的，我们可以按照合同法规定的运输合同来操作。但实际上我们面对更多的是中小型物流公司，甚至可能都不是公司，就是一个车队。车队到底是什么含义？我不好界定，有可能就是一个人带了三四个司机。还有一种情况他就有一个司机，我们跟司机到底能不能直接签署运输合同，它的法律效力是什么样的，司机能不能承担风险？或者司机背后的挂靠企业，作为我们来说在追究风险的时候或者风险转移的时候，能不能作为责任承担的主体。这都是需要我们去考虑的问题。

第二，这个公司车联网企业，在货和车之间搭建这个平台之后，还会发展支付平台这样一个体系，会有大量资金在平台上流转。物流行业会有非常大的金融风险。这个支付平台中间环节我们又是什么样的身份？现在我们可以看到，第三方支付牌照银监会门槛是非常高的，注册资本要一亿。如果我们想要做这个支付的话，那是不是拿到那个牌照我们就可以做这个事情，或者说和有牌照资质的公司合作，是不是可以形成一个完整支付链条，让资金在这个平台上流动，这是我们思考的问题，也会影响到将来我们实际业务当中能不能给司机提供最快捷、最直接的服务。这当中有没有法律的支撑，我们现在说实话还没有看到，这方面也是大家可以去关注的。

第三，今天专家讲到这个问题，就是云服务和云消费。我们这个平台将来可能也会是一个移动平台，有 APP 手机端客户服务，这里面也会存在信息发布或者信息安全问题。我们这个企业是信息发布的角色，我们跟司机之间是什么样的法律关系？这些问题，是我们现在面临的比较实际的问题。我们现在越来越发现，流通领域由于技术的更新，比如像互联网技术、移动技术，再加上国家政策方面的支持，它要求有统一监管的大背景。现在业务模式在不断创新，可能会面临很多新的问题。这些问题不是现有的法律规范能覆盖的，我们希望各位专家能提供宝贵的意见。

闭幕词

（中国商业法研究会会长、北京大学法学院刘瑞复教授）

论坛即将结束，我就讲点个人感想。这一届论坛我看开得还是很成功的。我们举行了经济学跟法学的对话。流通法这个领域研究有了进一步的进展，有新的收获，所以这个成功我想是了不起的。它归功于谁？一个是归功于有关领导的光临指导，另一个是高校、科研机关、实务单位、领导机关等方面的专家的辛勤劳动。

特别是归功于什么？就是北京物资学院的劳法学院。他们院的领导非常重视，非常积极要主办这个论坛。劳法学院精心组织、精心施工。从会务的角度都做得非常顺利。所以归功于我以上说的。应当特别感谢。我们是研究物流和物流法问题，但是我考虑它涉及法学界的两件大事。这两件大事我们正在一步一步解决。哪两件大事？一个是法学的理论化问题，一个是法的对象的研究。这两个是法学界的软肋，产生了重大的弊端。我们做的是具体流通的事，但是涉及法学界这两个根本问题没有解决，这是我的看法。

第一，法学理论化。有人觉得奇怪，法学怎么还需要理论化？现在的法学实事求是地讲是注释法学和讲义法学，这两个是不能成为法学的，也不能成为理论，这是我的看法。那理论是什么？理论必须有三个体系，第一个是范畴、范畴体系；第二个是论证、论证体系；第三是逻辑、逻辑体系。任何理论都必须有这3个体系，那法学没有做到。法学一般的范畴有了，进一步的没有。我们物流法也建立自己的范畴。

再一个是论证。你没有论证怎么成为理论？包括科斯定理，它连命题都没有，三本小册子两篇文章都是案例。案例也非常古老，某甲的羊吃了某乙的草，最后研究者给了一个命题，是什么呢？如果交易成本为零，那么财产权利分配是有效率的，这不是胡扯嘛。科斯的交易是指谈判，谈判的成本怎么能为零呢？路费就不是零，这种产生的权利分配怎么有效率呢？权利分配是这么产生的吗？是法律产生的，它是有深刻政治背景的。所以你就必须有论证。咱们法学界现在就存在这个问题，论文连篇雷同，不客气地说，连开头都不会写。我说的这些问题我也存在，我不是说别人。

就这3个体系，那理论是这样的，讲义法学。讲义解决3个问题，基本理论、基础知识、基本技能，这是一般理论。而讲义有随意性，有针对性。咱们的论文大部分都是从讲义来的，这怎么得了。那理论没有搞好，又谈理论创新，这是非常怪的。什么叫理论创新？对现成理论革命的改造和整体性超越这个创新，有吗？没有。革命性改造是原理和原则的改造。整体性超越是指什么呢？是从总体上它现有的理论范围的水平和层次的升华，有吗？我这是指法学界，没有。

一些新词语，或者多一些所谓的体系化，就是理论创新吗？再就是西方法学，西方那些东西都是常识性的。你对西方的学理的研究，根据中国情况说出来，我赞成这个。有这个吗？我是想这样搞。你不要拿常识性东西，常识性东西不是理论。我为什么说讲义不是理论，就是这个道理。

理论法学，并不等于亲自实践于人民大众。今天咱们这个会议发言，实务方面来的人讲得多好。你不懂这个，你会懂物流立法吗？所以我们的法学是实践的法学。脱离群众的理论是靠不住的，它一定是实践的法学。你们写的那些是属于法学范畴的，它对法学发展是有用处的，脱离实践是错误的。

我们的法学应当是实践的法学，应当是人民大众的法学，一定是人民大众的。这个领域我很陌生，但是我觉得是非常上路的。今天每个人的发言都给我感触很深，我都认真记了。法学理论，我主张理论化绝对不是脱离实践，也不是脱离人民大众。本次论坛活动企业部门、主管机关都参与，他们讲的那些都是法学理论的，咱不要对立起来，关在玻璃窗里面做文章，我最反对这个。这是我讲的第一个，它推进了法学的理论化。

第二，法的对象的研究。我们推进了法的对象研究，这是法学界往往做不到的。流通法是法，但必须研究它规定的对象是流通，必须研究这个。要讲理论，必须注意对象。我们讲对象了吗？没有。有几本书研究了对象？没有对象的研究怎么立法，怎么进行法的研究？你不懂物流，怎么会懂物流法？所以我才主张学科对接。

我们的法学是朴素之学。素朴之学，不是投机之学，也不是沽名钓誉的浮躁之学。所以最简单的对象研究就是咱们物流跟物流法。研究对象是物流、流通。当一个法学家是不容易的。咱们会议给我产生两个感想，法学要走向理论化。理论化不等于在那里忽悠，是大众的法学，实践的法学，谁都有权发言。

在座的今天谈得非常好，我非常受启发。法学实现要 3 个转变，第一是从部门法学向学科法学转变，第二从讲义法学向理论法学转变，第三由西方法学向中国化马克思法学转变。

今天我很有感想，这次比上次开的还要好。我们物流的专家都是顶尖的。物流法物资学院是突击队，是第一块根据地，谁也抢不去。我们就是要从小事做起。物资学院提供了宝贵的经验。我们要做几件大事，但是我们要一件一件地做，从小事做起，这是我的想法。

媒体报道

【科技日报】专家呼吁：加强食品安全监管　规范流通市场秩序

　　在 2013 市场流通法制论坛上专家学者呼吁加强食品安全监管，规范流通市场秩序。

　　"我国食品工业在过去的几十年迅猛发展，现代工业文明离不开科学技术的进步。大家都要感谢科学技术进步带给我们的这种享受。然而，在食品科技进步的今天，它在带给人们享受的时候，人们也会随着这种变化、这种发展，对食品安全有着担忧。""民以食为天，食以安为先。食品是直接入口的，对人直接产生影响，如果是好的是营养，不好的可能是毒害，所以各个国家都把食品作为首要监管的对象。"10 月 19 日，在"第八届中国经济—法律论坛暨市场流通法制论坛"上，"加强食品安全监管，规范流通市场秩序"再次成为 40 多位专家学者讨论的热点。

　　"食品安全监管的法律理论基础是责权利效相统一。责是什么？责任，既是伦理概念，还是法律概念，要从伦理角度来讲应该去做什么事情，从法律来讲他必须做什么事情，他不做就受到问责。"首都经贸大学法学院高桂林教授围绕"食品安全监管法律问题研究"做了发言。

　　高桂林认为，"责"分两个层次，一个方面是政府的责，监管的责任。政府要不作为怎么办？或者出了问题怎么办？一般要追究相关政府部门或者主要、直接负责人的行政责任、刑事责任。第二个责就是生产者的责任，我们把生产者做延伸，也包括流通者的责任，就是物流流通者的责任。"权"分两个层面，权的设置，一个是指行政机关的权力，另一个是作为普通的个体权利，这两方面是统一的，这两个应该是相辅相成的。"利"是两个层面，微观的叫效率，涉及厂家和消费者利益，再稍微大一点的利，宏观的是国家利益。

　　作为主办方代表，中国商业法研究会会长、北京大学法学院刘瑞复教授认为，本次论坛具有前瞻性、多元性和深入性等特点，实现了法律和经济对话。与会学者、政府官员、企业代表从不同角度对市场流通法制问题进行解读。北京物资学院党委书记李石柱认为，论坛进一步增进以流通、物流为学科优势的北京物资学院与相关政府部门、学术团体、兄弟高校和流通企业的交流合作，实现共赢，为我国流通产业的科学发展贡献力量。

中国物流与采购联合会首席顾问丁俊发教授以《对当前中国市场立法的几点看法》为题，从实践论和矛盾论的角度谈了自己的建议。针对食品市场各个环节出现的一系列问题，他呼吁市场出现问题再也不能头痛医头，脚痛医脚，临时抱佛脚，必须统筹兼顾去考虑。

高桂林强调，随着科学技术的进步，食品的成分也在发生变化，有些新的物质现在被认为是对人体无害的而成为了食品的生产原料，有些原本认为是对身体无害的原料被科技证明是对人体有害的，对转基因食品至今人们仍然存在争议，说明科技进步对食品安全问题有着重要的影响。同时，科技的进步也为食品安全监管提供越来越科学的检验手段。

由北京物资学院和中国商业法研究会主办，北京物资学院劳动科学与法律学院、北京物资学院流通法律与政策研究中心、中国商业法研究会流通法专业委员会承办的论坛，在"圆桌讨论"阶段，多位专家围绕着"加强市场流通立法，推动流通产业创新"主题展开热烈的讨论。

作为承办方代表，北京物资学院劳动科学与法律学院院长、中国商业法研究会副会长尚珂教授希望本次论坛围绕"加强市场流通立法，推动流通产业创新"主题，高校、政府、企业三方与会代表迸发火花，聚焦思想，阐述观点，形成最新学术成果，推动我国流通市场法制理论与实践的新发展，促进流通法制与市场流通的良性互动。她也指出，要与时俱进，用改革创新的精神研究、面对和解决食品安全面临的新情况、新问题，不断探索出食品安全监管的新途径、新办法。

来源：《科技日报》2013 年 10 月 23 日 8 版

【光明日报】北京物资学院举办
流通法制论坛

由北京物资学院、中国商业法研究会共同主办，北京物资学院劳动科学与法律学院、中国商业法研究会流通法专业委员会承办的第三届市场流通法制论坛日前举行。来自高等院校、科研机构、行业协会、企业界、法律实务界等相关领域的专家学者参加了论坛。

论坛围绕加强市场流通立法，促进流通产业创新展开讨论。除了就市场流通基本法立法必要性、可行性以及市场流通法律体系建设进行探讨外，还有针对性地就连锁经营、直销管理、政府采购、电子商务、药品流通、食品流通等领域的法律规制研究各抒己见。（李玉兰）

来源：《光明日报》（2013 年 10 月 21 日 16 版）

下篇 论坛学术篇

- ❖ 流通法理论研究
- ❖ 流通法实务研究

流通法理论研究

再论我国市场流通基本法立法的必要性和可行性

摘　要: "流通基本法"是流通业的"宪法",可有效调整流通生产关系,进而推动我国流通生产力的发展。建立一部有利于优化流通经营结构,促进经济持续、快速、健康发展的国内流通业基本法已势在必行。文章阐述了流通领域建立流通基本法立法的必要性,分析了我国市场流通基本法立法的可行性,以及做了怎样的基础准备工作,对市场流通基本法应涵盖的主要内容提出了建议。

主题词: 流通基本法建设　必要性　可行性　主要方向

一、市场流通基本法立法的必要性

我国是一个有着13亿人口的大国,许多事情需要有序,如果无序,社会将出现一系列问题(一件事,一人一个想法,就有13亿个想法,不集中在一个范围内,非出大问题不可)。第三产业中的流通业该不该制定"流通基本法",答案是肯定的:"必须加速建立"。当然"流通基本法"的叫法是不是合理不重要,大家可以设定为"商业基本法",可以设定为"商贸基本法",也可以设定为"对内经济贸易法"等。如何称谓都可以,但中心内容只有一个,就是以我国第三产业中的"流通业"为对象开展的立法建设。为什么要制定这样的法律?中国先人们在造字时就已经埋下了伏笔。按照倒插笔书写法,先写"人"、再写"口"、再写"冂"、再写最上面的"立"字,

---

❶　尚卫东(1960—　),标准化、计量和质量管理专业教授级高级工程师,商业科技质量中心计量与标准化处处长,国家计量认证商贸评审组组长。

即"商"＝"人＋口＋冂＋立"构成字。如果结合人们的商业活动，可以理解为：商业活动是"人"用"口"来完成"说"的"交换"活动，这种"说"的活动是在一定的条件下的"说"，不是任意地"说"，必须是在"冂"内"说"，这个"冂"就是一定的"规矩"，在此"冂"可以理解为"法律"，只有"人"在一定"规矩"的情况下"说"才能使"商业活动"成为"立"，才能使所有活动有效完成；仅有"人＋口＋冂"字，"商"是不能成立的。现在再谈一下"法"字。"法"字是"水＋去"构成，人们简单直观的理解就是"水""去"了或离开"水"；但从商业活动来讲，"水""去"的含义应是"去""水"的流动性；即去掉人们所处商业活动中的不合理的随意性，包括：随意"说"的、随意"做"的概念。此外，从产业划分中也可说明一定的问题。第一产业、第二产业是由"人"和劳动对象——"物"要件构成事物的矛盾体，也就是以"我"为中心的事物矛盾体；而第三产业矛盾体的组成除了有"我"的要件，必须有"非我"的要件内容存在，才能构成事物的存在。即必须有"你"或"他（他们）"要件的存在才行。这种矛盾体，比产业领域至少增加了一倍的思维体内容，这也就有产生矛盾纠纷的可能性。因此，规范"人与人"的行为也就产生了。我们认为第一产业、第二产业经济为："自经济"，由第一、二产业延伸出的第三产业经济必然是"他经济"。"他经济"必然伴随着"交换"活动。"交换"的内容除了可以是"以物为依托的交换"，也可以是"以行为为依托的服务交换"。对"交换"行为不设立"规矩"，"交换经济"就不可能成立，或成立也是不完整的成立。"交换规矩"可以是简单的"规则"，也可以是复杂的"规则"，但"交换规矩"一定比第一、二产业的"规则"难。设计"人与人思维交换规则"比设计"农作物生产规则""工矿产品生产规则"一定难很多。当前，人类已经进入信息时代，中国的"四大发明"中的"造纸术"和"印刷术"都将成为历史。我国改革开放30多年，国内流通业的基本管理"规则"始终没有进入国家流通业"顶层法"设计层面，这不能不说是一件非常遗憾的事情。特别指出，我国是"成文法"国家。"成文法"立法的特点是要多方面综合考虑立法的内容。所以，设计"市场流通基本法"就更复杂。这也可能是"市场流通基本法"难以纳入国家立法计划的主要原因吧。20世纪80年代开始，当时的商业部和物资部的管理者就希望在我国经济转型时期进行商贸流通法"顶层设计"，希望使社会流通经济进入法制经济的轨道上来，用以保持国民经济的平稳过渡。但这样的设计突破太难了。现在再提这一顶层设计，可以讲是许多流通管理者和社会希望建立的一部维护第三产业中商品经营和服务业流通秩序的法律。

现在，我国第三产业中的流通业"极其混乱"。在1998年的国家政府机构改革后，1998—2003年，流通业基本上出现了国家管理空白。当时是，庙没了，和尚都化缘保命（找活路）去了，谁还考虑"管理"之事，更何谈"流通法"的研究。鉴于管理的断档，显现到国内流通业状况急剧恶化。现在摆在大家面前的流通业，可描述为自发的、原始的、无序的、无规则的市场经济。市场上经常出现"法律底线"和"道德底线"被随意突破的现象。目前，在本来混乱的情况下，许多非流通主管部门的管理者，随意"越位管理"和"错位管理"，并以"行政权力"法律化的形式出现，本应以相应的法律保护和实现市场的公平正义与自由竞争的理念，其却使用国家赋予的公权力参与市场竞争，这就更加剧了市场的混乱程度。上述内容具体形式表现在4个方面。

（一）管理者与管理者间的工作范畴模糊

目前，"越位管理"和"错位管理"现象较多。举例讲：（1）"商品下架"管理是问题商品事前处理的行业管理工作方式，但却成为事后处罚的工商行政执法工作内容。市场上对问题商品不处罚，起不到对违法者的威慑作用，还有可能使其变本加厉地做出违法的事。同时也形成"执法不作为"的工作结果。（2）"商品召回""成套设备监理"工作历来是行业管理工作，但却成为质量技术监督部门的行政执法工作，这直接造成行业管理链的不连续和困难。（3）"商品编码"是商品的"身份证"，1988年国家就颁布了"商品分类与代码"国家标准，由于国内贸易部取消，国家标准化主管部门却借机将"商品编码"与"工业品编码"混用，这严重影响了商品流通管理秩序。如"橡胶工业制品"码为一个码，但商品经营应是有轮胎商品码、橡胶玩具码、卫生用品码等针对不同的经营活动，这3类商品既包括了生产资料，也包括了消费品，是不可能放在一起经营的商品。（4）再生资源回收"列表"管理，本不应是环保执法部门的事情，也由于国家机构变化由其管理。（5）农贸市场管理本是流通主管部门的工作，却掺和进农业主管部门。许多非流通主管部门在流通领域开展工作时，张口闭口就说：我开展这项工作有法可依。而流通主管部门开展工作时，只能讲国务院"三定"方案，与其他依法开展工作的部门比，流通主管部门工作起来显得苍白无力。究其原因是商务主管部门开展工作没有一部"流通基本法"确立其管理行业的地位。特别是具有立法权又有管理权同时还有执法权的技术监督行政执法部门，对市场的干预行为非常多，这更加剧了市场的混乱。

（二）管理者与被管理者间管理制度的落实问题

目前，国内各流通业态经营体领取工商执照后，几乎没有任何的行规或法律规定对其经营活动起到约束作用。经营者随意干，在经营的商品上、服务的对象上使出全身解数不讲法、不讲道德地攫取利润。如在商品上掺杂使假现象比比皆是，在服务上失去道德的阿谀逢迎经营方式随处可见。商务主管部门虽然制定了许多技术文件——推荐性行业标准和部门行政规章，但由于没有流通基本法的保证，不能落到实处，只是凭经营者意愿被动执行。当然，有些标准和部门规章的内容是不是符合事物的本质，是不是有瑕疵，可能不是很完善，但这是可以调整的内容。

（三）经营者与经营者间的公平竞争机制问题

市场上现在常见的不公平和不符合事物规律的表现非常多，常见的有，企业间"非等时间段"过度经营问题；不能做到"童叟无欺"的无诚信人员在流通业经营问题；零售商品销售中"讨价还价"问题、"劳动力超时劳动""自带酒水在餐饮消费时饮用"的不"理性消费"问题等，由于没有流通基本法的调整和救济，使得行政法规、技术法规和技术文件难于执行，这也难于建立公平竞争的市场。

（四）管理者管理目的不纯的问题

近些年，流通领域深层次的一些问题大量显现，加之我国《产品质量法》《标准化法》《计量法》《食品安全法》《农产品质量安全法》《认证认可条例》掺杂了许多行政权力法律化的部门利益内容，使得流通业混乱程度加大。举例说明：食品行业管理工作，国家在计划经济和计划经济向市场经济过渡时期，食品行业管理由三个部门管理，即卫生部门管食品中的危害物，轻工业主管部门管理大型食品加工业，商业主管部门管理小型食品加工业（原为商办工业）和流通业。当时，行业管理上的"责、权、利"划分得非常清楚，国家当时按照其各自的工作范围，对有实体管理职能的部门按照规划就投入了大量的人力、物力、财力，用于加强流通食品行业的发展。但随着1998年政府机构改革，尤其是流通主管部门的弱化，商办食品加工业和食品经营业管理出现了许多乱象。外行介入内行管理，使食品问题频频发生。特别是，属于第三产业中服务业的食品检测领域，原来国家就投入过大量的资金建立了粮食验货、食品研究、检测和验货机构，并设置了法定第三方食品质量检验机构，现在却由于部门利益，依法划分重建该类机构，且一投就是几百亿，重复建设呀！百姓的税收呀！截至2013年6月，全国现有6 000多家这样的食品质检中心，有的省该种检测机构总数比全世界其他国家同类机构的总和还多，而食品状况还不断地出现问题。以某乳业2012年1—9月被监督抽检4 000次乳品质量为例，国家给了食品质检机构投入了4 000次的检测机会，不但没有起到大的效果，还得到了企业的抱怨。本应使其自律意识提高，可效果极差。这么多的技术机构、这么多的管理方式、这么多的法律条款却没有唤起食品企业的自律意识，我们不能不思考国家在食品方面的管理方式上是不是出了问题。笔者认为食品质检机构的建立和食品行业的管理应结合我国国情和国际管理方式。质检机构建立应包括，一类为粮食收储工作建立，用于保证粮食收储安全的验货机构，对其投入应仅限于粮食验货工作，没必要建立食品检验内容；另一类为监管食品机构，在全国有 300 家这样的机构可以做到对食品加工业和食品经营业的管理。管理上可加大管理力度，如政府查到企业违法一次，罚他固定资产 10％；第二次犯错误罚原有固定资产 30％，并提前告知再有第三次就没收其财产，让其关门。笔者认为敢违法的企业就会少很多。这可节约大量的人力、物力和财力，也能提高企业的自律管理意识。

凡此种种现象，不依法约束，让市场成为"一匹脱缰的野马"、混乱的战场，各行其是，能行吗？不行！应依法治理、依法约束和调整市场中的乱象，依法解决和调整流通业中的问题，这才可保证我国流通秩序的合理运行，保证国民经济的平稳增长。现在，再提"流通基本法"这一顶层设计，可以讲是许多流通管理者和社会方方面面太希望建立的一部维护流通秩序的法律，其必然可使国家更好地发展。

二、市场流通基本法立法可行性

（一）流通体制上的机构改革基本上理顺

目前，国家流通管理机器稳定了下来。经过 1982、1988、1993、1998、2000、2003 年的政府机构改革，以及商务部成立 10 年来，流通主管部门在国家管理中确立了应有的管理地位。流通业已经成为国民经济的基础性和先导性产业。这在国家政府机构组成的十年稳定期可得到答案。国家保经济的"三驾马车"中，"出口"和"扩大内需"都与流通主管部门有关。流通主管机构稳定了，流通管理者的位置也就稳了。流通管理者位置稳了，一点不思考自己应该管理的事是不可能的。

（二）社会上对建立"流通基本法"的认识已经到位

不论是管理者、研究人员，还是企业，都认识到我国流通业应进入"理性管理、理性研究、理性经营、理性执法"阶段，市场需要这部法律。流通基本法是解决流通业乱象的根。

（三）"流通基本法"的研究队伍不断壮大

首先，今天和 1993 年原国内贸易部研究整顿流通秩序会议上所来的嘉宾完全不一样，气场上就占了上风。当时，在物资部会议室召开的类似会议，就十几个人参会，还得到了当时法律界重量级人物的批评。其次，按照原科委宋健主任所说，"流通科技是最后一块未开发的处女地"，流通科技管理内容差得很远，且流通科技管理比计划经济时还落后许多，并导致流通科技队伍大量流失，但流通科技中的流通政策技术研究队伍经过 1998 年以来的 15 年时间，稳定了下来。目前，全国性流通业标准化技术委员会，由 1998 年前内贸部解散前的 5 个左右，增加到现在的 31 个，许多大学建立了流通法研究机构，已经初步建立了商务流通业自己的技术法规、技术文件和法律法规的研究队伍。

（四）财力上有国家支持

国家强大了，国家各级领导多多少少已经看到了流通业管理的方向，在我国有财力的情况下，却不去支持这项立法工作，我认为那是不可能的。

从上述 4 个方面可以看出"市场流通基本法"立法工作就差如何把事做好了。可以讲："万事俱备、只欠东风"。当然，有一点是值得注意的，就是我国固有的传统观念——"重农轻商""重工轻商"一直存在，这种思想可能是限制该法制定的障碍。但我们要看到，没有一个发达国家在完成"工业化革命"后，不走"贸易立国"的道路，且没有法律的护驾。

三、市场流通基本法立法应涵盖的主要内容

通过多年的流通工作，笔者认为市场流通基本法立法主线上应设计 3 个内容。

（一）以"物"为中心的顶层内容设计

这包括实体经营和虚拟经营活动的内容，应基本涉及三方面：经营企业的市场准入、市场退出内容；经营人员职业技能技术条件内容；商品"进（货）、存（储）、调（配）［含物流］、销（售）、服（售后服务）"内容。为什么需要建立经营企业的市场准入、市场退出内容？因为，流通业是一个需要自律性诚信度极高的行业，交换活动没有诚信作为前提保障，也就不可能保证经营者在经营活动时的基本义务。在商品经营领域，让一些已有不诚信记录的人员进入，将对行业的自律经营意识产生极大的考验。一旦这样的人做出不诚信经营活动行为，对商品经营行业具有引领作用。对于进入商品经营领域的违法失信人员应有退出机制。虽无违法失信行为的人员，因其能力的原因，被行业淘汰也应适时让其合理退出，以避免其损失的扩大。为什么要制定经营人员职业技能技术条件内容？因为，人不是万能专业的适应者，

使经营者走入专业化道路，可节约劳动资源，促使其从事的行业向深度发展，进而推进社会的进步。为什么要建立商品"进货、存储、调配、销售、售后服务"内容？因为人们经营物——商品是经营活动的中心，保证经营物的质量是商品经营活动必须完成的工作，因此，必须加强这5个方面的法律要求，用以保证商品质量。

（二）以"服务"为中心的顶层设计

这应基本涉及三方面主要内容：服务企业的市场准入、市场退出内容；服务人员职业技能技术条件内容；服务标准内容。为什么需要建立服务企业的市场准入、市场退出内容和服务人员职业技能技术条件内容？其理由与商品经营业是相同的。为什么需要建立服务标准内容？理由是没有服务标准，服务方和被服务方就容易产生不必要的纠纷。因此，应建立服务业的服务标准内容基本要求。

（三）以流通业主管部门为中心的排"他"性管理内容设计

这应涉及以"上位法"立法定位，排除其他部门的"下位法"干扰流通工作的设计。即依法将流通主管部门的地位在法中确认，同时，排除其他部门的地位内容。也就是"唯我非你"。目的是限制"越位管理"和"错位管理"。如行政执法管理代替流通行业管理内容、其他部门代替流通部门管理等现象。

四、市场流通基本法立法工作上做了哪些基础工作

20年来，我们在流通立法工作上采取的工作方式是"农村包围城市"的方法，也就是人们常讲的"接地气"方法，并且持"不以事大而为之，不以事小而不为"的工作态度开展行业规范的探索，即在国家流通业"大法"或曰流通业"宪法"建立不了的情况下，以及行政法规也难于制定的情况下，根据我国法律体系的特点，依据《标准化法》进行"技术法规"和"技术文件"的研究。本着"以点占面"，工作上"不越位、不错位、要到位、不缺位"的工作思路指引下，进行流通行业的秩序治理工作。商业科技质量中心（原国内贸易部科技质量局）主要带领流通行业研究的内容有：

1. 2003年开始流通领域标准体系研究。目的是使国内贸易流通标准化有一个明确的工作方向。

2. 流通企业市场准入首部标准研究。1998年就出台了《木材流通企业开业技术条件》。目的是通过该标准带动其他商品经营业态和服务业态的市场秩序管理工作。

3. 建立市场经济下商品验货三级体系研究。在我国逐步进入市场经济状态下，如何加强商品质量验货管理，且在没有流通基本法的保护，仅有行业技术立法权的情况下，为保证"商品进货"管理工作适应新形势，制定了"商品验货"三级管理体系的研究。包括：一级《商品验货通则》研究、二级某类商品验货规范研究，如《针纺织商品验收规范》《眼镜商品验收规范》《钟（表）商品验收规范》等。三级某单一商品验收技术条件研究，如《婴幼儿服装验收技术要求》《学生服验收技术要求》等。目的是将计划经济时的政府强制管理商品质量工作，转为依法依规由流通企业在行业技术文件或技术法规指导下，进行自我约束管理或交由第三方服务市场管理。

4. 商品售后服务标准研究。包括：《轮胎理赔技术规范》《消费品理赔技术要求》《电子商务售后服务评价准则》等。目的是解决商品售后服务管理。

5. 商品销售过程关键点管理研究。包括：《商品标价签通用技术条件》。目的是使消费者购物时一目了然；减少商品销售者偷换价签的行为，以期达到减少市场"价格欺诈"的现象；规范价格管理者价格执法行为，引导商品市场推进"一品一价"工作的开展，达到劳动价值可预测的效果。

综上所述，建立我国流通基本法已经迫在眉睫。该法的建立可提高主管部门的法律地位；可极大地改善流通业混乱的秩序；可将行政执法权力约束在"笼子里"。一句话：可使国家许多政策落到实处，最终保证国民经济快速、稳定地发展。

市场流通法的地位、管理体制与立法方案研究

吴长军[1]

市场流通法的地位问题实际是该法律部门在整体部门法体系中的地位问题。法律部门及其调整方法都是由其调整对象决定。市场流通法不是一项独立的法律部门，从性质上应当属于经济法范畴，是经济法的子部门法，具有相对的独立性。与市场流通法的地位相联系的是市场流通管理体制设计问题，管理体制是市场流通管理与调控的组织与制度保障。明确了市场流通法的地位、管理体制，为完善相关法律体系，应当对市场流通立法模式、方案及原则予以研究。

一、市场流通法的地位

（一）市场流通法是经济法范畴

市场流通法是经济法的范畴。市场流通法属于经济法的范畴，因为经济法的本质就是国家对经济活动的管理与调控。市场流通法仅仅局限于国家在流通领域对经济的干预，而不是所有领域。市场流通法不属于一个独立的法律部门，而是经济法的一个下位概念，其性质为经济法。市场流通法的调整对象是指国家为了流通领域的公共利益，对流通经济活动进行管理与调控所形成的国家与当事人之间或当事人相互之间的社会经济关系。

在市场流通领域中，现代流通技术和现代流通方式的出现一方面大大提高了市场流通的效率，另一方面也为市场流通的安全带来了隐患。为了弥补

❶ 吴长军（1972.12— ），男，汉族，山东微山人、北京物资学院劳动科学与法律学院教师、法学博士，北京师范大学公共管理学博士后，中国商业法研究会副秘书长、流通法专业委员会秘书长，北京经济法学会理事，青岛仲裁委员会仲裁员，主要研究方向是经济法、流通法、社会法。

市场机制本身的缺陷和不足，避免现代流通方式和现代流通技术所带来的安全方面的副作用，市场流通法也就应运而生。

市场流通法由流通法及相关法律、法规、规章等组成。市场流通领域的个别的法律、行政法规及部分规章共同构成市场流通法体系。市场流通法的体系建构应当结合市场流通法的属性进行体系的设计和建构，作为干预市场流通经济活动的具有经济法性质的市场流通法。

（二）市场流通法与产品质量法、消费者权益保护法的关系

市场流通法与产品质量法、消费者权益保护法同属于经济法范围，但既有区别又有联系，具有互补作用。主要区别如下：

1. 立法目的上不同

我国市场流通法的立法目的可确定为："规范与促进商品流通，建立统一开放、竞争有序、高效安全、诚信守法、监管有力的现代商品流通市场，保护经营者和消费者的合法权益，维护社会公共利益，保障社会经济持续健康稳定发展。"产品质量法的立法目的在于：加强对产品质量的监督管理，提高产品质量水平，明确产品质量责任，保护消费者的合法权益，维护社会经济秩序。消费者权益保护法立法目的在于：保护消费者的合法权益，维护社会经济秩序，促进社会主义市场经济健康发展。

2. 适用范围不同

市场流通法作为国内法，适用于中华人民共和国境内从事商品流通经营活动和监督管理活动。产品质量法适用于在中华人民共和国境内从事产品生产、销售活动。也就是说凡经过加工、制作，用于销售的产品。消费者权益保护法适用于消费者为生活消费需要购买、使用商品或者接受服务活动；经营者为消费者提供其生产、销售的商品或者提供服务活动。

3. 规范的重点不同

市场流通法主要为实现流通领域商品流通的安全与效率目标而制定规范。通过设定流通经营者的商品质量安全义务，对进入流通市场的商品质量进行保证，同时通过商品质量追溯制度的建立，确保流通中的商品存在缺陷以后生产者、流通经营者或有关主管机关召回行为的顺利实施，从而预防或降低缺陷产品的危害，保证产品流通市场秩序的稳定。市场流通法对流通领域商品质量安全的监管与产品质量法、消费者权益保护法等法律法规中对商品质量监管的不同，商品流通立法中的商品质量安全保证不是对产品质量法、消费者权益保护法等法律法规的补充或完善，而是突出质量安全保证在流通环节的重要作用。因而条文设计上通过对商品流通经营者质量安全义务的设定实现对流通中商品安全的保障。商品流通经营者的质量安全保证义务主要是通过商品流通安全保证制度、商品追溯制度、商品退市制度、商品风险防控制度等来设定。

（三）市场流通法与竞争法的关系

市场流通法与竞争法均属于经济法的子部门法，二者既有联系，又有区别。市场流通法是指国家立法机关制定的调整市场流通管理关系与流通主体协调关系的法律规范的总称。市场流通法的内涵可以概括为，市场流通法是为了流通整体的安全与效率，以流通过程中发生的人与人之间的利益经济关系为调整对象的法律规范的总和。

商品流通竞争立法是商品流通领域建立公平、开放、透明的市场规则的基础性工作，是建设法治化营商环境的重要内容。商品流通竞争立法目的在于制止商品流通领域的垄断和不正当竞争行为，促进全国商品市场自由流动，健全统一、开放、竞争、有序的现代市场体系，创造公平竞争、公平交易的商品流通环境，切实保护经营者和消费者的合法权益。商品流通竞争立法首先要确立竞争的一般条款，并做好与既有的法律、法规之间的衔接，提升流通竞争立法的层级，完善流通竞争有关的商品促销行为、商品流通经营者之间的公平交易、网络商品交易的竞争等主要规则，形成体系完整、内容协调的流通竞争法律规范。并重视商会、行业协会等民间组织在维护流通竞争秩序中的作用。

市场流通法中维护公平竞争条款应当与反垄断法、反不正当竞争法相互衔接。商品流通经营者从事商品交易或者提供服务，应当遵守反垄断法、反不正当竞争法等法律、法规的规定，禁止垄断行为，禁止以不正当竞争方式损害其他经营者、消费者的合法权益。我国现行的与商品流通竞争有关的法律、行政法规以及部门规章，基本上形成了以反垄断法、反不正当竞争法为核心的竞争法律、法规体系。在一定程度上缓解了流通竞争领域的"法律空白"状况，在流通竞争领域的基本方面做到了有法可依，对流通业的有序发展起到了保驾护航的作用。流通竞争的专门性立法应当有效地和我国的反垄断法、反不正当竞争法等法律衔接，避免"头痛医头、脚痛医脚"的立法弊端。同时，针对流通竞争立法中的不完善、不系统等问题，补充完善流通竞争的专门性立法规制，形成内容体系完整、与既有法律相互衔接的流通竞争规则。

1. 市场流通法与反不正当竞争法的关系

按照我国反不正当竞争法的规定，不正当竞争行为是指从事商品经营或者营利性服务的法人、其他经济组织和个人（以下简称经营者）违反法律规定，损害其他经营者的合法权益，扰乱社会经济秩序的行为。反不正当竞争法是确认和调整不正当竞争行为及其所引起的各种社会关系的法律规范的总称。我国反不正当竞争法既调整市场主体的竞争关系，也调整竞争管理关系。

二者之间又有密切联系。市场流通法也是以流通市场领域的自由公平竞争为原则，自然也反对流通领域的不正当竞争行为。不正当竞争法同样也适用于商品流通领域的市场行为。商品流通经营者销售商品或者提供服务，应当遵守反不正当竞争法等法律、法规的规定，禁止以不正当竞争方式损害其他经营者、消费者的合法权益。

2. 市场流通法与反垄断法的关系

市场流通法与反垄断法均属于经济法的子部门法，二者既有联系，又有区别。

市场流通法是指国家立法机关制定的调整市场流通管理关系与流通主体协调关系的法律规范的总称。市场流通法的内涵可以概括为，市场流通法是为了流通整体的安全与效率，以流通过程中发生的人与人之间的利益经济关系为调整对象的法律规范的总和。

反垄断法是市场经济法律体系中的一个重要组成部分，旨在预防和制止垄断行为，保护市场公平竞争。反垄断法是指预防和制止限制竞争行为的法律规范的总称，即国家调整在市场经济活动中因经营者垄断行为引起的各种社会关系的实体法和程序法的总称。反垄断法的立法宗旨是反对垄断，保护市场公平竞争；其最终目的是提高经济效益和维护消费者的利益。我国也无例外。《反垄断法》第1条明确规定："为了预防和制止垄断行为，保护市场公平竞争，提高经济运行效率，维护消费者利益和公共利益，促进社会主义市场经济健康发展，制定本法。"经营者依照有关知识产权的法律、行政法规规定行使知识产权的行为；以及农业生产者及农村经济组织在农产品生产、加工、销售、运输、储存等经营活动中实施的联合或者协同行为，不适用反垄断法。

二者之间又有密切联系。市场流通法也是以流通市场领域的自由公平竞争为原则，自然也反对流通领域的滥用市场支配地位、垄断协议、可能产生限制竞争性影响的经营者集中行为等垄断行为。反垄断法同样也适用于商品流通领域的市场垄断行为。

（四）市场流通法与民商法关系

市场流通法不属于民商法范畴。在市场经济条件下，民商法的根本作用是保证各种合法主体能够按照自己真实、自主的意愿参与经济关系及从事其他活动，保证其合法意愿能够正常地实现。例如，合同法规定了基本原则、合同履行、违约责任等交易规则，用以规范个体主体之间民事合同关系，维护交易安全，提高交易效率。作为经济法子部门法的市场流通法的根本作用，则是为了保证流通市场经济有一个正常、自由的竞争环境，从而使民商法能够按照社会的需要和利益发挥其积极作用。民商法和市场流通法在流通经济关系调整中是相互配合、相互补充、相辅相成的。

市场流通法与民法都调整经济关系，在调整中都可能运用民事的调整方法。市场流通法则综合运用行政、民事、刑事的调整方法。市场流通法与民法具有不同的视角、目标和价值取向。市场流通法调整流通管理关系与流通协作关系的最终目标在于促进流通产业的健康持续发展，追求社会整体经济和社会利益的最大化。民法旨在保证民事交往合乎当事人的真实意愿，实现微观层面的交易安全有效率。二者彼此协调、相互衔接、密切配合。

（五）市场流通法与行政法关系

市场流通法不属于行政法范畴。随着法律对社会关系的调整不断精细和技术化，行政法中对"事"管理的内容已经、正在或将要分化出去，成为专门的法律部门或其他法律门类的组成部分，如作为经济法的市场流通法。再有，市场流通法的内容和范围不限于经济行政，它还包括维护公平竞争、制订和执行流通产业政策、财政税收金融等流通产业促进措施，这些都属于经济法范畴，而不是行政法范畴。

市场流通法的调整对象不限于所谓纵向经济关系，也调整流通产业合作与协调等部分横向经济关系，这一部分与行政法区别明显。

行政法对纵向关系的调整是对行政机关的组织、行政行为和监督从一般程序上加以规制，不涉及行政行为的具体内容。市场流通法对纵向关系的调整主要规定国家机关介入和参与流通经济关系的实体内容和具体程序。

市场流通法与行政法的视角和价值目标不同。行政法的价值目标是控制行政权力，市场流通法是在赋予国家机关管理与规范流通产业的相应职权的同时，将其责任建立在对其行为内容的妥当性审查之上。市场流通法中也要贯彻权力制约和可问责的法治原则，采用包括行政手段在内的各种方法控制其经济行为。

（六）市场流通法与自然资源和环境保护法关系

在我国，市场流通法与自然资源和环境保护法具有一定的联系。市场流通法与自然资源和环境保护法的宗旨和调整的社会关系领域不同。市场流通法调整的是流通管理关系与流通组织协调关系。自然资源和环境保护法调整的是自然资源与环境保护法律关系。

市场流通法与自然资源和环境保护法具有相同的视角和价值目标，都从社会利益出发，具有社会性理念，并采用多种调整方法综合性解决问题。市场流通法与自然资源和环境保护法有密切联系，其政策目标在实践中相互促进。例如，市场流通法中的废旧物品的回收利用法律制度、流通环境安全保障法律制度等，均与自然资源与环境保护法密切相关。

二、市场流通管理体制

（一）行政管理体制

1. 流通管理体制现状

商品流通产业已经成为国民经济基础性、先导性的产业。完善商品流通产业监管立法与执法体系，改革商品流通产业监管体制，是促进我国商品流通产业健康发展的重要保障。现行流通管理体制制度设计主要是指与商品流通相关的行政主管部门的设置和中央与地方行政分权设置制度。目前，国务院商务部门承担商品流通领域的行业管理职责，负责流通行业管理、促进等发展工作，开展行业统计工作；牵头组织协调流通行业标准立项和起草工作，推动流通标准化和流通行业科技进步；指导流通企业改革，积极培育大型企业集团，支持促进商贸中小企业发展和中华老字号的保护与促进；拟订推进工贸结合、农贸结合、内外贸结合的政策措施。推进、发展物流中心和体系的建设，大力培育专业化第三方物流企业，等等。国务院质量监督、工商行政管理、国家食品药品监督管理等有关部门在各自的职责范围内负责与商品流通有关的监督管理工作。省、自治区、直辖市人民政府商务主管部门负责本行政区域内的商品流通监督管理工作。省、自治区、直辖市人民政府有关部门在各自的职责范围内负责与商品流通有关的监督管理工作。

2. 流通管理体制的问题

我国迫切需要通过立法工作，做好国内流通工作顶层设计，推进国内流通体制改革。现行流通管理体制与商品流通市场要求之间存在矛盾。市场只有在作为生产、生活要素自由流动的平台时才有可能具有配置资源的作用。而地区分割表现为商品在不同的地区流通过程中受到限制，地区之间流动十分困难，城乡市场两极分化较为严重。部门分割表现为国家发改委主管进出口配额、农业部主管农产品生产、商务部主管流通、工商管理部门主管流通环节的商品质量监管、文化部门主管图书音像、卫生部门与食品药品监管等部门主管食品、药品等，条块分割导致的地区之间、部门之间的摩擦系数较大。

我国商品流通宏观行政管理体制改革没有到位，流通领域宏观管理没有形成一个核心的主导性政府管理机构体系。当前，针对我国商品的多元化、多样化、多层次，对各类农副产品、生产资料、日用工业品、食品药品、文化用品等商品的管理过程中，商品流通行政管理部门分别由商务部、国家发展改革委、农业部、食品药品监督管理总局、工商行政管理总局、质量监督检验检疫总局、交通部等不同的管理部门进行管理，仍然存在政出多门、相互重叠、互相扯皮的问题。

作为国家的管理机构，不同部门之间存在分工是不可避免的；中央和地方之间的合理分权也符合管理效率要求。从现实情况看，部门分割和地方保护的形成有许多因素，有部门设置不合理的因素，有部门、地方各自利益驱动的原因，有官本位、权力本位的思想根源。但是，各部门和地方实现保护自身利益的手段却几乎都是运用了其拥有的制定法律规范性文件的权力。如部门运用其制定规章的权力通过制定有利于各部门利益的方法保护部门利益；地方则通过制定地方性法规、规章的权力来实现地方利益。解决这一问题应当从各部门和地方制定规范性文件的权力着手，在商品流通领域制定一个具有较高法律位阶，能够跨越不同部门、不同地方的法律，并坚决地贯彻执行，以解决部门分隔和地方分隔问题，满足市场统一性要求。

3. 流通管理体制改革的趋势

2013 年 3 月 5 日，十二届全国人大一次会议召开，《国务院机构改革和职能转变方案》指出：转变国务院机构职能，必须处理好政府与市场的关系，减少微观管理，该取消的取消、该下放的下放，充分发挥市场在资源配置中的基础性作用；同时改善和加强宏观管理，完善制度机制，加快形成权界清晰、分工合理、权责一致、运转高效、法治保障的国务院机构职能体系，真正做到该加强的加强，该管的管住管好，不该管的不管不干预，切实提高政府管理科学化水平。科学的宏观调控、有效的政府治理，是发挥社会主义市场经济体制优势的内在要求。流通管理体制改革进程中必须切实转变政府职能，深化行政体制改革，创新流通管理方式，增强政府公信力和执行力，建设法治政府和服务型政府。我国应改革与创新商品流通管理理念、目标、模式，建立现代流通管理体制，以创新思维和手段来解决制约商品流通市场发展的问题。

商品流通管理体制改革应当改革商品流通管理部门，促进统一市场监管。国家层次促进横向协调，完善纵向监管体制。国务院商务部门、工商管理部门、产品质量与技术监督管理部门、食品安全卫生部门、发展与改革部门等，在各自职责范围内对市场流通活动实施监督管理。建立分工明确、权责统一、协调高效的商品流通管理体制。健全国务院部际协调机制，强化政策制定、执行与监督相互衔接，提高管理效能。加快流通管理部门职能转变，强化社会管理和公共服务职能。流通产业已经成为国民经济基础性和先导性的产业。完善商品流通管理体制、改革商品流通监管体制是促进商品流通产业健康发展的重要保障。作为国务院管理机构，不同部门之间存在分工不可避免，中央和地方之间的合理分权也符合管理效率要求。为建立分工明确、权责统一、协调高效的商品流通管理体制，需要有一个部门能统筹建立部际协调机制，强化政策制定、执行与监督相互衔接，提高管理效能，商务部作为流通行业的主管部门应担当此任。

我国流通管理应贯彻协同监管原则，政府和社会在内的各有权监管机构在对商品流通进行监管时，应相互沟通，信息共享，分工与合作相结合，共同发挥监管的作用。世界范围内经济法治与规制的趋势在于政府规制与社会规制相结合，强调社会协同与社会共治理念。例如，日本政府、公共团体、行业组织流通产业规制分工明确，保证政府规制措施与目标的实现。❶ 目前，面对监管案件的复杂化、监管客体的多样化、监管领域的多层化，单一部门单一机构的孤立监管已经不能满足社会对监管的需求。政府部门与部门之间的合作、政府监管与社会监管之间的联合、社会各监管机构之间的联动的多元化协同监管模式显得尤其重要。按照"权责一致、分工负责、齐抓共管、综合治理"的协调联动机制，进一步加强与相关部门的协作配合，形成监管执法合力。以法国为例，法国政府在维护自由竞争原则的前提下，对市场经济进行有序干预。流通主管部门为经济、财政与工业部，对国内 22 个大区和各省实行上下垂直的经贸管理体制。同时，法国政府还设置了一些国家层面协调机构，行使协调、监督、顾问等职责。❷

在地方层面建立商品流通市场统一监管格局，提高管理效能。需要不断改革流通管理体制，商品流通管理体制改革应当合并商品流通管理部门，促进统一市场监管。国家层次促进横向协调，完善纵向监管体制，在地市、县一级建立统一、高效的商品流通管理体制，大幅提高管理效能。

（二）行业协会自律管理体制

市场流通法应把政府规范监管与行业协会自律结合起来，倡导与重视商

---

❶ 参见李薇辉、茆训诚：《流通经济理论与政策》，华东理工大学出版社 2008 年版，第420 页。

❷ 陈奕薇：《法国流通管理体制现状》，http://www.mofcom.gov.cn/aarticle/i/dxfw/jlyd/201203/20120308013192.html，2014 年 7 月 24 日访问。

品流通行业协会发挥自律功能，促进流通产业健康发展。在肩负行业管理与服务的同时，大力推动与国际同行业间的交流与合作。商品流通行业协会须履行职能，制定行规、行约，制定行业标准；建立行业自律机制，协助政府搞好行业管理；开展行业调查，发布行业信息；组织行业评优、推介和表彰；推广新技术和新成果；开展比赛、交流、培训与合作；举办专业用品展览会、编辑出版专业书刊；开展咨询服务和中介服务；维护会员合法权益。以日本为例，其流通行业协会包括日本相关行业以特殊法人、社团法人、财团法人、任意法人等形式成立的许多商会、协会、联合会、商工会议所等。日本政府借助这些团体的力量，制定行业规则、进行行业自律、收集和发布市场信息、提出行业政策和发展建议等。政府通过这些团体将政策意图下达到基层流通企业，一些不便政府出面的事宜也交由这些团体出面交涉或发表意见。

流通行业协会的工作原则是贴近市场、贴近企业、贴近消费者。开展专业研究，理论研讨，法规宣传，技术开发，技艺交流，示范表演，专业培训，展览展销，咨询服务。团结全体会员，依法维护会员的合法权益，进行行业评比，规范行业行为，实行行业自律，发挥桥梁和纽带作用，维护市场秩序，促进行业发展，承担政府授权的行业管理职能，为政府和企业提供双项服务。商品流通行业协会应当加强行业自律，引导商品流通生产经营者依法生产经营，推动行业诚信建设，宣传、普及商品流通安全标准、环境规范、行业规范。

三、市场流通法的立法模式、方案及原则

市场流通法的体系化，旨在建立一个确定性和科学化的法律体系，以保障商品流通产业的健康发展，促进商品流通组织优化，维护商品流通市场的公平自由竞争秩序。一般而言，以立法理念为标准，市场流通法的立法模式主要分为 3 种：协调型模式、政府主导型模式和市场主导型模式。

（一）市场流通法的立法模式

1. 市场主导型模式

市场主导型模式的优点在于能够充分发挥商品流通市场的调节作用，调动商品流通市场主体的积极性，政府的作用仅仅是拾遗补缺作用。单纯的市场主导型立法模式的缺点在于，过度强调市场主导作用，可能忽视国家部门对商品流通市场的宏观调控与经济管理职能的作用，导致不能有效规制流通市场垄断等失灵现象。

2. 政府主导型模式

政府主导型模式的特点是在市场流通法的制定与实施过程中，政府根据商品流通组织优化调整的规律，自觉地制定产业组织优化调整的法律，引导商品流通组织趋于优化和进步，提高商品流通组织的综合竞争能力，维护公平自由竞争秩序，促进商品流通规模经济发展。当然，政府主导立法模式也不排除市场机制的发挥，只是市场机制发挥的作用尚须加强。

3. 协调型模式

协调型模式的优点是商品流通组织优化调整过程中，可以有效建立起国家和市场两只手的平衡协调机制，发挥政府与市场的调节优势。协调型模式有利于商品流通组织优化政策措施的实施，平衡协调国家利益、公共利益、市场主体利益等利益关系，实现市场流通法的价值目标。

市场和政府是相伴而生、缺一不可的。国家有必要介入经济以克服市场失灵，但为避免政府失灵，国家应当适度干预经济，当市场机制失效时国家干预需加强，而当市场机制功能恢复时国家干预则需递减。❶ 流通市场法立法建设同样如此。我国市场流通法立法宜采用协调型模式，法律内容的制定与法律手段的设计均须贯彻平衡协调的理念，国家"有形之手"与市场"无形之手"协调并用，共同发挥对商品流通经济的优化调整作用，促进商品流通产业优化升级，维护商品流通公平自由竞争秩序，促进商品流通企业发展，发挥商品流通产业规模经济效应，促进整个商品流通产业的持续健康稳定发展。

（二）市场流通法的立法方案

广义的市场流通法的立法方案问题实质上是指如何制定市场流通法律与配套法律、法规、规章的制定问题。狭义的市场流通法立法是指"市场流通法"基本法律的制定。本文主要是从狭义市场流通法角度予以分析。

第一种立法方案：综合立法方案。我国需要制定综合的一部"市场流通法"，并以此法为核心，构建相关法规、规章体系。该种方案具有体系性和计划性，能够实现一个体系严谨、结构科学、层次分明的市场流通法律体系。该种立法方案对立法技术要求高，需要重视立法的稳定性和综合性。我们认为，我国应当采纳综合立法方案，制定一部专门规范商品流通的法律——"市场流通法"。

第二种立法方案：分别立法方案。我国不需要制定"市场流通法"，而是根据国家的商品流通发展与政策需要，根据具体时期、具体发展要求进行

---

❶ 於向平：《政府适度干预经济与经济法的价值目标》，载《行政与法》2003 年第 5 期。

分别的单行立法。该方案可以实现及时、灵活立法，解决商品流通过程中的现实问题，但体系性和长远性可能不足，容易造成各法律、法规之间的冲突和法律资源的浪费，不利于国家从总体上对商品流通组织优化调整进行规范。

我国应当采纳综合立法方案，制定"市场流通法"，同时在立法方案设计方面应当处理好上位法和下位法的关系，构建一套集法律、法规、规章和政策性法律文件系统，共同发挥对商品流通组织优化实践活动的调整作用。制定"市场流通法"的同时，尽快制定、完善配套法规、规章，规范和保障商品流通产业的持续健康稳定发展。制定"市场流通法"的目的是促进市场流通各单行法的系统性，形成科学、合理的法律规制体系。"市场流通法"应是国家对流通领域的根本性问题、共同性问题、原则性问题、重大问题和综合性问题而进行的规定，以统率、约束、指导、协调各单行流通法律法规。"市场流通法"的制定应凸显其在整体流通法律体系中的统领地位，其不应成为原有单行流通立法的汇集和归纳，也不应是对不健全的流通立法的拾遗补缺地加工和整理❶。

（三）市场流通法的立法原则

为建立一套科学、系统、有效的规范体系，我国市场流通法的制定可秉持以下立法原则：

1. 适时动态调整，分步骤分阶段进行

为保证市场流通法法律体系的针对性和有效性，我国立法部门既要保持立法的长远性和综合性，又要针对商品流通具体的现实问题制定法律法规和政策措施。我国应科学制定立法规划，制定"市场流通法"基本法。授权国务院及其所属部门制定暂行规定与条例、行政规章等，灵活发挥政策性法律文件的调整作用。

2. 注重立法质量和数量相统一

"市场流通法"的制定与实施，对保障我国商品流通产业的持续健康稳定发展意义重大。相关法律、法规、规章和政策措施的制定应当重视立法质量，实现立法质量与数量的统一，构建完善的规范体系。商品流通立法须重视形成科学完整的立法体系，注重立法调研，增强立法的科学性、民主性和透明度，保证立法质量。相关法律法规规章要明确规定市场流通法立法宗旨、价值目标、基本原则、实施手段、法律责任等内容，增强法律规范的科学性和实效性。

---

❶　刘建民等：《商品流通法律规制研究》，复旦大学出版社 2009 年 11 月版，第 3 页。

3. 遵循商品流通发展规律

我国市场流通法的制定应以我国社会经济发展要求为基础，符合整体宏观经济发展情况，遵循商品流通发展的规律和要求。目前，我国商品流通产业发展的重要目标是优化产业组织，促进兼并重组，发展商品流通企业规模经济效益，同时也维护商品流通的公平自由竞争秩序，促进流通企业创新与发展，提高企业经营效率，维护社会公共利益，保障国民经济的健康稳定发展。因此，我国市场流通法的制定，要科学设定价值目标和手段措施，保障商品流通调整目标的实现，增强我国商品流通产业的升级和国际竞争力的提高。

4. 遵循稳定性和灵活性的统一

市场流通法的立法在保持相对稳定性的同时，须根据社会经济的发展情况和商品流通经济的运行状况，进行及时的修改与完善，使相关规范保持一定的灵活性和动态性，以更好地发挥法律调整功能。

5. 贯彻立法的民主性和科学性

立法的民主性要求保障专家参与立法权，鼓励社会公众参与相关立法。市场流通法的制定涉及专业性，需要相关商品流通经济、法律等领域专家的参与，以保障立法的科学性和民主性。社会公众参与市场流通法的制定是程序公正原则的应有之义。商品流通相关企业、行业协会、社会公众等主体参与立法，能够保障立法的民主性、科学性和透明度，提高立法质量，保障法律法规和规章的实施效果。

参考文献

[1] 纪良纲. 商品流通学 [M]. 北京：中国物价出版社，2002.

[2] 夏春玉. 当代流通理论——基于日本流通问题的研究 [M]. 大连：东北财经大学出版社，2005.

[3] 史际春. 经济法 [M]. 第 2 版. 北京：中国人民大学出版社，2010.

[4] 尚珂. 市场经济下商品流通法制的建立与完善 [J] 中国流通经济，2008（11）.

[5] 刘建民，等. 商品流通法律规制研究 [M]. 上海：复旦大学出版社，2009.

[6] 蔡磊. 经济法视野中的国家干预、公民社会及非营利组织 [J]. 云南法学，2004（6）.

[7] 於向平. 政府适度干预经济与经济法的价值目标 [J]. 行政与法，2003（5）.

［8］吴长军. 公权力介入流通产业的经济法考量［J］. 中国流通经济，2003
（4）.

［9］李薇辉、茆训诚. 流通经济理论与政策［M］. 上海：华东理工大学出
版社，2008：420.

商品流通基础理论概述

刘 群[1]

内容摘要： 大市场大流通的背景下需要更深刻地了解关于商品流通的基本理论，本文从马克思的商品流通论、美国市场营销学、新兴古典经济学、制度经济学中整理出对于商品流通的描述，梳理出关于商品流通基础理论的内涵与范畴、流通本质，以及与商品流通相关的交换与交易、流通费用与交易费用的各家见解，同时将各个流派对商品流通相关方面的独立见解进行了评论。虽然目前没有关于商品流通相对完整的基本理论体系，本文将前人的成果进行整理，相信能对于后续的理论研究提供一定的借鉴意义。

关键词： 商品流通　流通费用　交易费用

在大市场大流通的时代背景下，流通已成为产业价值创造与信息传递的核心环节，流通产业也逐渐从社会再生产的中间环节转变为重要环节，由末端产业变为先导产业。对于流通问题的研究日益丰富，商品流通作为流通的主体受到的关注也与日俱增，对商品流通问题的研究主要集中在零售批发方面，对于商品流通的基本理论根据的运用也散见于这些研究中。日本学者石原武政说过：要想对现实有深刻的理解，必须给予坚实的基础理论，这样才能从流通的现实中解读出流通的未来。可见探究商品流通建立起其专门的基础理论的重要性。本文是对有关商品流通传统理论观点进行梳理，试图将碎片化的有关商品流通的理论的应用进行研究，探究其理论应用中所使用的核心价值。

---

❶ 刘群（1990—　），女，江西上饶人。北京物资学院硕士研究生，主要研究方向是经济学。

一、涉及商品流通的相关理论学派

马克思的商品流通理论是一项重要的学术遗产，也是研究现代商品流通问题的起点。商品流通是马克思主义经济学特有的研究范畴，离开马克思主义经济学，便难以找到商品流通的基本分析框架[1]。

国内学者普遍认为市场经济最为发达的美国并不存在针对商品流通的专门理论研究，因为很难找到一本美国的商品流通教科书，也不见美国有大学开设商品流通课程，并且西方主流经济学主要基于供求分析或价格机制研究资源配置问题，像新古典模型建立于零交易费用假定之上。这意味着交易是在一个理想的不需要耗费成本的市场中完成的，因而没有必要考虑商品流通过程。然而在发达的商品经济中，众多生产者和消费者只有通过商业才被间接联系起来后，经济学所谓的市场才能形成，价格机制才能发挥作用。由于它的缺陷，必然导致大批经济学理论作为独立于新古典框架的经济学分支出现。

实际上，早在 20 世纪五六十年代，西方就有经济学者对流通问题进行过理论探讨。从日本的经典流通研究文献中可以看出，日本商品流通论的理论基石恰恰是 Alderson、Bucklin 等美国早期营销学代表学者的理论。根据 Ringgold 和 Weitz 于 2007 年对营销定义的总结，20 世纪 50 年代以前的营销定义都围绕商品从生产者向消费者转移这一主题，而各学派的学者都试图从社会角度研究这种商品转移。Hunt（1976）框定市场营销学研究范畴的三重二分法模型显示，从宏观角度对营利部门的实证研究包含如用商品分类的方法研究市场营销、市场营销系统研究以及流通渠道中的权力与冲突关系研究等商品流通学研究内容，另外，从宏观角度对营利部门的规范研究中有关流通费用和垂直营销费用的研究，以及从微观角度对营利部门的规范研究中有关零售和批发的研究，都是商品流通学的研究内容[2]。20 世纪 70 年代以后，一些营销学者从分销或渠道问题入手，对流通问题也开展了颇有深度的理论研究。

值得注意的是，在 20 世纪 50—70 年代，西方国家进入买方市场，证明了康芒斯、科斯等研究"交易"或"交易费用"的重要意义，大量制度经济学文章出现。但这些文章主要源于科斯思想的启发，在科斯思想的基础上形成"新制度经济学"。新制度经济学弥补了新古典经济学对企业组织问题研究的不足。虽然在无形中忽视了与市场组织有关的流通问题的研究，但其交易费用、产权及契约的分析方法仍可以对流通理论的研究起到一定的参考作用。

紧随新制度经济学的兴起，杨小凯开创的新兴古典经济学成就于 20 世纪 80—90 年代。新兴古典经济学彻底抛弃了新古典纯消费者与纯生产者之间的"二分法"，而将所有人假定为先天无差异的"消费－生产者"，并沿着分工演化的道路创建一个综合的理论体系。新兴古典框架包容了新古典框架。在新兴古典框架下，"专业化与交易费用的两难冲突"内生了零售、批发等各种交易组织，从而彻底打开了被新古典抽象掉的流通"黑箱"，并形式化了很多流通理论，这也就启发研究者可以沿着分工演化的路线建立流通理论体系。

另外，以中日为代表的传统商业经济理论或流通经济理论及其当代的新发展，以及以苏联、中国等为代表的计划经济国家在计划经济时期所形成的一些有关商业、贸易或流通经济理论，对商品流通的理论也有一定意义[3]。

实际上，不论是新兴古典框架下的"交易"与"交易组织"理论，还是以美国为代表的西方语境下的"分销"理论、"宏观市场营销"理论，以及中日韩语境下的"流通"理论，在本质上所指涉的问题是共同的，至少在这些理论之间存在一个较大的"交集"。这些都为商品流通的基础理论工作提供了重要的理论基础。本文将基于以上理论对商品流通的内涵、本质等基础理论作出陈述，确定不同流通理论的理论观点，并对它们进行对比分析，以梳理出一套适合中国国情的商品流通基础理论体系。

二、商品流通的内涵与范畴

一般学者认为马克思分析流通问题时，从双重意义上使用了"流通"一词。一是"总流通过程"，考察的是社会再生产的全过程，包括至少 3 个含义：第一是商品流通，第二是货币流通，第三是资本流通，其中，商品流通是基础，货币流通与资本流通是商品流通的转化形式，"商品流通是资本的起点"。没有商品流通就不会有货币流通，从而也不会有资本流通。二是与生产过程相分离的流通过程，即"真正的流通过程"，仅指商品流通，即商品从生产领域向消费领域转移过程意义上的流通，具体表现为，货币向商品的转化，即购买，商品向货币的转化，即销售，形式上是商品与货币的换位，实质上是使用价值所有权的转移与价值的实现过程。马克思第一次对商品流通的定义是，每个商品的形态变化所形成的循环，同其他商品的循环不可分割地交错在一起。这全部过程就表现为商品流通。在这里，马克思严格区别了"商品流通"与"直接产品交换"。他强调，商品流通是一系列无休止的社会性交换行为，而"直接的产品交换"则是一种偶然的个别交换行为，不是商品流通。马克思在对流通的一系列论述中不但明确了流通的含义，而且还揭示了流通存在的客观基础是商品经济。

由于马克思的研究目的，他对商品流通问题的关心只限于能够充分说明资本流通的限度之内，马克思并没有把货币如何转化为商品，以及商品如何转化为货币作为重点来研究。在马克思那里，总是把商品转化为货币和货币转化为商品不存在技术的和经济的问题当作既成的事实。然而，对任何商品经济社会来说，都程度不同地存在着商品流通的技术或经济问题。

这一方面可以采用市场营销和新制度经济学的内容进行填补。市场营销学沿袭了经济学的宏观研究视角，同时又有独特的研究领域：有形商品在连接生产部门和消费部门的环节上的流动过程。20 世纪后，随着进入买方市场，学者们将市场营销活动范围主要界定为商品流通过程。1936 年 AMA 首次发布市场营销的定义，认为市场营销是"引导商品或服务从生产者向消费者流动的商业活动"，偏向对商品流通过程的技术分析。

制度经济学注重研究企业组织理论，对市场组织关注较少，没有专门的商品流通的定义。

三、商品流通的本质

在对商品流通本质的认识和理解基础上，理论界比较一致地认同商品流通是形式，产品实现是本质的观点。认为商品流通问题实质上乃是社会产品的市场实现问题；而社会产品的市场实现问题，则是商品经济乃至市场经济发展的根本问题。列宁曾指出，实现问题也就是分析社会产品的各部分如何按价值和物质形态补偿的问题。

四、关于交换与交易

经济学里最核心的命题是交换给交易双方带来的好处。

马克思对流通问题的研究是从商品交换开始的，理论界在马克思流通理论的基础上论述了商品交换发展为商品流通的历程：最初的交换是在第一次社会大分工以后直接的物物交换。第二次大分工以后，随着商品生产的出现和发展，商品交换日趋频繁，开始出现以货币为媒介的商品交换，表现为商品—货币—商品的形式，这就是简单的商品流通。随着商品交换的范围和规模的不断扩大，商人应运而生，为卖而买的发达商品流通产生（G—

$W-G'$）。

马克思在分析流通与交换的关系时曾概括地指出，流通本身只是交换的一定要素，或者也是从总体上看的交换。交换与流通是不同的，流通只是"交换的一定要素"，因为交换既包括劳动活动的交换，也包括劳动成果的交换。劳动活动的交换是在生产单位内部通过指挥与管理的形式进行，属于生产本身，相反，劳动成果的交换是在生产单位之间通过谈判与专业协商的形式进行的，这部分才属于流通。"从总体上看的交换"，是指流通是一个过程，是一个包含多次商品交换行为的运动过程。

制度经济学注重交易的研究，从康芒斯的交易观点出发，交换是一种移交与接收物品的劳动过程，或者移交与接收一种"主观的交换价值"。交易不是实际"交货"那种意义的"物品的交换"，它们是个人与个人之间对物质的东西的未来所有权的让与和取得，一切决定于社会集体的业务规则。交换是实际移交对商品或者金属钱币的物质的控制，交易是依法移转法律上的控制。交易是一个宽泛的概念，包括 3 种类型：买卖的交易，管理的交易，限额的交易。买卖的交易，通过法律上平等的人们自愿的同意，转移财富的所有权。管理的交易用法律上的上级的命令创造财富。限额的交易，有法律上的上级指定，分派财富创造的负担和利益。商品交换主要是买卖的交易。在康芒斯看来，"交易"是一种对法律、经济学和伦理学共同适应的分析单位。流通的基本功能是商流和物流。商流作为所有权的转移过程也就是康芒斯所定义的买卖的交易；物流作为实体的转移过程属于康芒斯定义的管理的交易或交换。从流通机构或流通主体来看，零售组织和批发组织等都属于康芒斯所谓的运行中的机构。一个运行中的机构是由交易单元组成的。康芒斯将运行中的机构比喻成一个有机体，而交易就是构成这个有机体的细胞。

威廉姆森在《资本主义经济制度》一书的序言中写道："当一项物品或劳务在技术上可分结合部发生转移时，交易就发生了。"这一新界定大大拓展了"交易"的范围，交易不再仅限于所有权的转移，使组织内部或组织间发生的很多活动都可纳入交易的分析范围。另外，它使交易活动更为具体化，因而更具可分析性。威廉姆森不仅对"交易"重新界定，从交易的主观方面（有限理性、机会主义）和客观方面（资产专用性、交易的不确定性和交易的频率等）对交易费用决定因素进行分析，以便把交易分为不同的类型。对交易的重新界定，交易与交易费用在他那里统一起来，利用这两个概念建立了"组织失败框架"，并进而构筑了交易费用理论。交易费用理论将经济组织问题作为一个契约问题而提出，认为企业组织是一种规制结构，而不是一种生产函数。由于交易特性的差异，决定了存在不同的组织类型，只有那些与特定的交易相匹配的规制结构才是有效的组织。

诺斯从商品的多维属性、信息不对称与人的机会主义动机、分工和专业化程度等方面对交易费用决定因素进行分析。

在新兴古典经济学中，由于关注的是劳动分工与专业化，他表示交换能够互惠互利的根源在于专业化激发生产效率，同时，市场规模或交换关系网络的密集程度决定专业化水平及总产值。杨小凯发展出一个严密的分析框架，解释了纵然在所有相关方面完全相同的人们之间，基于专业化选择的交易仍有可能发生。

五、流通费用与交易费用

马克思在《资本论》第二卷第六章集中论述了流通费用问题。他将流通费用区分为3种，一种是纯粹流通费用，具体包括买卖费用、簿记费用和货币费用；一种是保管费用；一种是运输费用。

交易费用体现人与人之间的权利的交换，按时间划分，可以发现交易费用内涵的泛化。科斯认为交易费用是利用价格的费用。阿罗认为交易费用是经济体系运行的费用。威廉姆森在接受阿罗的定义的同时，又从交易的孪生性出发，将交易费用分为起草、谈判、保证落实某种契约的事前费用与事后费用。张五常、诺斯等从制度研究的角度出发，认为交易费用是所有不直接发生在物质生产过程中的费用。因人类的有限理性而须支出的、克服交易不确定性的费用，可称为外生交易费用；内生交易费用，是交易主体之间直接的利益冲突导致的经济扭曲的结果。流通费用主要表现为理性人的外生交易费用，难以看到因活生生的机会主义倾向或行为而产生的内生交易费用。

有些学者认为交易费用是马克思流通费用的现代观点，但实际上，应该看到，交易费用与流通费用是有很大不同的。交易费用理论基于有限理性与机会主义的假设之下，而马克思的流通费用理论不可避免地建立于完全理性的假设之下。马克思流通费用虽然涉及外在交易费用，对于建立在机会主义之上的内在交易费用这种不可度量的成本，马克思是没有涉及的。另外，从马克思对流通费用研究的本源出发，流通费用理论从属和服务于对资本运动的分析，而交易费用理论从属和服务于制度分析。马克思所研究的流通费用是针对资本的，是从资本循环的角度研究的，同时应该看到交易费用与流通费用是有一定连续性的，将制度经济学中的外生交易费用、内生交易费用的研究与商业活动联系起来，可以对流通费用的概念进行扩展。现代流通过程中商流、物流、资金流、信息流等组成部分在运行过程中具体体现的各种费用共同构成了新的流通费用概念。

六、各理论流派特色分析视角

马克思所说的流通时间是指资本流通时间。马克思指出，资本主义生产领域停留的时间是它的生产时间，资本在流通领域停留的时间是它的流通时间。由于资本的两个流通过程是：由商品形式转化为货币形式，由货币形式转化为商品形式，因此，资本的流通时间也就包括商品资本向货币资本转化的时间，即商品销售时间和货币资本向商品资本转化的时间，即商品采购时间。马克思认为流通时间对资本职能的执行起着消极的作用，流通时间的延长和缩短，对于生产时间的缩短或延长，或者说，对于一定量资本作为生产资本执行职能的规模的缩小或扩大，起了一种消极限制的作用。马克思进一步指出，流通时间越近于零或等于零，资本的职能就越大，资本的生产效率就越高，它的自行增值就越大。

新兴古典经济学是研究"分工与交易费用之间两难冲突"的学问，在杨先生看来，分工是经济进步的根源，而交易费用是限制分工的最大障碍，如何降低交易费用就成为经济学研究的核心问题。研究整个经济系统的交易，实际上就是宏观意义的流通。换句话说，交易效率是市场经济的推动力量，流通效率决定生产力的水平。杨小凯阐明了市场规模被经济代理人之间的交易成本影响，这些交易成本如何反映自然和技术约束（如运输成本）的结合以及法律环境决定的缔约成本。他们采用超边际分析证明了企业因降低交易费用而提高了交易效率，缔约费用隐含着产权的最优模糊程度，甚至许多"外部效应"都是内生的和最优的，实际上，杨小凯和黄有光先生证明了，尽管他们将运输费用、交易费用、议价费用以及执行合约的费用都包括在内，他们的均衡仍是最优的。这些对流通理论的实证分析是很有帮助的。

美国的市场营销中，商品学派研究生产者与消费者之间进行社会性转移的产品，对 Copeland 的商品分类做了进一步的研究；功能学派研究市场营销机构的功能，Shaw 提出中间商的 5 个流通功能，Weld 认识到除了中间商之外生产者和消费者也都承担着流通功能，功能学派都站在社会层面看待流通功能。Alderson 将功能主义引入市场营销研究，将营销系统视为社会子系统，研究营销机构承担何种功能才能"使社会系统实现均衡、有序与协调一致"。Alderson 从社会视角研究的营销系统、营销机构与营销功能，实质上就是商品流通中的流通系统、流通机构和流通功能。Alderson 提出的异质化市场、备货活动（综合、集中、分类、分散）、搜寻、转换、交变链等概念，是流通过程和流通系统的基本概念。机构学派研究将商品从生产者转移至消费者的机构以及流通渠道中的交互作用，分析市场营销机构在整个社会中扮演的角色。在此历史时期，以 Reilly 和 Converse 为代表的学者从宏观角度分析交易中心地之间交易量关系的研究，为商品流通研究的零售吸引力、店铺选址、商铺设定等研究领域提供了核心理论。此外，商品流通研究还通过关注流通任务在不同流通机构间的分配，来探讨流通渠道的结构及产出等问题。Bucklin 的延期—投机原理探讨了流通渠道中不同成员库存协调与控制，承担的不同连接任务，以及由此形成的不同流通形态。

以上这些理论都对流通理论奠定了一定基础，然而必须认识到他们都有各自的不足。一些学者认为，马克思的流通理论关注的是商品价值形态的运动，即商品所有权的转移，而没有研究商品使用价值形态的运动，即物流过程。即便是马克思的"商流"理论本身，也是不够完全的。由于马克思是为了揭示资本主义剥削本质来研究流通的，他只是一般性地解释了生产与流通的关系以及商品流通的"本质"，而没有具体地研究企业以及社会的商品流通是如何组织的。市场营销偏重技术上的操作却缺少深层次的理论基础研究。威廉姆森对新制度经济学框架的构建作出了巨大贡献，却遭到大量质疑和批判，因而新制度经济学还没有一部真正成系统的著作，没有形成一个完整的理论体系。它虽短期内不能取代新古典经济学，但作为一个很有解释力的经济学分支，必将会保持其吸引力，而这会使越来越多的注意力转到微观企业组织的研究，而对于宏观经济现象的关注程度相对不足，从而使对解释这些宏观经济现象颇为重要的流通理论容易被边缘化。新兴古典对分工理论的复兴，使经济学研究的重心由资源配置转向经济组织。然而，在新兴古典框架中，市场经济无所不能，似乎被神化了。

实际上，关于商品流通，只有马克思建立了相对完整的体系研究，其他学派所提供的理论对于商品流通的基础研究提供补充，本文通过对商品流通基础理论相关学派在商品流通中的作用进行梳理，确定了建立商品理论体系过程中相关内容的理论渊源。

参考文献

［1］晏维龙．交换、流通及其制度——流通构造演变理论［M］．北京：中国人民大学出版社，2002：14．

［2］Shelby D. Hunt，The Nature and Scope of Marketing［J］，Journal of Marketing，Jul 1976：17－28.

［3］夏春玉，丁涛．流通理论在经济学中的回归：一个学说史的考察［J］．商业经济与管理，2011（8）：5－14．

［4］王晓东，吴中宝．中国流通改革理论回顾与评述［M］．北京：中国人民大学出版社，2009．

［5］康芒斯著，制度经济学（上册）［M］．于树生译．北京：商务印书馆，2009：70－86．

［6］埃里克．弗鲁博顿，鲁道夫．芮切特．新制度经济学——一个交易费用分析范式［M］，姜建强、罗长远译．上海：上海人民出版社，2006．

［7］夏春玉．马克思的流通理论及其评价［J］．当代经济科学，1997（3）：26－33．

［8］吴小丁，张舒．商品流通研究的市场营销学理论渊源探析［J］．外国经济与管理，2011（3）：35－42．

［9］洪涛．流通产业经济学［M］．第 2 版．北京：经济管理出版社，2011．杨小凯．发展经济学——超边际与边际分析［M］．北京：社会科学文献出版社，2003．

［10］张岩．日本流通体制变革研究［M］，北京：经济管理出版社，2007．

论商业征信中私权利与公权力的平衡

赵忠龙　　张成松❶

摘　要： 商业征信是近来广受热议的一个基础命题，其行为往往涉及企业和个人的私权利、国家的公权力等权利（力）形态，亟待对现代社会中的私权利和公权力进行合理界定及透析。在商业征信实践中，私权利的过度强化可能会导致对公共秩序的渗透，反之亦会对私权利形成伤害，商业征信的核心问题就在于私权利和公权力的平衡。审视权利源流和政府治道变革发现，私权利与公权力的平衡不仅应以私权利为基础，公权力作为补充，更需在超越"市场失灵"和"政府失灵"的基础上，实施更为注重治理技术和强调过程控制的软法机制，充实市场监管的法律治理思路，防范信用风险，保障金融安全与维护金融秩序，实现商业征信的应有效果。

关键词： 商业征信　私权利　公权力　软法　平衡

一、商业征信的概念与问题的提出

商业征信是一个近来广受热议但又具有深刻历史溯源的基础性命题，其上位概念可追溯至"信用""诚信""诚实守信"等❷，古今中外都概不例外地存在并都强调其价值功效，只是在不同时期其侧重点有所不同而已。中国因受传统儒家、墨家思想等的熏陶，在信用观上格外注重治家、治国和人格修养，如儒家倡导"君子爱财，取之有道"、墨家主张"兼相爱，交相利"

---

❶　赵忠龙（1976—　），男，甘肃民勤人，云南大学法学院讲师，法学博士，主要从事经济法、商法研究。Email：18082909936@126.com。张成松（1988—　），男，云南大学法学院经济法学硕士研究生。

❷　信用应属经济学范畴，伦理学研究诚信，二者仅因研究领域的不同而称谓不同而已，一些学者进而直接将"信用"等同于"诚信"。参见叶世清著：《征信的法理与实践研究》，北京：法律出版社，2010年版，第25页。

"信、言之合于意也。"却很少有从经济学的角度进行论证剖析。但亦有例外，春秋时期的管仲即提出了"非诚贾不得食于贾，非诚工不得食于工，非诚农不得食于农，非诚士不得食于朝"的经济诚信观，认为信用对贾、工、农、士有着极其重要的价值，商贾最应做得诚实守信。❶ 相反，由于商品经济的高度发展和受契约思想的影响，西方社会更加注重经济信用，商业信用观念也较早地深入人心，经济人的利益本位理念突出，以追求利润最大化为目标。

马克思在《资本论》一书中指出，信用有商业信用和银行信用之分，商业信用是基础，银行信用是商业信用发展的高级形态，"商业信用是职能资本家之间采取延期付款的方式赊购商品而形成的借贷关系。"❷ 在现代，信用特指一种交易中介，是从事商品和货币关系的当事人所特有的"专利"，旨在实现交易的标的物、资金的转移、保障市场交易活动的顺利运行。简单讲，信用可分为私人信用和公共信用❸，其中商业信用隶属于私人信用体系之内，是指企业在市场交易活动中，因赊销商品、经营所形成的当事人之间的信用关系。在法律层面，信用内涵在学界还尚存争议。有学者主张信用仅是一种财产利益❹，亦有人认为信用不仅是一种人格利益，还是人格利益与财产利益的综合体。❺ 但可以肯定的是，商业信用往往涉及私人利益，而公共利益的保障、公共秩序的维护同样也离不开商业信用的支撑。

那么，究竟何为征信？所谓的商业征信又是什么呢？《左传》有文曰："君子之言，信而有征，故怨远于其身。"❻ 这是先哲对征信的最原始的描绘与解读。一般而言，征信（credit investigation），也称信用调查、资信调查，是指征信机构依法通过各种方法和手段广泛收集消费者个人和企业的信用信息，并依据一定的标准对该信息进行加工、整理形成信息网，进而为社会提供调查对象信用情况的专业活动。❼ 当然，它不仅只是对企业信息的收集、加工整理和评判，也内含了对信用信息的披露、使用传播，乃至信

---

❶ 孙国志、张炎培著：《信用经济》，北京：企业管理出版社，2005 年版，第 4—10 页。

❷ ［德］卡尔·马克思著：《资本论》，曾令先、卞彬、金永编译，商务印书馆 2007 年版，第 338—340 页。

❸ ［美］罗伯特·科尔、朗·米失勒著：《消费者与商业信用管理》，北京华译网翻译公司译，北京：中国人民大学出版社，2004 年版，第 6—7 页。

❹ 吴汉东：《论信用权》，载《法学》2001 年第 1 期。

❺ 陈潜、唐民浩主编：《信用、法律制度及运行实务》，北京：法律出版社，2005 年版，第 72 页。

❻ 钧跃：《社会信用体系原理》，中国方正出版社，2003 年版，第 62 页。

❼ 叶世清著：《征信的法理与实践研究》，北京：法律出版社，2010 年版，第 19 页；陈潜、唐民浩主编：《信用、法律制度及运行实务》，北京：法律出版社，2005 年版，第 9 页。

息的修正。而依据不同的标准，征信可以进行多种类别的划分，如按征信对象的不同可划分为企业征信和个人征信，按应用与服务领域的差异可分化为金融征信、一般商业性征信和监管征信等。不难发现，商业征信一般都存在于各种类别当中，是征信的一种表现形式，是指在市场流通交易活动中，征信机构依法对与商业行为有关的企业信息进行采集、加工和处理，披露商业信用信息，为交易双方提供资信查证的社会中介服务活动。商业征信的实施，不仅可以促进信用信息的合理使用和信用资源的优化配置，减少逆向选择、防范道德风险，也有利于营造公平公正、诚信的金融市场运营环境，防止因失信造成的金融秩序的紊乱，保障金融市场的安全与高效运作。

　　针对社会信用的缺失状况和商业征信的优越性，近年来国家也颁布了许多法律法规对信用市场、征信行业进行规范，比如 2013 年颁布实施的《征信业管理条例》、2005 年《上海市企业信用征信管理试行办法》、2005 年《福建省企业信用信息征信管理暂行办法》等，还有诸如设立信用评级机构、成立中国城市商业信用环境指数课题组等，开展信用评级活动、发布城市商业信用环境指数评价成果以供评判等❶，这些文本对克服信用信息不对称、减少经济理性人背离诚信原则的机会主义行为方面发挥了重要作用。不言而喻，商业征信确实可以为商业管理和决策提供有效的依据数据❷，减少许多"随机不确定性的东西"❸，是建构社会主义市场经济秩序所不可忽略之核心要点。

　　诚然，商业征信是好东西，但在商业征信过程中，还仍有许多问题或矛盾亟待解决，其中最迫切的就有商业征信中私权利和公权力的平衡问题。商业征信以企业和消费者个人为征信对象，较多地关注个体的信用信息，并希望最大限度地采集和收到个人的所有信息。毫无疑问，倘若国家能够充分掌握消费者个人和企业的所有信息，这确实可以有效地识别和掌控商业活动存在的各类风险。然而，这其中也存在诸多矛盾或弊端，不仅信息主体会担心信息公开可能产生的危害，而且如果征信主体过渡地掌握个人信息，个人信息便会在国家公共体制得以迅速强化，亦就可能呈现私权利优位的倾向，私权利便渗透于公共秩序之中。反之，国家公权力机关掌握着大量的个人信息

---

　　❶　参见《中国城市商业环境指数发布》，http://news.hexun.com/2013－09－10/157876450.html，访问时间 2013－09－12。

　　❷　［美］罗纳德.L.汤普森：《信息技术与管理》，陈丽华译，北京大学出版社，2006 年版，第 76 页。

　　❸　叶世清著：《征信的法理与实践研究》，北京：法律出版社，2010 年版，第 29 页。

权同样也是对私权利之伤害，因为权利乃权力之根本，权力的强化可能会随着权力拥有者私欲的膨胀而出现践踏人民权利、损害人民的利益和自由尊严的权力异化现象。

权利有（狭义）的权利、自由（无义务）、权力和豁免 4 类元形式，权力隶属于权利，视为"能为权"，是权利的元形式之一。❶ 公权力来自社会大众的自然权利的让渡，存在的逻辑前提就是权利。但在现实实践中，权利之间、权利与权力之间并非都是和谐的、井然有序的，在市场活动中包括商业征信中，其相互之间也经常发生冲突。（狭义）权利与自由之间、义务与无权利之间、权利与无责任（豁免）之间以及责任与无权力之间，无不都存在冲突。其中权利之间的冲突主要体现在法律上的冲突和事实上的冲突，而私权利与公权力的冲突只能是在事实上的冲突，因为私权利和公权力如同私法与公法一样，是两道平行线，不可能存在逻辑上的冲突，也就不可能存有法律上的冲突之说。❷ 商业征信既涉及征信机构的公权力，也将不可避免地与信息主体的私权利相关联，因其分属不同性质的公法与私法，均强调自身利益，如果不同的法律规范对同一主体的同一行为作出相反的规范，公权力与私权利的冲突似乎必然存在于商业征信活动中。因此，如何在商业征信中对私权利与公权力进行平衡就是一个不可规避的焦点话题，理应从私权利、公权力视角进行详细剖析论证，探寻其平衡之道，力使商业征信顺利有效运行。

二、商业征信中的私权利分析

"为权利而斗争，并为权利而承担。""权利"一直都是人们尤其是近代以来多少仁人志士所奋斗和追求的目标。事实上，"权利"的存在有着相当的历史演进历程，最初源于罗马法中的"jus"，而现代权利理论则始于霍布斯和洛克所发展的社会契约论，是指正当的私人利益。同时权利也存有多重释义，有"资格说""主张说""利益说""法力说"等本质主义之解释观点❸，通说为"法力说"；亦有霍菲尔德的权利分析理论，等等。私权利❹作

---

❶ 王涌：《法律关系的元形式——分析法学方法论之基础》，载《北大法律评论》1998 年第 1 卷第 1 辑。

❷ 王涌：《私权的分析与建构——民法的分析法学基础》，中国政法大学博士论文，1998.

❸ 张文显主编：《法理学》，北京：高等教育出版社，2007 年版，第 141 页。

❹ 有学者用"私权"取代"民事权利"，为了言辞一致性和行文的方便考虑，本文亦倾向以"私权利"一词替代"民事权利"。参见王涌：《私权的分析与建构——民法的分析法学基础》，中国政法大学博士论文，1998.

为权利的下位阶概念，是指"权利主体以实现其正当利益为目的而自由行使意志的范围"❶。而作为现代社会中的私权利，其应是一种具有稀缺性的经济资源❷，在权利人追求效用函数最大化的行为或动机前提下，国家应该合理配置权利资源并对具有平等独立地位的个人利益或利益诉求进行有力保护。正所谓"权利就是服务于民事主体特定利益的实现或维持，由法律上之力保证实现的自由。"❸

私权利根据不同的标准亦可以进行不同的分类，有人格权、财产权、知识产权和社员权之分，也有支配权、请求权、形成权、抗辩权之别，以及主权利与从权利的划分等。在现代市场经济活动中，私权利是基础，包括人身权和财产权等，然而商业征信实际上涉及的是人身权，涉及其他个人、社会对某个人的评价机制，征信实质上是私权利在现代社会中社会化的发展与延伸。私权利在人的思想、道德、精神、感情以及交往等方面所享有的主权已延伸到体现人们生活的最基本的物质生活条件的所有权上。❹ 而内含所有权、合同等内容的财产权，其与商业征信并不存在多大的联系，但也不是说没有任何关联，只是与征信的具体内容没有直接的关联罢了。信用兼具人格性和财产性❺，商业信用的财产性可为信用拥有者带来财产利益，满足信用主体的物质需要乃至精神需求。

所有权是最重要的财产权，其概念在不同法系中具有不同的表述，不具备固定的内涵，具有一定的弹性力，是一束变动不居的法律利益。换言之，所有权绝对性原则不能成立，其权能可以分解和分离，内容也可自由伸缩，如信托法中就存在双重所有权和分割所有权概念❻。我国《物权法》第39条规定，所有权是指所有权人对自己的动产或不动产，依法享有占有、使用、收益和处分的权利。现阶段，我国所有权形式主要有国家所有权、集体组织所有权和私人所有权3种，其中"私人所有权是指公民个人依法对其所有的动产或不动产享有的权利，以及私人投资者投资到各类企业中所享有的出资人的权益"。❼ 而依据剩余权理论可知，所有者只是某物的最终剩余权

---

❶ 江平主编：《民法学》，北京：中国政法大学出版社，2007年版，第35页。

❷ 高明华：《权利配置与企业效率》，北京：中国经济出版社，2008年版，第62页。

❸ 王利明主编：《民法》，北京：中国人民大学出版社，2008年版，第100页。

❹ 章戎、王晶：《试论"私权利"与"公权力"》，载《云南学术探索》1998年第1期。

❺ 江平、程合红：《论信用——从古罗马到现代社会》，载《东吴法学》2000年卷。转自赵明昕著：《中国信用保险法律制度的反思与重构：以债权人信用利益保障为中心》，北京：法律出版社，2010年版，第43—44页。

❻ 王涌：《中国信托法的基本问题》，载《中国法律》2012年第5期。

❼ 王利明主编：《民法》，北京：中国人民大学出版社，2008年版，第216—223页。

人，所有者的权利就是所有权，所有权是经济主体对经济资源的占有权❶，故而商业的资信或信用调查与其就不存在直接的关联，更何况传统民法中的占有、使用、收益、处分等所有权能未能揭示所有权概念的本质。❷

合同也是财产权的一项重要内容，它只整合财产关系而不调整具有人身属性的各类关系。而合同的订立旨在把非合作博弈转变为合作博弈来促使经济人选择有效率的、有均衡解的合作博弈❸，是私权利产生的主要因素，对规范市场经济秩序意义重大。虽然早在几千年前，《周礼》就对合同与信用之关系做了肯定，认为可通过订立合同来保障信用性行为，信用在契约关系中处于核心地位。❹合同合意的达成和履行基础是信用，霍布斯亦认为，"商品交换本质上就是对契约的履行，契约就是权利的相互让渡，就是彼此承认平等权利并表现其让渡的意志"❺，交易契约是一种信用契约。❻但在当前市场竞争环境下，由于信息不对称、个体理性、外部性等问题的天然存在，合同对于失信行为的规范、信用秩序的维护就越显突出，加之不完备合同的存在，商业征信就甚为迫切。但是，商业征信涉及的是他人对合同当事人的评价，主要是当事人人身关系方面的事宜，合同的基本内涵与征信的基本信息并不存在大方面的关联度，合同对于商业征信的作用不是很明显。

人身权当属私权利范畴，是自然人作为人所享有的最一般、最普通的权利，是人与生俱来的一种原始权利。人身权包括人格权和身份权两大类，其中人格权又包括姓名权、名称权、名誉权、隐私权、信用权等。而隐私权、信用权等都是在商业征信活动中不可规避的私权利，信用征信往往与隐私权、信用权、商业秘密权等私权利发生联系，并存在冲突之处。在权利意识普遍高涨的当下，征信机构在采集个人信息时应严格遵守《征信业管理条例》和其他征信法律法规之规定，依法有序进行，要密切注意个人信用信息主体权益的保护，注重信息的用途。比如隐私权，信息主体应该享有隐私利

---

❶ 金成晓、李政、袁宁著：《权力的经济性质》，长春：吉林人民出版社，2008 年版，第69 页。

❷ 王涌：《论信托法与物权法的关系——信托法在民法体系中的问题》，载《北京大学学报（哲学社会科学版）》2008 年第 6 期。

❸ ［美］罗伯特 . 考特、托马斯 . 尤伦著：《法和经济学》，史晋川译，上海：格致出版社；上海人民出版社，2012 年版，第 276 页。

❹ 孙国志、张炎培著：《信用经济》，北京：企业管理出版社，2005 年版，第 16－17 页。

❺ 孙国志、张炎培著：《信用经济》，北京：企业管理出版社，2005 年版，第 30 页。

❻ 马本江著：《信用、契约与市场交易机制设计》，北京：中国经济出版社，2011 年版，第2 页。

用权、阻碍知晓权和排除骚扰权等具体权益❶，享有不受非法采集、征信之权利，有权要求相关国家机关和社会组织予以尊重和保护。对于企业的商业秘密权，其作为一种私权可以享受基本权利待遇，但也是有限度的，要受到国家利益、公共利益以及他人合法权益等因素的制约与限制，需要对商业秘密权与他人的合法权益进行平衡。不难发现，商业征信与各种人身权紧密联系，商业征信主要涉及私权利中的人身权，人身权是商业征信的主要权属对象。

毋庸置疑，商业征信的功能、作用和效果是显著的，它可以有效地调节经济运行行为，克服信息不对称的瓶颈，防范金融风险和金融危机的发生，保障金融市场的正常运行和社会市场经济秩序的稳健。然而商业征信涉及的是他人对个体的评判，是道德评价机制的延续，更是传统德、礼的现实诉求，其在规制途径上应遵循传统伦理道德，以道德进行指引。特别是在信息经济背景下，信息主体不能受权利本位和功利主义思想的束缚，总是尽最大能力保护和增进自己的利益，强化个人利益，以实现自己的利益为核心或价值目标。毕竟商业征信是利国利民、利己利他的好事情，是社会本位理念的反映，但其行使应该是有限度的，不得超出公共秩序的范畴内，不得侵犯公共秩序，否则可能会触犯国家利益、公共利益和他人合法权益。因此，商业征信应在法律法规容许的范围内进行，要注重征信机构信息采集、信息加工及信息披露的合法性。

三、商业征信中的公权力需求

公权力在中国有着根深蒂固的历史传统，"普天之下莫非王土，率土之滨莫非王臣"，在长久的封建王朝时期，私权利常依附于家国一体化的宗法制度，"公权力本位"理念、"人治"思想已深深地禁锢于国民心中。❷ 在计划经济时代，国家权力同样高度集中，政府倾向于追求"全能与父爱"、"命令与指挥"的政府管制进路，政府包办社会，以政府职能取代市场机制，各级行政机关直接插手经济等各领域的资源配置，自主地决定经济决策行为，决定公共产品的供给与需求，把凯恩斯的国家干预经济的理论发挥到极致。亦正如以康芒斯为代表的制度经济学派所认为，"资源配置的决定因素不是

---

❶　叶世清著：《征信的法理与实践研究》，北京：法律出版社，2010 年版，第 113－114 页。

❷　康纪田：《公权力与私权利和谐构建的经济分析》，载《经济体制改革》2007 年第 4 期。

市场，而是社会制度安排中的权力结构"❶，权力最大化是经济理性人的最主要偏好之一，在该时期权力因素在资源配置中起着难以估量的作用。在当下，人们进行经济活动的目的也在于追求利益的最大化，期冀通过利益分配机制使自己的利益或效用最大限度实现。然而，利益分配机制的形成也正是各种权力博弈的结果，权力格局决定着利益的实现程度。❷ 鉴于此，福利经济学第一定律即认为，在竞争经济活动中，为了实现社会稀缺资源配置的帕累托最优，实现社会利益和社会福利的优化，可以一次性界定权力后把其交由市场履行资源配置职能。❸ 权力格局与经济发展有着相当高的契合度，隶属经济体制改革的商业征信与权力分配机制也存在耦合之处，征信机构旨在追求信用信息的最大化掌控，进行最有效的市场监管，维护正常的市场运作机制。

在现代社会，公权力是指与私权利相对应的一个概念范畴，是指在国家政治生活领域，根据代表最广大人民意志和利益的公法所享有的，直接涉及国家利益、公共活动的有关权力，具体内含立法权、执法权、司法权、监督权等。作为权力类型化的公权力，具有不确定性、强制性、用益性、主体间性等特质❹，是一种力量的宣示，体现在对资源的控制和对人的支配，旨在通过"power"使他人的行为合乎权力主体与权力客体之目的性❺。当然，现代社会中的公权力是人民授权同意的结果，源于人们社会生产和生活的天然需要，应是以最大程度实现人民利益或意志的、有别于传统权力的新型权力类型。亦诚如卢梭所言，国家权力来自民众的合法化的契约，其基础是人民的公意，现代社会中的公权力正是人民授权的结果和反映。

在当前，信用缺失状态常见于一般商品市场之中，乃至信贷、保险、证券等金融市场领域，信用问题已然成为困扰社会正常运作的重要瓶颈。概其缘由，无不在于市场机制的缺陷和不足，信用监督机制和信息传递机制之缺乏、短期博弈的大量存在和长期博弈欠缺所致，是"市场失灵"普遍存于信用市场的折射和现实反映。在现代市场交易活动中，企业和个人都是"经济理性人"，总会基于经济人的理性假定进行行为考量，注重权利本位、个体本位特别是短期利益的实现，而不讲信用似乎已成为其"谋利"的最佳可取

---

❶ 金成晓、李政、袁宁著：《权力的经济性质》，长春：吉林人民出版社，2008年版，第1页。

❷ 金成晓、李政、袁宁著：《权力的经济性质》，长春：吉林人民出版社，2008年版，第15页。

❸ 金成晓、李政、袁宁著：《权力的经济性质》，长春：吉林人民出版社，2008年版，第105页。

❹ 谢佑平、江涌：《论权力及其制约》，载《东方法学》2010年第2期。

❺ 高明华：《权利配置与企业效率》，北京：中国经济出版社，2008年版，第5页。

途径。而交易成本的考虑就是其最直接的体现，"若企业或个人的失信行为不会导致足够大的经济损失，失信行为就会继续持续下去，但当失信成本大于失信所产生的收益，失信行为便会随之逐渐减少。"❶ 更何况，经济人具有有限理性，在追求自身利益的过程中，无法预知所有的行为选择方案及其后果，市场失灵似乎难以避免。❷ 由此，唯有通过政府进行宏观调控，依靠政府公权力介入市场、涉足征信市场方可有效管控。况且商业征信的主体毕竟是国家的公权力机关，当下的征信发展模式是以公共征信系统为主，中央银行主导的公共征信模式❸，由此决定着商业征信与国家公权力之间必然存在关联，征信需要公权力的支持、监督与管理。但是，国家机关应当坚持审慎监管、适度干预的原则，遵循市场能够自行解决的坚决由市场机制解决，只有在市场失效的情形下，"有形之手"才允许涉入，才可运用强有力的管制手段进行有效调控、监管。但也需要明确政府的角色定位，征信机构应与信息主体之间没有利益冲突，以保障征信符合公共利益目的，防止信息垄断和寻租现象的发生，防范被利益集团俘获。❹ 恰如霍布斯所言，为了结束"一切人对一切人战争"的状态，就需要产生某种公权力来维持社会秩序。❺ 换言之，商业征信过程中，真正对公民信用信息进行管理的应当是政府的公权力机关，公权力是私权利的保障，商业征信离不开公权力，需要硬性的公权力来督导，方使征信与公权力呈现良性互动的"善征"与"善治"共赢局面。

四、商业征信中私权利与公权力平衡的治理思路

在商业征信中，由于既有私权利之存在，又存有公权力之需求，针对私权利对公共秩序之渗透、私权利本身亦受到伤害之瑕疵和弊端，如何探寻二者之间的平衡之道亦就实属应当。按照自然法的观点，权利是先于权力而存在的，同样私权利亦是先于公权力而存在。私权利是维持人的生存与发展的最基本的权利，是公权力行使的最终目的，没有私权利的存在，公权力便难有存在之可能性。❻ 因此，商业征信中私权利与公权力之平衡应坚持权利的

---

❶ 叶世清著：《征信的法理与实践研究》，北京：法律出版社，2010 年版，第 46—48 页。

❷ 李昌麒主编：《经济法学》，北京：中国政法大学出版社，2007 年版，第 41 页。

❸ 黄余达：《全球视野下征信行业发展模式比较及启示》，载《经济体制比较》2013 年第 3 期。

❹ 赵忠龙：《论市场经济中的政府督导——以金融危机、房地产泡沫和积极财政政策为经验范本》，载《经济法论丛》2010 年下卷。

❺❻ 潘爱国：《论公权力的边界》，载《金陵法律评论》2011 年春季卷。

本原，以私权利为基础，公权力作为补充，力求公权力与私权利的平衡与协调。

诚然，在现实商业征信中，国家征信机构相当重视对信用主体的隐私权、信用权等具体人身权利的采集与整理，寻求最大限度掌握公民个人和企业的基本信息。然而，由此一来，私人权利便会大量渗透于国家体制、公共秩序和公权力体系之中，公权力便随之受到侵蚀，私权利与公权力的平衡状态将出现失范，进而亟须运用多元途径对其加以平衡。正如有学者所言，权力乃权利的 4 种元形式之一，权利是权力的本原，公权力是私权利的一种转化与让渡，是人们同意的结果。商业征信中私权利与公权力之平衡首先就需要从私权利本体着手，强调私权利的基础地位，国家征信机构应当尊重信用主体所拥有的各项具体权利，依法征信，不得随意做出侵犯信用主体的不当行为，应在赋权的基础上付之于控权手段，以保障两者之平衡。换言之，信用信息的管制应由市场机制自行进行，唯有当市场机制出现失灵而难以有效保障私权利主体的利益时，公权力作为补充手段、救济方式才可介入商业征信活动之中，权衡、确认和保障利益分配关系，保护私权利不受损害。当然，在此需特别注意公权力的行使目的必须是出于维护公共利益和他人合法权益之目的，要谨慎防止权力的异化，即公权力的行使是有限度的，权力之行使必须根据民众之意愿进行，确认和保障民众权利的实现。简言之，权力本源于权利和利益，权力应实现其社会化，向权利回归，商业征信的治理思路应尊重本原、按规律行事。❶

源于多元的利益诉求和多层次的管制渠道，针对商业征信中所出现的私权利与公权力失范样态，除了坚持以私权利为基础，公权力作为补充外，软法的实施即实行更为强调过程控制，注重治理技术的软法机制不失为当下的一种更佳的治理途径。毕竟，市场也存在失灵状态，政府干预的局限性和缺陷也日益暴露出来，使得政府管制的效果不甚理想，大量财政支出落入特殊利益集团私囊。❷ 鉴于此，商业征信活动的规范迫切需要软法机制❸，软法的实施可以更好地保障商业征信的顺畅运作并取得良好效果。

---

❶ 漆多俊：《论权力》，载《法学研究》2001 年第 1 期。

❷ 赵忠龙：《论政府柔性监管的制度建构——强化市场型政府监管与督导系统责任的植入》，载《经济法学评论》第 10 卷，2010.

❸ 软法一般是指不具有法律约束力的那些准法律规范性文件。其概念最初起源于国际公法，由 McNair 所提出。他认为，在有法律规范即软法调整的白色领域和没有法律规范调整的黑色领域之间存在一个灰色的地带。参见罗豪才、毕洪海：《通过软法的治理》，载《法学家》2006 年第 1 期；杜志华、陆寰：《欧盟消费者保护的新工具——软法》，载《法学评论》2010 年第 4 期。

就软法而言，其在我国的理论研究和实践起步都比较晚。究其缘由，其一是因为我国法律界深受前苏联法理学的影响，传统法律具有强调国家强制力和国家中心主义的严重倾向，法律制度和公共政策的刚性十足。其二是受限于西方的法律理论，因西方经典民主法治理论又过于重视选举民主，其结果往往是普通公民的法律地位有名无实，造成了我国法学理论研究之局限，软法便失去了其生存与发展的空间。❶ 但自改革开放以来，伴随着公共治理模式的兴起，利益多元化下的合理多元主义、主体平等化以及过程的互动性等的渴求❷，法律视野中出现软硬兼备的混合法模式，软法呈现出迅速发展的良好势头。与此同时，政府的角色定位也发生了转变，由"守夜人"角色到管制者身份的基础上，政府又从管制的"主导者"发展至公共治理的"辅助者"，政府的职能定位越来越符合社会和时代发展的现实需要，软法的出现无疑是时代之需，现实之要。❸

软法机制属合意形成型行政❹，是一种强调自律与他律相结合的新型行政管理模式，行政指导、行政合同、行政协定等都是软法实施的最基本的表现形式。作为一种社会现象，软法已存在于社会生活的许多方面，其依靠社会成员的自律和执法机关的"非强制性"执法、以人性化、恰当的方式引导各类资源之合理运用，保障其良性实施和功效的发挥。❺ 同时作为一种治理技术或沟通技巧，它不仅可以用于公共治理，私人治理亦离不开它的规范，但在整体上应以公共治理为基石，在公共治理的引导下进行私人治理。❻ 在商业征信中，它不仅涉及公权力形态，私权利因素在其中亦占有重要地位，治理公权力与私权利的冲突将必然借助于软法的引导，需要具有柔性监管特质的政府督导系统责任机制进行植入，以便更好地实现权利（力）资源的优化配置。冲突解决机制更应站在民主协商与对话的基础上，注重解决冲突的权力技术和沟通技巧，通过过程控制、问责制和强调政府管制的专业性、义务经营能力来缓解张力，而不再追求传统的"命令＋指挥"的政府管制模式，需要超越"市场失灵"与"政府失灵"的桎梏以强化市场型政府的监管理念，最终演化成一种"现代性的协调互动理念"，实现公私权利（力）的

❶ 程迈：《软法概念的构造与功能》，载《金陵法律评论》2009 年春季卷。
❷ 罗豪才，等：《软法的理论与实践》，北京：北京大学出版社，2010 年版，第 56 页。
❸ 翟小波：《软法及其概念之证成——以公共治理为背景》，载《法律科学》2007 年第 2 期。
❹ 姜明安：《完善软法机制，推进社会公共治理创新》，载《中国法学》2010 年第 5 期。
❺ 方世荣：《论公法领域中"软法"实施的资源保障》，载《法商研究》2013 年第 5 期。
❻ 程信和：《硬法、软法与经济法》，载《甘肃社会科学》2007 年第 4 期。

平衡暨柔性监管。❶

在商业征信中，公权与私权的冲突主要体现在私权利过度渗透到公权力当中，运用软法机制治理冲突有利于理顺当下公权力与私权利在公共治理领域中的关系定位，公权力应占据主导地位但也离不开私权利的广泛参与。公权与私权在现代社会中应是一个相互制约、相互博弈和协调的过程，亦是政府规制路径从善制到善治转变的反映和需要。这种治理思路主要反映在政府角色的转变上，它既有别于自由放任时期的"夜警国家"的角色分工，又不同于传统的依仗公权力强行管制的政府和凯恩斯国家干预主义兴起后的"干预国家"的职能定位。它强调公私融合，注重运用政府柔性的一面调控市场经济行为，力求通过政府行为的柔性监管形成市场配置资源的帕累托最优，是"硬法"的软化，是公权力与私权利相互协调、博弈后的应然诉求。很显然，商业征信迫切需要处理好私权与公权之间的关系，即要实现公权与私权的耦合与互动，不仅需要私权利的积极参与和公权力的涉入，更需要依靠具有柔性性质的软法机制，才有利于保障私人利益的实现、解决集体行动的困境，实现社会整体利益的目标。

软法治理是政府规制的"善治"路径，商业征信需要它，但应该正视软法的治理价值与功能作用，在软法的追求上需要从形式软法向实质软法转变，尊重软法的实质意义。以公共利益和社会整体福利为中心，在公众参与和协商民主基础上形成的政府管制的权力渊源，防止"规制俘房"，保障公共利益不受损害，实现政府真正有效的规制。❷ 而在商业征信活动中，也要特别注意软法与硬法的冲突与协调，需要建构科学合理的软法与硬法创制和完善机制，既遵守硬法的相关规范，又特别考虑软法规范的优越性，使二者有机衔接起来，真正实现法治的统一和社会和谐。❸ 简言之，商业征信中公权力与私权利的平衡，不仅要以私权利为本原，公权力作补充，更需要软法的实施，强化行政指导和社会的自律机制作用，积极推进政府职能定位的转变，推行"政府创造环境，社会发展经济"的新模式，实现商业征信防范金融风险、维护金融秩序的价值功效。

---

❶ 赵忠龙：《论市场经济中的政府督导——以金融危机、房地产泡沫和积极财政政策为经验范本》，载《经济法论丛》2010 年下卷。

❷ 邢鸿飞：《软法治理的迷失与归位——对政府规制中软法治理论和实践的思考》，载《南京大学学报（哲学．人文科学．社会科学）》2007 年第 5 期。

❸ 陈光：《论社区治理中软法与硬法的关系及衔接》，载《甘肃政法学院学报》2013 年第 7 期。

基于多元统计分析的我国农产品流通水平研究

栗智慧❶

摘　要： 我国是一个农业大国，农业发展直接影响着整个国民经济的发展。农产品流通是农业发展中重要的方面，农产品流通水平直接影响农业的健康发展。目前国内对农产品流通的研究很多，但是大多数都集中在农产品流通中存在的问题及对策、农产品体制改革、影响农产品流通的因素、农产品流通效率等方面，而对农产品流通发展水平的具体研究很少。基于此，本文通过建立农产品流通水平指标体系，根据有关统计数据资料，运用多元统计分析（主要是因子分析和聚类分析）方法，对我国 31 个省、市、自治区农业流通发展水平进行研究，从定量角度分析得出影响农产品流通发展的主要因素，并提出相应的对策和建议。

关键字： 农产品　流通发展水平　因子分析　聚类分析

一、农产品流通发展水平评价指标体系的建立

本文在总结涉及农产品流通方面的相关指标体系建设研究成果的基础上，考虑到农产品流通指标的多样性和可操作性，建立了一套较易于定量分析的农产品流通发展水平的评价指标体系，分别从不同角度反映农产品流通发展特征，在遵循指标体系建立的原则（全面性、可比性、代表性和实际可操作性）基础上建立的指标体系共包括 19 个指标，分别从农业生产条件、农业产业规模、市场需求、信息化程度、地区经济水平、公共服务等方面来反映农产品流通发展特征，具体指标见表1。

---

❶　栗智慧（1988—　），女，汉族，河南省安阳市林州人，北京物资学院研究生部，主要研究方向为劳动经济学。

表 1　农产品流通水平指标体系

X1：实有耕地面积（千公顷）	X2：年末实有播种面积（千公顷）
X3：农用机械总动力（万千瓦）	X4：农用运输车（辆）
X5：农村用电量（亿千瓦）	X6：单位面积产量（公斤/公顷）
X7：粮食产量（万吨）	X8：农林牧渔业总产值（亿元）
X9：城镇化率（%）	X10：农村人均纯收入（元）
X11：城镇居民人均收入可支配收入（元）	X12：农村有线电视入户率（%）
X13：公路总里程（公里）	X14：地方财政在交通运输上的支出（万元）
X15：地区生产总值（亿元）	X16：地方财政一般预算收入（万元）
X17：社会消费零售业总额（万元）	X18：中高等教育学校数（个）
X19：奶量（万吨）	

注：上述指标数据来源于《2012 年中国统计年鉴》。指标 X1 为年鉴上公布的截至 2008 年年末的数据；指标 X6 单位面积产量是取各地区产量最多的两种主要农作物产量的均值。

二、农产品流通发展水平的多元统计分析

（一）相关理论、基本思想的阐述

1. 数据处理

由于所选择的 19 个指标不仅存在指标间的量纲的差异，而且也存在正指标、逆指标的差异。因此，在原始截面数据的基础上，需将原始数据进行标准化处理，以消除指标间的量纲差异以及正指标、逆指标的差异对因子分析结果的影响。

用公式表示为：$Z = \dfrac{X - \overline{X}}{\sigma}$，其中，Z 为标准化处理后的标准值，X 为指标原始值，$\overline{X}$ 为指标均值，σ 为标准差。

2. 因子分析的基本思想及步骤

因子分析的基本思想是通过变量的相关系数矩阵内部结构的研究，找出能控制所有变量的少数几个随机变量去描述多个变量之间的相关关系。然后根据相关性的大小把各变量进行分组，使得同组内的变量之间相关性较高，但不同组的变量相关性较低。具体步骤如下：① 根据研究问题选取原始变量；② 将原始变量数据进行标准化处理，以消除量纲的影响，并求其相关矩阵，分析变量之间的相关关系；③ 求解初始公共因子及因子载荷矩阵，并对主因子进行命名解释；④ 对因子载荷矩阵试行旋转；⑤ 计算各主因子得分及综合得分；⑥ 根据因子得分进行进一步分析。

数学模型：$X = AF + \varepsilon$，其中 $X = (X1，X2，X3 \cdots Xn)'$ 为原指标，$F = (F1，F2，\cdots Fn)'$ 为 X 的公共因子，A 为因子载荷矩阵，ε 为特殊因子。

3. 聚类分析的概念及基本思想

层次距离分析是根据观测值或变量之间的亲疏程度，将最相似的对象结合在一起，以逐次聚合的方式，将观察值分类，直到最后所有的样本都聚成一类。层次聚类分析有两种形式，一种是对样本进行分类的 Q 型聚类，另一种对变量进行分类的 R 型聚类。在本文中我们采用的是对样本分类的 Q 型聚类，其基本思想是首先将每个样本当作一类，然后根据样本之间的相似程度并类，并计算新类与其他类之间的距离，再选择相近者并类，每合并一次减少一类，继续这一过程，直到所有样本都并成一类为止。

（二）因子分析过程

本文拟根据 19 项评价指标，利用 SPSS17.0 统计软件对中国 31 个省、市、自治区的农产品流通水平进行因子分析。

1. 确定公共因子

对原始数据标准化处理后，运行统计软件进行分析可得如表 2 的检验结果。

表 2　**KMO and Bartlett's Test**

Kaiser-Meyer-Olkin Measure of Sampling Adequacy.		0.766
Bartlett's Test of Sphericity	Approx. Chi-Square	852.088
	Df	171
	Sig.	0.000

KMO 给出了抽样充足度的检验，是用来比较相关系数值和偏相关系数是否适中的指标，其值越接近 1，表明对这些变量进行因子分析的效果越好，Bartlett 检验用来检验相关系数矩阵时是否是单位阵，如果结论是不拒绝假设，则表示各个变量是相互独立的。从上表可以看出，KMO 值为 0.766，根据统计学给出的标准，KMO 值大于 0.6 就适合做因子分析，所以适合做因子分析；Bartlett 球度检验给出的相伴概率为 0.000 0，小于显著性水平 0.05，因此拒绝 Bartlett 球度检验的零假设，适合做因子分析；两个检验值都说明本数据适合做因子分析。

对上述选取的 19 个指标，运用软件分析可得到指标的相关矩阵及特征值，方差贡献率和累积方差贡献率。按照特征值大于 1、累计方差贡献率大于 80% 的原则，我们选出 3 个主因子，具体见表 3。

表 3　**Total Variance Explained**

Component	Initial Eigenvalues			Extraction Sums of Squared Loadings			Rotation Sums of Squared Loadings		
	Total	% of Variance	Cumulative %	Total	% of Variance	Cumulative %	Total	% of Variance	Cumulative %
1	8.000	42.105	42.105	8.000	42.105	42.105	5.945	31.288	31.288
2	6.194	32.601	74.706	6.194	32.601	74.706	5.442	28.643	59.931
3	1.710	9.000	83.706	1.710	9.000	83.706	4.517	23.775	83.706
4	0.871	4.585	88.291						
5	0.651	3.427	91.718						
6	0.545	2.871	94.588						
7	0.285	1.501	96.089						
8	0.187	0.985	97.074						
9	0.147	0.773	97.846						
10	0.107	0.561	98.407						
11	0.078	0.408	98.815						
12	0.062	0.325	99.141						
13	0.056	0.297	99.438						
14	0.040	0.209	99.646						
15	0.023	0.121	99.767						
16	0.016	0.086	99.853						
17	0.013	0.070	99.922						
18	0.008	0.043	99.966						
19	0.006	0.034	1.000E2						

Extraction Method：Principal Component Analysis.

　　从表 3 可以看出计算结果为：旋转前的 3 个主成分的方差贡献率为83.706%，其中第一主成分保留了原始变量的 42.105%，第二主成分保留了原始变量的 32.601%，第三主成分保留了原始变量的 9.000%信息。由于计算原始指标的初始载荷矩阵发现各个因子的典型代表指标并不是很突出，其实际意义难以得到合理解释，故需对因子进行旋转，因子旋转不改变模型对数据的拟合。旋转后的 3 个主成分的方差贡献率为 83.706%，其中第一个主成分的方差贡献率为 31.288%，第二个主成分的方差贡献率为28.643%，第三个主成分的方差贡献率为 23.775%。

表 4 **Rotated Component Matrixa**

	Component		
	1	2	3
Zscore（X7 粮食产量）	0.922		
Zscore（X2 年末播种面积）	0.889		
Zscore（X1 耕地面积）	0.865		
Zscore（X4 农用运输车）	0.863		
Zscore（X3 农用机械总动力）	0.862		
Zscore（X8 农林牧渔业总产量）	0.731		0.611
Zscore（X19 奶类（万吨））			0.691
Zscore（X13 公路总里程）	0.603		0.595
Zscore（X10 农村人均纯收入）		0.962	
Zscore（X11 城镇居民人均纯收入）		0.936	
Zscore（X12 有线电视入户率）		0.924	
Zscore（X9 城镇化率）		0.922	
Zscore（X17 社会消费零售业总额）		0.751	0.571
Zscore（X16 地方财政一般预算收入）		0.713	0.660
Zscore（X14 地方财政在交通运输上的支出）		0.830	
Zscore（X15 地区生产总量）		0.729	0.530
Zscore（X5 农村用电量）		0.438	0.727
Zscore（X6 单位面积产量）			0.675
Zscore（X18 中高等教育学校数）	0.623		0.571

根据旋转后的因子载荷矩阵表 4，可以对各主成分因子进行命名。从上表中的相关数据可以看出因子 1 对 X1、X2、X3、X4、X7、X8、X13 有绝对值较大的负载荷系数，因此可以将它命名为农业发展实力因子；因子 2 对 X9、X10、X11、X12、X14、X15、X16、X17 有绝对值较大的负载荷系数，因此可以将它命名为综合经济实力因子；因子 3 对 X5、X6、X19 有绝对值较大的负载荷系数，因此可以将它命名为自然条件因子。

表 5 **Component Score Covariance Matrix**

Component	1	2	3
1	1.000	0.000	0.000
2	0.000	1.000	0.000
3	0.000	0.000	1.000

表 5 是因子变量的协方差矩阵。在前面已经说明，所得到的因子变量应该是正交、不相关的。从协方差矩阵看，不同因子之间的数据是 0，因而也证实了 3 个主成分变量之间是不相关的。

2. 对我国农产品流通水平的综合评价

对于综合因子得分的评价模型，以主成分的方差贡献率为权重来构造，即对各因子得分进行加权求和，得到我国 31 个省、市、自治区农产品流通水平的综合得分。

表 6 是主成分得分系数矩阵，但用此处的系数表示主成分是标准化主成分，也就是说，这样求得的主成分方差是 1，而不是相关系数矩阵的各个特征根。要得出未标准化的主成分与标准化变量的表达式，只需要将此处系数前面乘以主成分方差的平方根即可，即

表 6　Component Score Coefficient Matrix

	Component		
	1	2	3
Zscore（X1 耕地面积）	0.175	−0.002	−0.068
Zscore（X2 年末播种面积）	0.149	−0.020	−0.004
Zscore（X3 农用机械总动力）	0.171	0.030	−0.052
Zscore（X4 农用运输车）	0.200	0.052	−0.112
Zscore（X5 农村用电量）	−0.064	0.012	0.193
Zscore（X6 单位面积产量）	−0.142	−0.117	0.274
Zscore（X7 粮食产量）	0.189	0.031	−0.069
Zscore（X8 农林牧渔业总产量）	0.080	−0.015	0.095
Zscore（X9 城镇化率）	0.059	0.218	−0.133
Zscore（X10 农村人均纯收入）	0.055	0.217	−0.105
Zscore（X11 城镇居民人均纯收入）	0.008	0.189	−0.051
Zscore（X12 有线电视入户率）	0.001	0.182	−0.039
Zscore（X13 公路总里程）	0.016	−0.115	0.166
Zscore（X14 地方财政在交通运输上的支出）	−0.058	−0.068	0.242
Zscore（X15 地区生产总量）	0.010	0.057	0.134
Zscore（X16 地方财政一般预算收入）	−0.025	0.088	0.127
Zscore（X17 社会消费零售业总额）	0.004	0.113	0.082
Zscore（X18 中高等教育学校数）	0.046	0.037	0.109
Zscore（X19 奶类（万吨））	0.235	0.117	−0.242

$$Y_3^* = \sqrt{1.17} \times \left(-0.08\,X_1^* - 0.04\,X_2^* + \cdots + 0.109\,X_{18}^* - 0.242X_{19}^* \right)$$

根据旋转后的载荷矩阵，计算 31 个省、市、自治区主因子得分矩阵，具体结果如表 7。

表 7　31 个省、市、自治区各主成分得分及排名

地区	FAC-1	排名	地区	FAC-2	排名	地区	FAC-3	排名
河南	2.394 65	1	北京	2.522 23	1	广东	2.978 37	1
山东	2.310 67	2	上海	2.483 12	2	江苏	2.111 96	2
黑龙江	2.072 74	3	天津	1.533 8	3	四川	1.114 12	3
河北	1.555 77	4	浙江	1.302 75	4	浙江	0.997 27	4
内蒙古	1.334 19	5	江苏	1.298 85	5	湖南	0.908 03	5
安徽	0.922 19	6	山东	0.999 99	6	云南	0.520 23	6
湖北	0.387 69	7	广东	0.862 91	7	湖北	0.464 74	7
四川	0.304 92	8	辽宁	0.437 31	8	广西	0.418 41	8
吉林	0.281 09	9	福建	0.279 99	9	福建	0.405 23	9
江苏	0.278 37	10	内蒙古	0.213 25	10	山东	0.295 92	10
湖南	0.160 72	11	黑龙江	0.055 93	11	河南	0.294 16	11
辽宁	-0.016 89	12	河北	-0.003 86	12	贵州	0.245 6	12
江西	-0.182 12	13	吉林	-0.036 45	13	辽宁	0.214 14	13
云南	-0.202 49	14	重庆	-0.210 39	14	陕西	0.154 31	14
陕西	-0.221 67	15	湖北	-0.230 51	15	新疆	0.096 34	15
甘肃	-0.401 33	16	宁夏	-0.261 07	16	江西	0.061 75	16
广西	-0.402 21	17	河南	-0.388 95	17	山西	0.029 88	17
山西	-0.408 4	18	安徽	-0.428 02	18	安徽	-0.078 42	18
新疆	-0.428 54	19	陕西	-0.441 37	19	河北	-0.148 29	19
天津	-0.566 54	20	江西	-0.512 54	20	重庆	-0.168 27	20
北京	-0.575 13	21	山西	-0.523 91	21	甘肃	-0.343 26	21
贵州	-0.631 36	22	海南	-0.570 07	22	上海	-0.568 92	22
宁夏	-0.669 09	23	湖南	-0.645 6	23	海南	-0.605 78	23
重庆	-0.674 29	24	四川	-0.708 32	24	吉林	-0.772 15	24
浙江	-0.756 55	25	青海	-0.766 37	25	青海	-0.951 5	25
广东	-0.802 33	26	广西	-0.879 13	26	西藏	-0.983 27	26
福建	-0.869 38	27	新疆	-0.991 58	27	北京	-1.125 94	27
青海	-0.954 01	28	云南	-1.026 79	28	黑龙江	-1.196 09	28
上海	-1.004 59	29	西藏	-1.040 57	29	内蒙古	-1.246 46	29
西藏	-1.038 02	30	甘肃	-1.079 89	30	宁夏	-1.508 76	30
海南	-1.198 08	31	贵州	-1.244 73	31	天津	-1.613 34	31

基于上述因子分析结果得出以下结论：

第一，根据总方差解释结果，影响各地农产品流通水平的主要因子是农业发展实力因子和综合经济实力因子，这两项因子的方差贡献率分别达到42.105%、32.601%，两者共解释了整个方差的74.706%。因此，一个地区的农产品流通水平是由这两个主因子决定。我国是农业大国，这两者是相辅相成的、不可分割的，首先有农业的发展才能去发展经济；反过来，只有当一个地区在经济足够发达时，才更有能力去投入农业，促进农业发展实力的提高。

第二，突出综合经济实力因素的基础性作用，即综合经济实力因子得分高的地区农业发展实力水平也较高。比如，山东省综合经济因子得分较高，农业发展水平也高。说明随着经济水平的发展，政府在"三农"上的投入也会增加。其次自然条件对农产品流通水平的影响也是不可忽视的，虽然科技发达，但是很多地区"靠天吃饭"的现实情形并没有改变，尤其是经济发展迅速的地区更是以牺牲环境为代价，殊不知这是恶性循环。这个看似独立的因素实则也要地方财政的支持来改善环境、促进农业，对农产品流通水平的提升起到推动作用。

第三，我国各地区综合经济实力和农业发展不平衡，差距较大。通过表7中各因子得分的排名可以看出，这两者并不完全成正向变化，比如北京、上海等地区几乎呈反向趋势。我们排除其他一些影响小的因素后可以看出当前我国农产品流通的现状：相当一部分地区过于注重经济发展却忽视了农业发展水平的提升；反而，经济不太发达的地区注重农业发展，这样全国达到经济和农业的发展平衡。这个结果符合当前对我国现实状况的了解。总的来说，这与地方政府的重视程度有关。但是这两种极端状况都是不可行的，应该充分发挥农业对经济发展的支持作用，更应该充分发挥经济对农产品流通水平的提升作用。

通过累计贡献率附加权重得出了各省、市、自治区农产品流通水平的综合因子得分如表8。

（三）聚类分析过程

聚类方法是层次聚类法。对所选取的19个指标标准化后按层次距离法进行聚类分析，根据我国农业发展地域性的显著特征，将我国31个省、市、自治区分为3类。

表 8 我国 31 个省、市、自治区综合得分排名

地区	综合得分	排名	地区	综合得分	排名
山东	1.583 574 825	1	湖南	−0.072 967 53	17
河南	1.084 677 554	2	陕西	−0.266 811 56	18
黑龙江	0.935 790 524	3	江西	−0.284 588 07	19
江苏	0.872 962 723	4	福建	−0.284 689 52	20
河北	0.765 121 329	5	山西	−0.406 264 21	21
内蒙古	0.620 147 817	6	重庆	−0.439 207 88	22
北京	0.571 977 058	7	云南	−0.445 824 1	23
上海	0.400 612 3	8	广西	−0.499 723 79	24
安徽	0.288 738 56	9	新疆	−0.591 392 69	25
广东	0.252 729 246	10	宁夏	−0.600 458 96	26
浙江	0.234 055 444	11	甘肃	−0.659 365 32	27
辽宁	0.184 847 56	12	贵州	−0.775 959 38	28
湖北	0.155 203 82	13	青海	−0.880 659 92	29
天津	0.138 928 955	14	海南	−0.889 805 16	30
吉林	0.044 174 109	15	西藏	−1.033 126 47	31
四川	−0.002 702 36	16			

表 9 Cluster Membership

Case	1 北京	2 天津	3 河北	4 山西	5 内蒙古	6 辽宁	7 吉林	8 黑龙江	9 上海	10 江苏	11 浙江	12 安徽	13 福建	14 江西	15 山东	16 河南
3clusters	1	2	1	2	1	2	2	1	1	1	2	2	2	2	1	1

Case	17 湖北	18 湖南	19 广东	20 广西	21 海南	22 重庆	23 四川	24 贵州	25 云南	26 陕西	27 宁夏	28 甘肃	29 青海	30 新疆	31 西藏
3clusters	2	2	2	3	3	2	2	3	3	2	3	3	3	3	3

表 10 我国 31 个省、市、自治区的农产品流通发展水平聚类结果

类别	省、市、自治区	个数
第一类	北京、河北、内蒙古、黑龙江、上海、江苏、山东、河南	8
第二类	天津、山西、辽宁、吉林、浙江、安徽、福建、江西、湖北、湖南、广东、重庆、四川、陕西、	14
第三类	广西、海南、贵州、云南、宁夏、甘肃、青海、新疆、西藏	9

总体来看，上述聚类结果和我国地区经济发展水平比较一致。东部沿海发达地区的农产品流通水平较高；中部次之，西部地区较差。具体分析如下：

第一类：包括北京、河北等8个省市，北京、上海地区属于我国的政治中心和金融中心，江苏属于工业大省，河北紧邻北京，地理位置优越，这几个地区的经济和其他社会发展水平都很高，有巨大的财政支持和便利的交通以及庞大的流动人口，这些都为农产品流通提供了有利条件；内蒙古、黑龙江、山东和河南四省区都是我国的农业大省区，主要以发展农业为主，有很高的发展实力。因此，这几个省区的农产品流通水平比较高就不难理解了。此外，虽然很多地区流通水平受自然因素影响，但是综合经济水平完全可以挽回这部分损失，因此经济在农产品流通水平中发挥着举足轻重的作用。

第二类：包括天津、山西等14个省市，这些地区当中有的地区经济综合实力强大但农业发展却滞后，一是因为地区发展不平衡，出现重工业轻农业的现象，比如天津、广东、浙江等地区；还有些地区是工业和农业齐步发展，造成发展相对缓慢，比如吉林、安徽等地。

第三类：包括广西、贵州等9个地区，这类地区属于我国典型的西部不发达地区。首先，经济水平严重制约了农业发展，在不具备其他特殊优势的情况下，没有财政支持不可能有好的发展。其次，地区特点，西南地区地形复杂，气候多样等情况造成自然条件差，交通不便，少数民族聚集与外界沟通少，这些都严重影响农产品产量及农产品流通的发展水平。

上述聚类分析的结果和表7中因子分析综合得分和排名的结果一致，而且所得结论符合现实情况，因此运用聚类分析与因子分析方法对我国农产品流通水平的分析是切实可行的。

三、研究分析的结论和建议

本文利用因子分析方法从经济实力、农业发展潜力、自然条件3个方面对我国农产品流通水平进行了统计定量分析。每一个公共因子反映变量间相互依赖的作用，这样不仅减少了指标的数量还使得分析更加客观、有说服力。通过本文的分析可得出以下几点结论和建议。

（一）加快农产品流通方面政策法规的建设

近年来，我国政府特别重视农产品流通，已制定了有关政策，并进一步加大投入，积极支持农产品流通产业。各政府相关部门已联合下发《关于加快农产品流通设施建设的若干意见》，此外农业部也出台了《农业部关于发展农产品和农资连锁经营的意见》，这些政策的出台为农产品流通改革提供了必要的社会环境和支持。但是到目前为止，这样的政策法规还远远不够，相关法律也还不完善，应分别从各级政府和行业两个方面提出具体政策和法规，使法律的订立和执行落实到实际。

（二）强化政府的支持引导作用

要想改善我国农产品流通水平，仅仅依靠市场自身力量是完全不够的。政府和相关部门应充分发挥政府部门的优势，让政府和市场相结合，积极完善国家农产品流通的各个领域，以保证农产品流通的顺利实施。首先，制定科学的引导性政策。科学的政策不仅能吸引大量有实力和竞争力的企业和人才，还能保证农产品流通体系建设过程中避免资源浪费；其次，保证政府各部门对物流建设的协调性运作。农产品流通建设是一项庞大而复杂的系统性工程，尤其是我国在这方面发展还不成熟的情况下，在建设过程中要更加重视政府部门的作用。比如，天津市在各个方面都有很大优势，正是没有政府合理的引导导致了农产品流通水平较低。

（三）提升经济水平，加大资金投入力度

为实现我国农产品流通水平跨越式提升，各地区政府相关部门和相关组织必须加大对现代物流的资金投入。首先，要投入大量资金建设相应的基础设施，包括公路、铁路，促进农产品在流通过程中实现顺利交接。其次，物流装备需要资金的支持。很多农产品的保鲜度很难达到，尤其是鲜活农产品要求高水平的运输工具以保证农产品在运输过程中的质量安全。这也是目前造成第三类西部各地区流通水平低下的最主要的原因之一。

（四）鼓励地区工、农业均衡发展，加大对农业大省的扶持力度

虽然地区与地区之间有不同的资源、地域特征，但是各地区不能在国家以倡导经济为主的社会大环境中迷失方向，必须认清所处形势，在发展好自身强项前提下再努力平衡发展，不能盲目两手抓、两手搞不好，但是也不能走极端。对于河南、山东这些传统的农业大省还要加大扶持力度，这对于在农产品流通改革发展道路上保障最基本的农产品流通供应至关重要。

参考文献

[1] 纪良刚，刘东英. 农产品流通的关键问题与解决思路 [J]. 中国流通经济，2011（7）：18－20.

[2] 李壮壮，彭国富. 我国各地区农业综合发展的评价 [J]. 统计与管理，2011（3）：54－56.

[3] 杨海霞."十二五"物流业步入快速发展期——专访国家发展改革委经

济贸易司副司长耿书海 [J]. 中国投资，2010（11）.

[4] 张丹. 我国农产品流通体系的现状与对策研究 [J]. 现代经济，2009（2）：60－61.

[5] 王庆丰，党耀国，王丽敏. 基于因子和聚类分析的县域经济发展研究 [J]. 数理统计与管理 2009（5）：496－501.

[6] 杨延茹，张亚丽，李峰泉. 关于增强我国农产品流通效率的探讨 [J]. 科技经济市场，2007（9）：88－89.

[7] 郭丽华，张明玉. 我国农产品流通制度创新的总体思路 [J]. 物流技术，2007（2）.

[8] 王学民. 应用多元统计分析（第二版）[M]. 上海：上海财经大学出版社，2004.

[9] 宋则，张弘. 中国流通现代化评价指标体系研究 [J]. 商业时代，2003（6）：2－3.

[10] 刘召勇. 农产品流通体系建设中的缺陷及其完善对策 [J]. 中国农村经济，1998（4）.

从信用评级看专家责任[❶]

李晓郛[❷]

摘　要： 作为金融建设的重要内容，信用评级业在未来可能引发一系列的专家责任案件，而现今中国法律体系对于专家责任的规定不健全。虽然专家责任的法律属性还需要进一步讨论，但是目前更重要的是先立法规制专家责任。中国法院在处理信用评级引发的案件时，可以借鉴美国的司法判例，以信用评级报告在商事交易中的作用认定专家责任的大小。

关键词： 专家责任　信用评级　法律属性　司法判例

2013 年年初，美国司法部以在对抵押贷款债券进行评级过程中涉嫌欺诈为由，对标准普尔（Standard & Poor's）及其母公司麦格劳·希尔集团提起民事诉讼，并要求其支付高达 50 亿美元的赔偿金。由于该案可能将成为美国联邦政府对信用评级机构就次贷危机所应承担的责任进行清算的开端，因此引起了海内外金融界、法律界相关人士的广泛关注。而无论该案的走向及结局如何，都为信用评级机构敲响了警钟，如何在开展评级业务，尤其是在对信用风险高、结构复杂的金融衍生品进行评级的过程中最大限度地规避法律风险，无疑成为每一个信用评级机构应认真思考并解决的问题。次贷危机、欧债危机尚未远去，国际几大信用评级机构"翻手为云覆手为雨"的能力让世人感叹，也激起国人对中国信用评级业的思考。随着中国经济、金融形势的发展，信用评级行业从无到有、初具规模。健康、完善的信用评级业不仅仅是争夺国际经济话语权（比如主权债务、人民币国际化）的需要，也是促进国内经济发展的重要助力。信用评级报告具有很强的专业性，

---

❶　基金项目：教育部哲学社会科学研究重大攻关项目"国际金融中心法制环境研究"（2011JZD009）。

❷　李晓郛（1985—　），男，安徽天长人，福建省人民检察院主任科员，法学博士，主要从事金融法和刑事法研究。Email：277584658@qq.com。

其制定和解读都需要专业人士的参与，一旦信用评级报告出现欺诈或者不真实的情况，将引发所谓的"专家责任"问题。

一、信用评级报告的专业性引发专家责任问题

在信用评级业发达的美国，评级机构长期享有和新闻出版机构一样的法律地位，评级报告作为意见，能够援引联邦宪法第一修正案（First Amendment），享有言论自由、出版自由，可以允许错误。美国联邦宪法第一修正案对言论自由、出版自由有多重保护，而涉及"公共利益"（matter of public concern）的意见是保护的核心，在"思想市场理论"（market of ideas theory）、"声誉资本理论"（reputational capital view）等理论的支持下，信用评级报告经常被法院认为是涉及"公共利益"的意见，和新闻媒体一样，易于援引"实际恶意"（actual malice）标准进行免责抗辩。❶ 通过司法判例可以发现，美国法官判断是否构成"实际恶意"从主体政府（官员）转换成客体公共利益，一旦言论涉及公共利益，即使抗辩不具有公职的"公众人物"（public figure）也能够适用"实际恶意"标准。❷ 比如，1986 年"费城案"，联邦最高法院（Supreme Court）作出判决，如果将新闻媒体作为诽谤案件的被告，宪法第一修正案要求原告遵循"实际恶意"标准，承担同时证明存疑的言论是虚假陈述和被告具有这样认识的责任。❸ 又如，1990 年"米尔克维奇案"，虽然联邦最高法院拒绝任何表述为"意见"的内容都能毫无疑问地得到宪法第一修正案的保护，但是一个涉及公共利益的言论应先被"实际恶意"标准证明为欺诈，之后法官才考虑发布者是否承担州诽谤法的责任。多数大法官（justice）认为与公众关心的事件的陈述内容，如果原告无法证明其为虚假事实，被告就能得到最高层次的宪法保护。❹ 这给起诉方，特别是普通大众增加了难度，因为评级属于专业报告，围绕的是发行方将来违约的可能性，是对未来的一种陈述或者预测。它是在一系列客观数据调查、分析的基础上作出的主观判断。不具备专业知识和能力的民众很难证明这些陈述作出时是错误的或者虚假的，仅仅依靠事后证明评级有误这样

---

❶ 李雯：《起诉信用评级机构首道障碍之跨越》，载《武大国际法评论》2010 年第 1 期。

❷ Publishing Co. v. Wallace Butts. The Associated Press v. Edwin A. Walker., 388 U. S. 130，163 (1967).

❸ Philadelphia Newspapers, Inc., et al. v. Maurice S. Hepps et al., 475 U. S. 767, 777 (1986).

❹ Michael Milkovich, Sr. v. Lorain Journal co. et al., 497 U. S. 1, 19—20 (1990).

一个事实难以得到法官的支持。相应的，信用评级机构里面的分析师也因此对"专家责任"豁免。

次贷危机发生后，美国司法界和学界反思过信用评级机构的法律抗辩。由于公共利益的界定无统一意见，加上民怨，一些法院开始拒绝信用评级机构援引宪法第一修正案，转而适用合同法或者证券法等规则，但是起诉者仍然因为无法证明信用评级机构欺诈或者错误而获得合适的赔偿。❶

作为改革开放的产物，信用评级业在中国起步较晚，诞生于 20 世纪末。最初的信用评级机构由中国人民银行组建，隶属于各省、市、自治区的分行系统。经过政府一段时间的整顿和清理，信用评级机构逐步脱离行政隶属，走向独立运营。目前全国信用评级机构超过 70 家，规模较大（全国性）的信用评级机构是大公国际、联合资信、上海远东、上海新世纪和中诚信 5 家，它们的总部集中在北京或者上海。作为金融中心建设的一块重要内容，中国信用评级业最大的问题在于独立性不强，原因来自 3 个方面：行政力量的强势干预、（发行人）付费模式以及外资控制的现状。❷虽然中国信用评级机构存在诸多问题，一时间还无法在国际上立足、同标准普尔等大型机构抗衡，但是信用评级报告引发的专家责任却是东西方共有的问题，不容忽视。

二、中国目前无专门的专家责任立法

本文认为，"专家责任"是指"擅长某种技术的人，更为常见的称谓是'专业人士'；实际上，目前国内法律规定的大多是与特定职业活动相关的法律责任问题，称为'专业人士的法律责任（professional liability）'"可能更为贴切。❸

（一）现有的专家责任规定过于简单

中国民法继受大陆法系民法及苏联民法思想，严格区分民事义务和民事责任 2 个概念。在《民法通则》的立法体例上，对债权债务（第 5 章第 2 节）和民事责任（第 6 章）作分别规定。按照《民法通则》第 106 条的规

---

❶ 李晓郛：《宪法第一修正案保护下的美国信用评级机构——以司法判例为视角》，载《国际商务研究》2013 年第 2 期。

❷ 李晓郛：《中国信用评级机构独立性探索——以上海国际金融中心建设为背景》，载《贵州警官职业学院学报》2012 年第 3 期。

❸ 刘燕：《专家责任若干基本概念质疑》，载《比较法研究》2005 年第 5 期。

定，构成民事责任须有违反合同或不履行其他义务。❶ 国内学者认为，《民法通则》统一规定民事责任的方法并不适宜，因为各种不同的民事责任构成要件不同，不易协调。于是，在专家的主导下，合同责任和侵权责任分别在《合同法》和《侵权责任法》中专章出现。❷ 尽管出现了这样的变化，并且增加了若干部民事法律，但是现有的针对专家的民事赔偿责任规定依然过于简单。

在侵权行为法的制定过程中，国内诸多专家都提出了有关"专家责任"的内容，比如王利明教授等曾在《中国民法典·侵权行为法编》草案建议稿第 3 章"侵权的类型"中规定了"专家责任"的内容（第 5 节，第 83 至 87 条）："具有专门专业知识或者专门技能，向公众提供专业服务的专家在执业活动中，故意或者过失造成委托人或者第三人损害的，应当承担民事责任"（第 83 条）。杨立新教授等曾在《侵权责任法草案》草案专家建议稿第 3 章"过错推定的侵权行为"中规定了"专家责任"的内容（第 5 节，第 91 至 95 条）："以专业知识或者专门技能向公众提供服务的专家，未遵循相关法律、法规、行业规范和操作规程，造成委托人或者第三人损害的，应当依据本节规定承担侵权责任，但能够证明没有过错的除外"（第 91 条）；"负有信赖义务的专家提供不实信息或不当咨询意见使受害人遭受损害的，应当承担侵权责任，但能够证明自己无过错的除外"（第 95 条）。但是，2009 年 12 月公布的《侵权责任法》却没有规制专家责任的内容，这不能不说是一个遗憾。

（二）专家责任的法律属性存在争议

虽然专家责任的规定势在必行，但是对于专家责任属于合同责任还是侵权责任，中外学界和实务界一直存在争议，这也可能是国家暂不将专家责任具体化的原因。

纵观法律史，把专家责任作为合同责任的理由主要有：第一，通过以"意思自治"为原则的合同，委托人可以对专家（民事）责任作出具体而详尽的规定。侵权责任作为一种法定义务，只能抽象出一般规则，对于某些个性化服务可能出现法律空白。第二，合同法对损害赔偿以可预见性为原则。能够对"纯粹经济上的损失"（pure economic loss）提供救济，这是专家责任导致损失的一种主要类型。委托人的损害赔偿需要上升为一种权利，才能

---

❶ 梁慧星：《民法总论（第三版）》，北京：法律出版社，2007 年版，第 85 页。
❷ 杨立新：《侵权损害赔偿（第五版）》，北京：法律出版社，2010 年版，第 10 页。

获得侵权法的救济。❶

针对合同责任的理由，把专家责任作为侵权责任的学者认为：第一，由于信息不对称（information asymmetry），"意思自治"原则无法给处于不平等地位的委托人提供足够的保护。侵权法可以通过援引各行业的原则、规范从而较为准确地界定专家（民事）责任的范围。第二，侵权法同样能对"纯粹经济上的损失"做出规制和处理。此外，把专家责任作为侵权责任还有优势：侵权责任的赔偿范围可以比合同法的违约责任范围大，从而更好地保护委托人利益。缔约时所能遇见的损失是合同损害赔偿范围的基础，而侵权赔偿的种类可以分为物质损害赔偿和精神损害赔偿，也可以分为补偿性赔偿和惩罚性赔偿。

有学者对此做过总结，尽管委托人和专家之间的服务基于合同，但是存在合同责任之外又追究侵权责任或者请求权竞合的情形；认可侵权责任的有利点在于，可以排除合同上的免责约定。❷ 随着人类社会生产和生活社会化的发展，私人领域的公共化趋势加强，出现了 20 世纪的侵权法革命，是侵权人应当负注意义务的对象的范围不断被拓宽，甚至合同内部也出现了侵权的影子。

（三）现有规则给信用评级案件带来的法律困难

现有规则给信用评级案件带来两个法律困难。

第一，信用评级机构或者分析师追责无具体法律条款。依靠行政力量建立起来的中国信用评级业自有弊端，一个突出表现就是目前有关信用评级机构的立法散乱且层级较低，缺乏专门性法律，主要条款来自行政法规和部门规章。❸ 法律层面直接涉及信用评级业的仅有《证券法》第 173 条："证券服务机构为证券的发行、上市、交易等证券业务活动制作、出具审计报告、资产评估报告、财务顾问报告、资信评级报告或者法律意见书等文件，应当勤勉尽责，对所依据的文件资料内容的真实性、准确性、完整性进行核查和验证。其制作、出具的文件有虚假记载、误导性陈述或者重大遗漏，给他人造成损失的，应当与发行人、上市公司承担连带赔偿责任，但是能够证明自己没有过错的除外。"评级业主要依据中国人民银行颁布的《信用评级管理指导意见（2006）》《信贷市场和银行间债券市场信用评级规范（2006）》

---

❶ 李建华、董彪：《专家对第三人承担民事责任的理论基础——兼论德国债法对我国民事立法的启示》，载《社会科学战线》2005 年第 5 期。

❷ ［日］能见善久：《论专家的民事责任——其理论架构的建议（梁慧星译）》，载《外国法评译》1996 年第 2 期。

❸ 李晓郭：《中国信用评级机构独立性研究》，载《天水行政学院学报》2012 年第 4 期。

《中国人民银行关于加强银行间债券市场信用评级作业管理的通知（2008）》
和证监会颁布的《上市公司发行可转换公司债券实施办法（2001）》《资信
评级机构出具证券公司债券信用评级报告准则（2003）》《证券市场资信评级
业务管理暂行办法（2007）》等文件。这样的现状混淆了评级业务的指导和
评级机构监管两个不同层面的立法，而且这些规范仅作粗略的方向指引，原
则化且过于简单，整体性差，针对性和操作性不强，致使信用评级的应用、
征信数据的采集与使用、评级行业管理等方面缺乏法律依据。[1]

第二，责任的不明确使得信用评级机构及分析师缺乏对自身行为后果的
合理预测，不利于保护信用评级业的发展和社会稳定。法律责任内容不明确
及制度不健全不仅包括受评对象和第三人（信用评级报告使用者），而且包
括法院（法官）。信用评级法律责任应当包括民事责任、刑事责任和行政责
任三个方面，但是目前民事责任没有得到足够重视。[2]

三、中国法院处理信用评级引发的案件建议

相对于美国，中国信用评级业可以说是处于初级发展阶段，相应的监管
框架和制度规范比较简单。从美国的司法判例可以发现，在（外部）缺乏严
格法律责任机制的情况下，仅仅依靠（内部）行业自治和管理容易导致信用
评级机构的失职和错误，误导消费者、损害评级市场。

曾经有学者认为，中国面临的最大问题并不是"法治是什么"，而是
"如何实现法治"。笔者同意这样的观点："要实现法治，必须要突出行动能
力，凸显践行观，要发扬'知行合一'的传统精神，'行'是更好的'知'。
法治问题和自然科学不同，自然科学是'知难行易'，法治问题却是'知易
行难'，因此，应该强调'行'，强调实践。"[3] 对于由信用评级引发的专家
责任，目前比专家责任法律属性或者将专家责任放入合同责任或侵权责任更
重要的问题是应当首先立法进行规制，上述问题可以留给学界探讨，以后可
以进一步修改，"有声胜于无声"。

以《2010年华尔街改革和消费者保护法》为代表，各国开始检讨信用

---

[1] 聂飞舟：《美国信用评级机构法律监管演变与发展动向——多德法案前后》，载《比较法研究》2011年第4期。

[2] 刘文宇、徐卫东：《设定信用评级机构专家责任的构想》，载《东疆学刊》2013年第2期。

[3] 郑永流：《转型中国的实践法律观》，北京：中国法制出版社，2009年版，第267页。

评级机构的法律特权。❶ 如前所述，目前中国民事赔偿责任规定比较简单，相应地，有关专家责任的规定就无法具体化，司法实践中很少有受评对象或者投资者针对信用评级机构或者分析师起诉的案例。

中国法院可以从美国司法判例中借鉴一些做法：首先，针对信用评级机构或者分析师制定的免责条款（认为信用评级报告不是担保或者对投资者进行交易的建议），从有利于市场稳定的角度认定法律效力，而不是简单地将其作为抗辩理由。这是美国联邦法院的做法。中国法院也应采取和美国同行相同的立场。其次，针对评级行为导致的多重法律关系（引发多重法律责任），各地法院可以结合本地实际情况，在请求权竞合的情况下，选择有利于市场稳定的法律关系进行案件审理。最后，虽然中美宪法文本以及背后的意识形态不同，中国信用评级业无法类似美国同行去援引"实际恶意"标准或者获得宪法第一修正案的其他保护，但是中国法院可以学习美国法院的做法，考察信用评级报告及分析师在商事交易中的作用，分析交易的具体因素，比如评级是否来自客户要求、是否具有特别用途，判定信用评级机构及分析师有无责任、承担何种责任。

---

❶ 彭秀坤：《后危机时代看信用评级公正性的偏离与纠正》，载《西北大学学报（哲学社会科学版）》2010 年第 5 期。

论商事代理法律制度完善

李爱华❶

摘　要：对于商事代理，现行合同法虽然对民法通则进行了补充，但还存在许多问题，如商事代理法律体系松散、一些规定缺乏可操作性、法规之间欠协调等，本文借鉴发达国家商事代理立法的经验，提出完善商事单代理立法的意见。

关键词：商事代理　法律制度　完善

商事代理是商品经济高度发展过程中的产物，是产业专业化、分工多样化的必然结果。商事代理目前已被广泛应用于货物买卖、运输、保险、支付等领域，出现了销售代理商、运输代理商、保险代理商等。发展代理商可以有效提高商品流动速度，提升经济效益，促进产业专业化，促进商事交往与繁荣经济。为使商事代理活动顺利健康开展，有必要在借鉴两大法系商事代理制度成功经验的基础上，完善我国商事代理制度。

一、商事代理的特殊性

商事代理不同于一般民事代理，因此调整商事代理的法规与调整民事代理的法规不可能完全重合，为更好地规范商事代理关系，有必要搞清商事代理的特性。

商事代理是指商事代理人以营利为目的，接受被代理人委托，效果最终归属于被代理人、具有法律意义的行为。狭义的商事代理仅指代理人以被代理人的名义为商行为，所生权利义务直接由被代理人承担。广义的商事代理

---

❶ 李爱华，女，1965 年，北京物资学院劳动科学与法律学院副教授，主要研究方向：流通法、国际商法等。

还包括某些行纪关系，即代理人以自己的名义为商行为的各种情况。商事代理不同于一般民事代理表现在：

（1）商事代理关系的代理人必须是经过工商登记、建有商业账簿并具备相应的专业知识、技术设备及资金的"商人"。

（2）商事代理的被代理人是基于对代理人资金、技术、设备、专业知识等的信任而授予其代理权的。商事代理是实施商行为，即与财产有关的经营行为，且均为有偿，具有背利性：① 代理行为是营利性的经营行为，被代理人通过商事代理人的行为而获取利益；② 商事代理人作为一个独立的经济实体，以其代理行为取得佣金。

（3）商事代理权的产生均为委托代理。

（4）商事代理具有特殊性。商事代理人可以被代理人的名义，也可以自己的名义从事代理活动。

（5）商事代理人责任大。商事代理人是一类独立的商人，从事专门的营利活动，所以在与第三人发生的法律关系中，应承担比一般民事代理人更大的风险和责任，即使他没有过错，也可能承担某些特殊责任。代理人是在为自己营利的前提下，向委托人提供服务的，尽管具体代理业务可能出现亏损，但营利始终是其目的和动机；委托人一方通过确定报酬机制，努力实现委托人利润最大化目标。代理人据此选择自己的努力行为，以求得自身效用最大化。尽管委托人与代理人的目标是不一致的，但是他们都是利益最大化的追求者。

调整商事代理的法律法规只有遵循商事代理的特点，才能起到应有的效果。

二、我国商事代理立法现状

我国商事代理法律规定散见于各种不同的法律法规中。

（一）《民法通则》关于代理的规定

《民法通则》第 63 条至第 70 条系统地规定了代理的基本特征、适用范围、基本分类、委托代理权、无权代理及其后果、代理终止的情形等。《民法通则》的规定是目前我国代理制度的基本规定，规定的代理主要继受了大陆法系的直接代理，实行严格的显名代理主义。如《民法通则》第 63 条第二款规定，"代理人在代理权限内，以被代理人名义实施民事法律行为。被代理人对代理人的代理行为，承担民事责任"。

（二）《合同法》关于代理的规定

单纯的直接代理不能涵盖纷繁复杂的商事代理活动，不能满足商人在追逐利益最大化过程中的制度创新。《合同法》突破了《民法通则》根据大陆法系国家对商事代理理论制定的规则，在总则中对代理作了一些原则性规定外，还接受了英美法系关于代理的一些理论，对作为代理基础关系的委托做了明确规定，引入了行纪制度，还引入了英美法系的隐名代理、本人身份不公开的代理，介入权和选择权的规定等。

《合同法》总则部分规定了无权代理、表见代理。第48条规定，行为人没有代理权、超越代理权或者代理权终止后以被代理人名义订立的合同，未经被代理人追认，对被代理人不发生效力，由行为人承担责任。相对人可以催告被代理人在一个月内予以追认。被代理人未作表示的，视为拒绝追认。合同被追认之前，善意相对人有撤销的权利。撤销应当以通知的方式做出。第49条规定，行为人没有代理权、超越代理权或者代理权终止后以被代理人名义订立合同，相对人有理由相信行为人有代理权的，该代理行为有效。

《合同法》分则对作为代理基础关系的委托，做了专章规定。《合同法》第21章对委托合同的含义、委托事务、委托费用、委托人与受托人的权利与义务、委托合同的解除与终止等做了明确规定。依据《合同法》的分类，委托包括5种类型：

第一种，一般委托关系。《合同法》第396条规定，委托合同是委托人和受托人约定，由受托人处理委托人事务的合同。《合同法》第397条规定，委托人可以特别委托受托人处理一项或者数项事务，也可以概括委托受托人处理一切事务。

第二种委托关系，隐名代理。《合同法》第402条规定，受托人以自己的名义，在委托人的授权范围内与第三人订立的合同，第三人在订立合同时知道受托人与委托人之间的代理关系的，该合同直接约束委托人和第三人，但有确切证据证明该合同只约束受托人和第三人的除外。

第三种委托关系，不公开本人的代理。《合同法》第403条规定，受托人以自己的名义与第三人订立合同时，第三人不知道受托人与委托人之间的代理关系的，受托人因第三人的原因对委托人不履行义务，受托人应当向委托人披露第三人，委托人因此可以行使受托人对第三人的权利，但第三人与受托人订立合同时如果知道该委托人就不会订立合同的除外。受托人因委托人的原因对第三人不履行义务，受托人应当向第三人披露委托人，第三人因此可以选择受托人或者委托人作为相对人主张其权利，但第三人不得变更选定的相对人。委托人行使受托人对第三人的权利的，第三人可以向委托人主张其对受托人的抗辩。第三人选定委托人作为其相对人的，委托人可以向第三人主张其对受托人的抗辩以及受托人对第三人的抗辩。

第四种委托关系，行纪。《合同法》第414条规定，行纪合同是行纪人以自己的名义为委托人从事贸易活动，委托人支付报酬的合同。

第五种委托关系，居间。《合同法》第424条规定，居间合同是居间人向委托人报告订立合同的机会或者提供订立合同的媒介服务，委托人支付报酬的合同。

总之，《合同法》扩大了我国代理的范围，使被代理人、代理人与第三人的合法权益得到了更加公正、合理的保护，并与高效、便捷的市场经济交易规则更加协调。

（三）最高人民法院司法解释

最高人民法院于1988年发布了《关于贯彻执行民法通则若干问题的意见》。该意见第79条至84条针对《民法通则》中关于代理的规定进行了解释，包括共同代理第79条；复代理第80、81条；代理行为在被代理人死亡后继续有效的条件82条；代理人与被代理人承担连带责任的诉讼83条。2009年4月最高人民法院发布了《关于适用合同法若干问题的解释》，对无权代理和表见代理的有关问题做了规定，第12、13条。此外，最高人民法院在1996年和1998年发布了《关于如何确定委托贷款协议纠纷诉讼主体资格的批复》《关于如何确定委托贷款合同履行地问题的答复》，就委托贷款纠纷的问题进行了规定。

（四）《拍卖法》关于代理的规定

我国于1996年颁布、2004年修订的《拍卖法》就拍卖法律关系中的委托人、拍卖人、竞买人三方之间的权利、义务、责任做了详细规定。

（五）《经纪人管理办法》关于代理的规定

2004年国家工商总局发布了《经纪人管理办法》，该法规定，经纪人是指在经济活动中，以收取佣金为目的，为促成他人交易而从事居间、行纪或代理等经济业务的自然人、法人和其他经济组织。该法主要就经纪人的管理，经纪人的行为进行了规定。

（六）《期货交易管理条例》与《期货公司管理办法》关于代理的规定

2007年国务院颁布了《期货交易管理条例》，依据第18条规定，期货公司从事经纪业务，接受客户委托，以自己名义为客户进行期货交易，交易结果由客户承担。同年3月，中国证券监督管理委员会也发布了《期货公司管理办法》，其中也对经纪业务规则做了规定。

（七）《国际货物运输代理业管理规定》关于代理的规定

商务部于 1995 年发布了《国际货物运输代理业管理规定》，对国际运输代理业做了详细规定，2003 年商务部发布了该规定的实施细则。

（八）《保险代理机构管理规定》关于代理的规定

2004 年中国保险监督管理委员会发布了《保险代理机构管理规定》，根据第 4 条规定，保险代理机构是指符合中国保监会规定的资格条件，经过保监会批准取得经营保险代理业务许可证，根据保险公司的委托，向保险公司收取保险代理手续费，在保险公司授权的范围内专门代办保险业务的单位。

（九）《关于商业银行开办委托贷款业务有关问题的通知》关于代理的规定

中国人民银行于 2000 年下发《关于商业银行开办委托贷款业务有关问题的通知》，规定委托贷款是指由政府部门、企事业单位及个人等委托人提供资金，由商业银行根据委托人确定的贷款对象、用途、金额、期限、利率等代位发放、监督使用并协助收回的贷款。商业银行开办委托贷款业务，只收取手续费，不得承担任何形式的贷款风险。根据该规定，中国银行、建设银行、农业银行相继发布了《委托贷款管理办法》。1993 年中国人民银行还发布了《金融信托投资公司委托贷款业务规定》，规定金融信托投资公司的委托贷款是信托公司作为受托人，按照委托人的意愿，用委托人的资金，以信托公司的名义发放的贷款。

三、我国商事代理法律制度存在的问题

上述法律规定为解决商事代理的某些具体问题提供了一定的法律依据，但的确存在一些问题，主要表现在：

（一）商事代理法律体系松散

我国商事代理法虽然已经初具规模，但过于松散、不够严谨。

1. 商事代理法律规定过于松散

如前所述，关于代理的各种规定散见于民法通则、合同法、保险法、拍卖法等各种法律法规及司法解释中，不利于规范商人在商事代理领域的商业创新，也不利于商业秩序的维护。

2. 民商合一的立法体例难以涵盖商事代理

我国民商合一的立法体例决定了代理制度所占篇幅不能过于庞大，且主要为代理的一般性规定，难以涵盖商事代理的全部范围。

3. 商事代理法律规定不够严谨

《民法通则》虽然是商事代理法的基本法，但明显地存在一些漏洞，不适应市场经济发展的要求。1999 年颁布的《合同法》是目前调整商事代理关系的重要法律，但是有些地方规定也不够严谨，《合同法》总则、分则都有关于代理的规定，并且相当一部分代理制度规定于第 21 章委托合同中，使得代理立法体系显得凌乱。关于无权代理和表见代理，《民法通则》第 66 条和《合同法》第 49 条都有规定，但相互矛盾。

（二）一些规定缺乏可操作性

目前我国商事代理立法多为原则性规定，不易操作。

1. 委托代理权的规定过于原则性

关于委托代理权的产生方式、委托代理权能否撤回、授权表意瑕疵的效力、基础法律关系消灭，代理权是否具有无因性等问题，相关法律均没有规定。

2. 无权代理追认的规定过于原则性

《民法通则》和《合同法》虽然都有无权代理追认的规定，但追认的形式、追认能否附条件或期限、部分追认、隐名被代理人能否追认、涉及第三人利益时能否追认等，均无规定。

（三）有些规定缺乏合理性

1. 《民法通则》关于代理连带责任的规定缺乏合理性

《民法通则》第 65 条第三款规定："委托人授权不明的，被代理人应当向第三人承担民事责任，代理人负连带责任"。这一规定不合理。因为对委托人授权不明的解释有两种情况：一种为无权代理，另一种为有权代理。如果是无权代理符合表见代理构成要件，代理人对第三人无任何责任，如何承担连带责任？如果既不符合表见代理构成要件，又没经过被代理人的追认，才会发生无权代理人的责任问题，此时也不是连带责任问题。

2. 《合同法》表见代理的规定缺乏合理性

《合同法》第 49 条规定的表见代理条件比较宽松，该规定只要求相对人有理由相信行为人有代理权，不要求被代理人的过失。这一规定虽然保护了第三人的利益，但也存在不合理之处，体现在该规定过于强调对第三人的保护，无形中造成对其他人的不公平。另外，在举证责任方面，我国《合同法》规定第三人要证明有理由相信代理商有代理权，这样的规定又不利于保护第三人的利益。

（四）法规之间欠协调

1. 关于被代理人对无权代理行为的沉默效力的规定存在矛盾

《民法通则》和《合同法》都对被代理人对无权代理行为的沉默做了规定，《民法通则》第66条规定，"本人知道他人以本人名义实施民事行为而不作否认表示的，视为同意。"但《合同法》第48条第二款规定，"相对人可以催告被代理人在一个月内予以追认。被代理人未作表示的，视为拒绝追认。"由此看出《民法通则》将其视为同意，《合同法》视其为拒绝，两个法律的规定相互冲突。

2.《合同法》的介入权和选择权等规定与行纪制度欠协调

《合同法》第21章委托合同、第402条隐名代理和第403条不公开被代理人代理的规定与行纪合同虽然在代理人以自己名义为法律行为等方面有相似之处，但介入权和选择权等规定与行纪是格格不入的。与此同时，《合同法》第22章又规定了行纪合同。立法上的这种双重理论极易导致法律规范不协调，造成法律适用困难，当代理人以自己名义为商事代理行为时，究竟适用《合同法》第402条和第403条的规定，还是适用第421条的规定不好判断。

四、完善商事代理法的建议

综观世界各国商事代理立法，大陆法系上的商事代理以区别论为基础形成，英美法系上的商事代理以等同论为基础。理论基础的不同决定了二者在商事代理权产生的依据、商事代理权的范围、商事代理的类型、商事代理效果归属等方面存在较大不同。我国法律，尤其是合同法试图综合两大法系代理制度的优点，引入了类似英美法的制度，但英美法律理念如何与我国新型代理制度融合协调却成了难题。为加强我国商事代理立法工作，应在考虑我国国情和吸取国外商事代理立法经验基础上，建议从以下几个方面完善。

（一）尽快出台单行法规统一商事代理法

与民事代理相比，商事代理人是独立的商中间人，这是二者最大的区别点，因此，应该尽快制定有别于民事代理法的单行商事代理法，可以分为总则和分则两部分：总则对代理的一般适用范围、一般原则等予以规定。分则对代理的种类做出细致的规定。❶

---

❶ 冉飞、李霄敏：《比较法视野下的商事代理制度》，载《人民司法·应用》2013年第23期。

（二）合理划分商事代理种类

商事代理的核心问题是代理人的代理权问题，它决定商事代理的效力，而代理权之权源又对代理权的有效性本身具有决定性意义。因此合理划分代理种类十分必要。相对而言，英美法系根据代理权产生的依据不同来审视商事代理更具合理性。因此，商事代理的种类可以在传统分类基础上借鉴英美法系做法：

按照代理权来源的原因，可将商事代理划分为协议代理、追认代理、不容否认的代理和根据法律自动构成的代理（为情势所迫的代理）等。

按照本人身份的对外公开程度分为显明代理、隐名代理、本人身份不公开的代理和行纪。[1]

按照代理人之身份可划分为职务代理与非职务代理。职务代理即代理人本身是在商事主体内部特定职务、职位、岗位任职而进行的代理，如银行柜台营业员的店员代理、公司销售经理的代理即为职务代理；非职务代理即由不在商事主体内部任职或虽在商事主体内部任职但其代理事务与任职无关的代理人所为的代理，如代理商代理即为典型的非职务代理。

按照代理商之代理权范围可划分为总代理、独家代理与一般代理等。

（三）增强商事代理法的可操作性

1. 分类规定代理权的行使规则

相关法律在廓清上述代理权类型的基础上，对各种类型之代理权的行使规则、归责原则分别做出规定。

2. 详细规定追认行为

相关法律应明确规定追认的形式既可以明示，也可以默示推定。追认只能是对全部行为的承认，不允许部分行为的追认。追认不得损害他人利益。关于追认权和催告权的期限，可以借鉴德国立法例，即法律规定具体的期限。如《德国民法典》第177条第2项规定："追认权得在收到催告之后两星期内表示之，如在此期间不为追认的表示者，视为拒绝追认。"

3. 详细规定委托代理权

相关法律应明确规定，委托代理权既可以口头方式也可以默示方式；委托代理权在不影响他人利益情况下可随时撤回；因授权不明属被代理人单方的错误，应废止《民法通则》第65条第三款关于委托授权不明，代理人承担连带责任的规定。

---

[1]　冉飞、李霄敏：《比较法视野下的商事代理制度》，载《人民司法·应用》2013年第23期。

（四）尽量合理设计商事代理法

为了公平保护表见代理各方利益，表见代理制度应从两个方面完善。

1. 明确规定表见代理对第三人的保护条件

表见代理对第三人的保护应当设有条件，即只有在被代理人的行为造成外表授权的假象时，被代理人才应向第三人承担表见代理责任。

2. 举证责任归被代理人

借鉴德国商法的规定，将表见代理的举证责任由目前的第三人转移给被代理人，即被代理人需要证明自己没有授权，并且第三人知道该限制。❶

（五）协调好法律之间的关系

1. 明确被代理人对无权代理行为的沉默效力

为消除《民法通则》和《合同法》关于无权代理行为的沉默规定的冲突，应明确规定废止《民法通则》第66条的规定。

2. 协调介入权和选择权等规定与行纪制度关系

相关法律应明确规定：保留我国合同法中的类似英美法的非显名代理，同时保留行纪制度的规定，取消委托人的介入权及第三人的选择权的规定。

如此规定的理由，其一，非显名代理的当事人享有了选择自由的权利，没有必要再去规定委托人的介入权及第三人的选择权。其二，行纪制度的优点在于行纪人对第三人负责，委托人不存在因代理人滥用代理权而蒙受损害之危险。其三，非显名代理和行纪制度的结合，解决了大陆法法系代理制度下，行纪制度存在的请求权与利益相背离的问题。

在商事代理立法完善中，首先必须对商事代理作出区别于一般民事代理的界定，然后在完善过程中，考虑上述建议，使得商事代理立法真正发挥在商事代理活动中的普遍性指导功能。❷

---

❶ 汪渊智：《比较法视野下的代理法律制度》，北京：法律出版社，2012年版，第233—234页。

❷ 肖海军：《商事代理立法模式的比较与选择》，载《比较法研究》2006年第1期。

论第三方物流经营人法律
责任的归责原则

高　泉❶

摘　要：归责原则问题是确定第三方物流经营人法律责任的核心问题，而第三方物流服务涉及运输、储存、装卸、搬运、包装、流通加工、配送、代理、信息处理等诸多环节和服务。而调整第三方物流服务不同环节的法律规范各不相同，从而使第三方物流经营人法律责任的归责原则也呈现出多样性和复杂性。因此，在处理物流活动争议中第三方物流经营人的法律责任时，只能依据《合同法》和物流相关的法律及国际公约规定的归责原则，根据其所处的具体法律地位和法律关系加以确定。

关键词：第三方物流　法律责任　归责原则

一般而言，法律责任是指因行为人违反了法定义务或契约义务，或不当行使法律权利、权力所产生的，由行为人承担的不利后果。根据违法行为所违反的法律的性质，可以把法律责任分为民事责任、行政责任、刑事责任等。第三方物流经营人在物流经营活动中会有不同的身份，参与不同的法律关系，承担不同的法律责任。我们重点探讨第三方物流经营人作为第三方物流合同当事人对物流需求方应负的法律责任。由于第三方物流合同是确定第三方物流经营人法律地位的主要依据，也是其承担责任的重要依据。因此，这里所谓的第三方物流经营人的法律责任主要是指第三方物流经营人在不按合同约定或者法律规定履行义务时对物流需求方所应承担的民事责任，即主要是第三方物流服务合同中的违约责任。归责原则是确定第三方物流经营人法律责任的核心问题，而第三方物流活动涉及运输、储存、装卸、搬运、包

❶　高泉，男，1971年生，汉族，河南南阳人，北京物资学院劳动科学与法律学院副教授，主要的研究方向是经济法、知识产权法。电子邮件：gaoquan@hotmail.com。

装、流通加工、配送、信息处理等诸多环节，第三方物流经营人法律责任的归责原则也因此呈现出多样性和复杂性。因此，具体考察第三方物流经营人法律责任的归责原则问题，有利于第三方物流经营人妥善处理物流活动纠纷，防范法律风险。

一、归责原则问题概述

法律责任的认定和归结简称"归责"，它是指对违法行为所引起的法律责任进行判断、确认、归结、缓减以及免除的活动。归责原则是确定一定主体在什么情况下承担法律责任的标准或准则，它是法律责任制度的核心。归责原则体现了立法者的价值取向，是责任立法的指导方针，也是指导法律适用的基本准则。而违约责任的归责原则，则是指合同当事人不履行合同义务后，根据何种事由去确定其应负的违约责任。

各国立法对违约责任归责原则的规定是不同的，其主张主要有两种：一种是过错责任原则，另一种是严格责任原则。

所谓过错责任原则，是指以存在主观过错为必要条件的归责原则，换言之，承担责任以其行为有主观过错为前提的一种责任形式。它是根据"无过错即无责任"的原则认定的一种法律责任。近代法乃至现代法都普遍关心能够保障权利主体权利平等，由此引出在承担责任时必须以行为人有过错为前提条件[1]。其核心在于确定行为人的责任，不仅要考察行为与损害结果的因果联系，还必须考察行为人的主观过错。只有行为人具有主观过错，才承担法律责任。过错构成了责任的要件，由此，其抗辩理由就是无过错，只要无过错便无法律责任。

所谓严格责任原则，乃是源于英美法的称谓，又称无过错责任原则，是指在违约的情况下，只要不属于法定或约定免责情形，违约这一客观事实本身即决定违约者应承担违约责任，而不必考虑违约者有没有主观上的过错[2]。对此我国学者有不同见解，一种观点认为严格责任就是绝对无过错责任，只要损害事实发生，被告即须负损害赔偿责任，任何意外事件都不能成为免责事由。另一种观点认为严格责任是一种相对无过错责任，责任的产生不以过错为归责要件，被告免责的可能性在于证明有法定免责事由。下文中所说的严格责任是后一种观点所指的相对无过错责任。

第三方物流活动涉及运输、储存、装卸、搬运、包装、流通加工、配送、信息处理等诸多环节，在每个环节上都存在法律规范对其活动进行规范和约束，而且法律规范在表现形式上又有法律、法规、规章和国际条约、国际惯例以及各种技术规范和技术法规等不同的层次。同时，物流活动的参与者又涉及不同行业与部门，如仓储经营者、包装服务商、各种运输方式下的承运人、装卸业者、配送商、信息服务供应商等。因此，第三方物流经营人经常处于双重甚至多重法律关系中，这也造成了物流活动中法律的适用呈现出复杂性[3]。其中，《合同法》是调整整个物流活动的最重要、最基本的法律；其次是适用于物流活动某一环节的法律规范，包括运输环节的法律规范、包装环节的法律规范、仓储环节的法律规范等，如《海商法》《民用航空法》《铁路法》等。如果是涉外物流活动，还有国际公约和国际惯例来调整，如《统一国际航空运输的某些规则的公约》（华沙公约）等。而不同的法律规范的法律责任归责原则各有不同，其结果就是当发生物流合同争议时其处理结果可能大为不同。以货物运输合同为例，对于货物的灭失和损坏，承运人损害赔偿责任的归责原则问题上，我国《铁路法》规定的是严格责任，而《海商法》规定的则是不完全过失责任。因此，作为第三方物流经营人，首先要明确在物流经营中所处的法律地位、法律关系和法律性质，确定责任分担。这样才能准确适用物流相关法律来妥善处理各种物流活动争议和纠纷，保障物流当事人的合法权益。下文中，我们分别就我国的《合同法》和物流相关的法律及国际公约的归责原则问题作具体的分析和考察。

二、我国《合同法》的归责原则

关于我国《合同法》的归责原则问题，理论上存在一些不同的看法。如梁慧星教授在《从过错责任到严格责任——关于合同法草案征求意见稿第76条第一款》一文中具体介绍了合同法草案关于归责原则问题从过错责任到严格责任的过程变化和采纳严格责任的理由[4]。但王利明教授则认为："现行合同法虽已将严格责任作为一般责任规定下来，但并不否定过错责任原则，那种认为我国合同法已经完全采纳严格责任而排斥过错责任的观点是不妥当的。事实上无论是在总则还是在分则中，合同法都采纳了过错责任，只不过是将过错责任作为法律规定的特别情况来对待的。如果说严格责任是一般的归责原则，那么过错责任则是特殊的归责原则。"[5]王利明教授的观点可以说是代表了合同法学界在此问题上比较普遍的观点。

我国《合同法》第107条规定："当事人一方不履行合同义务或者履行义务不符合约定的，应当承担继续履行、采取补救措施或者赔偿损失等违约责任"。第121条规定："当事人一方因第三人的原因造成违约的，应当向对方承担违约责任。当事人一方和第三人之间的纠纷，依照法律规定或者按照约定解决。"这一规定将违约责任的归责原则明定为严格责任原则。我国《合同法》虽然就违约责任的归责原则规定实行严格责任原则，但过错责任原则亦散见于《合同法》之中。比如在赠与合同、无偿保管合同、无偿委托合同等无偿合同中，赠与人、保管人、受托人只尽义务，而未获得相应利益的情况下，从公平原则考虑，这些当事人只有因故意或重大过失造成对方损失的，违约方才承担损害赔偿责任。因此，总的来说，我国合同法的归责原则具有双重性，过错责任原则和严格责任原则并存，各自调整不同的合同责任形式。

关于《合同法》中与第三方物流经营人的经营活动有关的几种有名合同的归责原则，我们分述如下。

（一）运输合同

《合同法》第 311 条规定："承运人对运输过程中货物的毁损、灭失承担损害赔偿责任，但承运人证明货物的毁损、灭失是因不可抗力、货物本身的自然性质或者合理损耗以及托运人、收货人的过错造成的，不承担损害赔偿责任。"这里承运人适用严格责任制，同时规定了免责事项。

（二）保管与仓储合同

《合同法》第 374 条规定："保管期间，因保管人保管不善造成保管物毁损、灭失的，保管人应当承担损害赔偿责任，但保管是无偿的，保管人证明自己没有重大过失的，不承担损害赔偿责任。"第 394 条规定："存储期间，因保管人保管不善造成仓储物毁损、灭失的，保管人应当承担损害赔偿责任。"这表明保管人、仓储人适用过错责任原则。

（三）委托合同

《合同法》第 406 条规定："有偿的委托合同，因受托人的过错给委托人造成损失的，委托人可以要求赔偿损失。"也就是说，受托人在有过失的情况下才用承担损失赔偿责任，采用过错责任原则。

（四）技术合同

《合同法》第 333 条规定："委托人违反约定造成研究开发工作停滞、延误或者失败的，应当承担违约责任。"第 334 条："研究开发人违反约定造成研究开发工作停滞、延误或者失败的，应当承担违约责任。"第 362 条规定："技术服务合同的委托人不履行合同义务或者履行合同义务不符合约定，影响工作进度和质量，不接受或者逾期接受工作成果的，支付的报酬不得追回，未支付的报酬应当支付。技术服务合同的受托人未按照合同约定完成服务工作的，应当承担免收报酬等违约责任。"可见，在技术开发合同和技术服务合同中，不考虑未完成工作的原因，只要违反了合同义务就要承担责任，采用的是严格责任原则。

（五）承揽合同

《合同法》第262条规定："承揽人交付的工作成果不符合质量要求的，定做人可以要求承揽人承担修理、重做、减少报酬、赔偿损失等违约责任。"采用的也是严格责任原则。

由此可见，我国《合同法》，对不同物流环节的运输、仓储、保管等业务的归责原则是不一致的。因此，第三方物流经营人在货运业务中，作为承运人适用严格责任制，在仓储、保管业务中作为保管人、仓储人适用过错责任原则。如果第三方物流经营人提供物流系统的设计和物流信息管理服务，则参照技术开发合同和技术服务合同的规定采用严格责任原则。如果第三方物流经营人接受货主的委托，根据运输、销售或消费使用的需要对货物进行的包装、分割、计量、分拣、刷标志、组装等简单作业，此行为具有加工承揽的性质，采用的是严格责任原则。另外，如果第三方物流经营人作为物流需求方的代理人从事物流活动，则无论是显名代理或者是隐名代理，采用的是过错责任原则。

三、其他与物流相关的法律及国际公约的归责原则

我国《海商法》第50条规定："除依照本章规定承运人不负赔偿责任的情形外，由于承运人的过失，致使货物因迟延交付而灭失或者损坏的，承运人应当负赔偿责任。除依照本章规定承运人不负赔偿责任的情形外，由于承运人的过失，致使货物因迟延交付而遭受经济损失的，即使货物没有灭失或者损坏，承运人仍然应当负赔偿责任。"第51条规定："在责任期间货物发生的灭失或者损坏是由于下列原因之一造成的承运人不负赔偿责任：（一）船长、船员、引航员或者承运人的其他受雇人在驾驶船舶或者管理船舶中的过失……"由于其存在着过失免责的情形，学理上一般认为这是不完全过失责任。除了法定的免责情形之外，其他情况下，承运人有过错才承担责任，也就是说，《海商法》实行的是有限制的过错责任制。

我国《民用航空法》第125条规定："因发生在民用航空器上或者在旅客上、下民用航空器过程中的事件，造成旅客随身携带物品毁灭、遗失或者损坏的，承运人应当承担责任。因发生在航空运输期间的事件，造成旅客的托运行李毁灭、遗失或者损坏的，承运人应当承担责任。"也就是说，对于旅客物品的毁灭、遗失或者损坏采用严格责任原则。而对于延误造成的损失，《民用航空法》第126条规定："旅客、行李或者货物在航空运输中因延

误造成的损失，承运人应当承担责任；但是，承运人证明本人或者其受雇人、代理人为了避免损失的发生，已经采取一切必要措施或者不可能采取此种措施的，不承担责任。"这里采用的是过错推定责任，即当受害人受到侵害时，由法律推定加害人有过错并承担民事责任，免除了原告的举证责任，从而实现了举证责任的倒置，由加害人证明自己没有过错。

我国《铁路法》第 17 条规定："铁路运输企业应当对承运的货物、包裹、行李自接受承运时起到交付时止发生的灭失、短少、变质、污染或者损坏，承担赔偿责任。"可见，这里采用的是严格责任原则。

国际公约方面，《海牙—维斯比规则》《汉堡规则》《联合国国际贸易运输港站经营人赔偿责任公约》和《1980 年联合国国际货物多式联运公约》采用的也是不完全过失责任制。《华沙公约》则采用的是过错责任制，即航空运输造成的损害赔偿，仍然以承运人是否有过错作为承担责任的条件，但在具体归责的时候，采用了过错推定和举证责任倒置的办法。《蒙特利尔公约》则强化了承运人责任，由《华沙公约》的过错责任制发展到严格责任制，在货物运输方面，对于因货物毁灭、遗失或者损坏而产生的损失，只要造成损失的事件是在航空运输期间发生的，承运人就应当承担责任。而旅客、行李或者货物延误的损失赔偿，只要承运人证明其为避免损失的发生，已经采取一切合理的措施或者不可能采取此种措施的，承运人不承担责任。否则，承运人应当承担责任，这种情况下采用的是过错推定责任。

四、结 论

实践中，第三方物流经营人拥有的资源不同，经营特色和经营方式也多样化，既可以提供物流系统的设计和物流管理服务等一体化的综合性物流服务，也可以提供运输、仓储、保管等基础性物流服务，同时也可能以代理人身份从事物流代理业务。第三方物流合同的内容也可能涉及运输、储存、装卸、搬运、包装、流通加工、配送、代理、信息处理等诸多环节和诸多服务。因此，第三方物流经营人在提供具体物流服务过程中，既可能以货物承运人、仓储保管人身份出现，也可能以货物代理人、加工承揽人乃至技术开发人或技术服务人等的身份出现。也就是说，第三方物流合同往往是综合性的物流服务合同，是集运输合同、委托合同、仓储合同、加工合同等各种合同于一身的混合合同，因而，第三方物流经营人的法律地位也是集承运人、仓储经营人、加工承揽人、代理人等各种地位于一身的混合地位。这种现象导致第三方物流经营人的法律地位与法律责任呈现多样性，仅就运输环节而言，因运输方式的不同，适用法律的不同，承运人的归责原则就会大相径庭。比如，作为海上货物运输承运人可能适用《海商法》规定的不完全过失责任原则来确认承运人的损害赔偿责任，而作为铁路运输的承运人则可能适用《铁路法》规定的严格责任原则来确认承运人的损害赔偿责任等。从而使第三方物流经营人的民事责任呈现纷繁复杂的状态，在处理物流活动争议中第三方物流经营人的法律责任时，只能依据《合同法》和物流相关的法律及国际公约规定的归责原则，根据其所处的具体的法律地位和法律关系加以确定。

（※本文系北京市教育委员会社科计划面上项目"现代物流业的法律规制研究"成果之一，项目编号：SM201410037005。）

参考文献

[1] 张文显. 法理学［M］北京：法律出版社，1997：148.

[2] 翟云岭，郭洁. 新合同法论［M］. 大连：大连海事大学出版社，2000：204－205.

[3] 高泉. 论物流合同争议的解决［J］. 商场现代化，2007（4）：301.

[4] 梁慧星. 民商法论丛（第8卷）［M］. 北京：法律出版社，1997：1－7.

[5] 王利明. 违约责任论［M］. 北京：中国政法大学出版社，2002：64.

流通法实务研究

从空姐代购案看海外代购的罪与罚

孙　瑜❶

随着我国经济的持续快速发展，出国旅游和留学人员逐年增多，体验过物美价廉的国外商品的人，回国后还会对此念念不忘。很多未曾离开国门但收到亲友带回礼物的人也希望能够更方便地买到国外商品，于是一个新兴行业——海外代购业逐渐兴起。顾名思义，海外代购，即代购者替国内消费者在国外购买商品，并通过邮寄或者个人携带等方式带回国内。互联网的普及，物流业的发展都极大地推动了海外代购的发展。海外代购的物品已经从最初的奢侈品延伸到人们的日常用品，特别是 2008 年的三聚氰胺事件更是极大地催生了消费者对于奶粉海外代购的需求。然而，就在海外代购业正日益兴盛之时，2012 年前空姐李某因走私普通货物罪一审被判 11 年有期徒刑的事件，无疑是在该行业扔下一个重型"炮弹"，进而引发了人们对海外代购业法律风险的大讨论。

一、前空姐海外代购走私案始末

（一）空姐海外代购的缘起

2008 年 6 月，李某因病被海南航空公司辞退。因找工作未果，2009 年下半年在淘宝上开了"空姐小店"的网上化妆品专营店。李某的货一开始都是从别的淘宝代购店买来再加价卖出，自己并没有真正的从事海外代购。后来无意中认识了店主男友，在韩国三星集团工作的褚某，知道了"韩国代

---

❶　孙瑜（1975—　　），女，山东人，北京物资学院劳动科学与法律学院讲师，法学博士，主要研究方向是刑法学、刑事诉讼法学。

购"的真正源头，即褚某在韩国免税店用三星集团员工账号可以买到员工折扣价的优惠化妆品。后褚某与女友分手而关闭淘宝店，李某前往韩国进行劝解，从而与其建立了直接的进货关系，由褚某用自己的账号为其购买化妆品。自2010年8月开始，李某和男友开始频繁往返中韩之间，以客带货方式从无申报通道携带大量化妆品进境。在2010年8月至2011年8月的一年里，李某通关29次，成了地地道道的"空中飞人"。2011年4月19日，李某与男友携带化妆品从沈阳桃仙机场通关时，被海关人员查出偷逃税款的行为，化妆品被查扣并引起了警方的注意。2011年8月30日，李某与男友再次从韩国携带化妆品入境，从北京首都机场通关时，在两人的行李箱中，海关人员查出六大包已拆除外包装的化妆品，经估算价值在10万元左右，由于两人涉嫌偷逃税款，化妆品被当场查获。两人被羁押后，2011年9月30日被检察院批准逮捕。2011年9月9日，从韩国携带化妆品入境的褚某也在机场出关时被抓获，2012年3月14日被执行逮捕。❶

（二）空姐代购案一波三折

李某被抓后，以涉嫌走私普通货物罪被提起公诉。检方指控的犯罪金额分为两部分，一部分是两次走私被当场查出的现货涉及的偷逃税款11万元，另一部分是根据淘宝网店订单推算的，数额被认定为109万元。2012年9月，北京市第二中级法院做出一审判决：李某犯走私普通货物罪，判处有期徒刑11年，并处罚金人民币50万元；褚某犯走私普通货物罪，判处有期徒刑7年，并处罚金人民币35万元；石某犯走私普通货物罪，判处有期徒刑5年，并处罚金人民币25万元。判决后，李某、褚某不服，上诉到北京市高级人民法院。2013年5月2日北京市高级人民法院对此做出了二审裁定，认为，一审判决认定的事实不清，证据不足，裁定发回重审。2013年12月17日上午，北京市第二中级法院重审一审宣判，法院以走私普通货物罪判处李某有期徒刑3年，并处罚金4万元，李某被法院当庭收监；判处褚某2年6个月有期徒刑，并处罚金2万元；判处石某2年4个月有期徒刑，并处罚金2万元；继续追缴三人偷逃税款上缴国库。法院审理认为，检方指控李某的罪名成立，但指控李某等3人偷逃税款113万余元的证据不足。法院按照对查获的化妆品核定的偷逃税款数额予以认定，数额为8万余元。另外，法院认为，李某为主犯，遂判决其有期徒刑3年，罚金4万元。对于3年有期徒刑，并处罚金4万元的判决，李某的家人仍表示，判决过重，会提起上诉。2014年3月31日上午，北京市高级人民法院对李某等三人走私普通货

---

❶　黑丁、霜凌：《前空姐的"海外代购门"》，载《检察风云》2012年第22期。

物上诉案做出终审裁定。法院审理认为，李某等三人构成走私普通货物罪，一审法院认定事实清楚，证据确实充分，定罪及适用法律正确，量刑适当，审判程序合法，依法裁定驳回李某、褚某的上诉，维持原判。❶

二、海外代购的现状与法律风险

（一）海外代购的现状

近年来，我国的海外代购发展迅猛，受到不少网购消费者的青睐。据中国电子商务研究中心（100EC.CN）监测数据显示，2010、2011、2012年，中国海外代购市场交易规模分别达到120、265、483亿元，其中2012年同比增长82%，预计2013年海外代购的交易规模将有望达744亿元。另据中国电子商务研究中心（100EC.CN）监测支付宝数据显示，2012年，中国境内消费者仅通过支付宝这一支付平台，实现"海淘"消费的规模就同比增长117%，远远高于国内网购64.7%的增长速度。❷

海外代购兴盛的主要原因是价格因素。据了解，海外代购的商品一般会比国内便宜约1/3～1/2。在人民币升值、国外产品购买渠道不畅、品牌商国内打折力度小等多重因素影响下，消费者对海外代购的热情持续高涨。电子商务的迅猛发展以及网络贸易支付体系的日益完善，则为海外代购开拓了更为便捷的交易平台。我国进口关税较高也导致消费者青睐海外代购。按照规定，位列海外代购首位的化妆品要收50%进口税，而数码产品、手表类征收30%的进口税，金银首饰及文化用品等商品征收税率最低为10%。事实上，除了进口关税，目前我国进口产品进入流通环节还要收取17%的增值税。如此一来，国际奢侈品进入国门难免"身价"大涨，国内消费者对海外代购趋之若鹜也就不足为奇了。❸

（二）海外代购的法律风险

虽然海外代购交易规模正逐年大幅度递增，更有专家预测2014年海外代购交易规模或超千亿元，但是，在目前的法律环境下，海外代购业也面临众多法律风险。而代购从业者面临的最主要法律风险就是偷逃关税，涉嫌构成刑法中的走私普通货物罪，这也正是前空姐李某被指控的罪名。

---

❶ 百度百科：空姐代购案，http：//baike.baidu.com/view/10947764.htm？fr＝aladdin。

❷ "海外代购逃税第一案"二审判决，剖析海外代购，中商情报网，http：//www.askci.com/news/201312/19/19144018607.shtml。

❸ 专家预测2014年海外代购交易规模或超千亿元，http：//www.linkshop.com.cn/web/archives/2014/276446.shtml。

我国 1997 年《刑法》第 153 条对于走私普通货物、物品罪的定罪和量刑与逃税金额直接挂钩。即走私货物、物品偷逃应缴税额在 50 万元以上的，处 10 年以上有期徒刑或者无期徒刑，并处偷逃应缴税额 1 倍以上 5 倍以下罚金或者没收财产；情节特别严重的，即处无期徒刑或者死刑，并处没收财产。走私货物、物品偷逃应缴税额在 15 万元以上不满 50 万元的，处 3 年以上 10 年以下有期徒刑，并处偷逃应缴税额 1 倍以上 5 倍以下罚金；情节特别严重的，处 10 年以上有期徒刑或者无期徒刑，并处偷逃应缴税额 1 倍以上 5 倍以下罚金或者没收财产。走私货物、物品偷逃应缴税额在 5 万元以上不满 15 万元的，处 3 年以下有期徒刑或者拘役，并处偷逃应缴税额 1 倍以上 5 倍以下罚金。根据 2000 年最高人民法院《关于审理走私刑事案件具体应用法律若干问题的解释》第 6 条的规定，应缴税额，是指进出口货物、物品应当缴纳的进出口关税和进口环节海关代征税的税额。其计算，应当以走私行为案发时所适用的税则、税率、汇率和海关审定的完税价格计算，并以海关出具的证明为准。这表明走私普通货物、物品罪作为一个法定罪，具有行政附属性的特征。其罪与罚与海关规定具有密切关联。海关规定的变动对其有重要影响。

海关总署公告 2010 年第 43 号《关于调整进出境个人邮递物品管理措施有关事宜》，将个人邮寄进境物品应征进口税免税额调低为人民币 50 元。海关总署公告 2010 年第 54 号《关于进境旅客所携行李物品验放标准有关事宜》规定：进境居民旅客携带在境外获取的个人自用进境用品，总值在 5 000 元人民币以内（含 5 000 元）的，海关予以免税放行，单一品种限自用、合理数量，但烟草、酒精制品及国家规定应当征税的 20 种商品等另按有关规定办理。对于超出 5 000 元人民币的个人自用进境物品，经海关审核确属自用的，海关仅对超出部分的个人自用进境物品征税，对不可分割的单件物品，全额征税。按照《中华人民共和国进境物品进口税税率表》及海关总署制定的《中华人民共和国进境物品归类表》《中华人民共和国进境物品完税价格表》，目前，进口税税率共设为 4 档，分别为 10%、20%、30% 和 50%。适用第一档 10% 税率的物品主要包括书报、刊物、教育专用电影片、幻灯片、原版录音带、录像带、金、银及其制品、食品、饮料等；适用第二档 20% 税率的物品主要包括纺织品及其制成品、摄像机、摄录一体机、数码相机及其他电器用具、照相机、自行车、手表、钟表（含配件、附件）；适用第三档 30% 税率的物品为高尔夫球及球具、高档手表（系指完税价格 10 000 元人民币以上的手表）；适用第四档 50% 税率的物品为烟、酒、化妆品。海关的这一规定，使得海外代购邮寄物品基本上都无法享受免税，因为按照化妆品一瓶乳液 200 元的完税价格和 50% 的税率，应缴税额即为

100 元，因此很多海外代购商家开始选择"以客带货"方式将代购品携带进境，但也往往存在超过免税限额、逃避关税的情况。前空姐李某即因为应缴税额超过 5 万元而被定罪。

2011 年刑法修正案（八），对于走私普通货物、物品罪进行了大幅度修改，一方面废除了对于定罪起刑点 5 万元的限制，改为"走私货物、物品偷逃应缴税额较大或者一年内曾因走私被给予二次行政处罚后又走私的，处三年以下有期徒刑或者拘役，并处偷逃应缴税额一倍以上五倍以下罚金。"另一方面取消了定罪量刑的数额标准，将偷逃应缴税款由原来的具体数额："五万元以上不满十五万元的、十五万元以上不满五十万元的、五十万元以上的"这 3 个档次的定罪量刑的数额标准分别改为："偷逃应缴税额较大、应缴税额巨大或者有其他严重情节的、应缴税额特别巨大或者有其他特别严重情节的"，便于司法机关根据社会经济发展情况随时调整。应当说，这一修改是符合时代发展，具有进步意义的。然而，为了指导具体案件的处理，最高人民法院在《关于审理走私犯罪案件适用法律有关问题的通知》中指出，"刑法修正案（八）施行后新的司法解释出台前，各地人民法院在审理走私普通货物、物品犯罪案件时，可参照适用修正前的刑法及《最高人民法院关于审理走私刑事案件具体应用法律若干问题的解释》规定的数额标准。"司法解释未能及时跟进，仍按旧的标准进行，对海外代购业者非常不利。

按照海关相关规定，海外代购业者，替国内消费者在国外购买商品后邮寄或者个人携带进境，并收取一定数额的服务费，这些商品因其并不属于自用，而具有货物的特征。因为《海关法》第 46 条规定，个人携带进出境的行李物品、邮寄进出境的物品，应当以自用、合理数量为限。而根据《海关行政处罚实施条例》第 64 条规定，"物品"是指个人以运输携带等方式进出境的行李物品、邮寄进出境的物品，包括货币、金银等，超出自用、合理数量的，视为货物。而按照海关相关规定，货物无论价值多少，都要纳税，只有物品才有免税额问题。然而，目前的海关执法采用的是抽查式，不可能对所有的邮件或个人进境携带品进行检查，并且在很多情况下也无法确定是否属于自用物品，正是基于这一点，海外代购业通过规避和偷逃关税而急剧增长，海外代购也被称之为灰色产业链。

三、完善对海外代购的法律规制

（一）海外代购存在的合理性

前空姐李某因代购涉嫌走私普通货物罪一审被判 11 年有期徒刑后，

95.7%参与调查的网友表示震惊、量刑过重。中科院网络经济专家吕本富指出：如果这类代购的事被判为走私，或者说跟赖昌星一样的罪名，大家在感情上是接受不了的。❶

有需求就有存在的合理性，海外代购的兴起，与国内消费水平大幅提高，现有商品不能满足需要有密切关系。除去价格因素的影响，国外产品的质量更为可靠也是吸引消费者的重要因素。如欧盟、美国等地对于婴儿奶粉等的标准都高于我们的国标，2008年的三聚氰胺事件，过去多年后仍然让人心有余悸，这让很多年轻父母在为婴儿选购奶粉时，倾向于选择海外代购。

关于海外代购因何盛行？有网友指出，被需求，即存在。如果有消费需求，这一行业就有必要存在。如果中国政府针对消费者对于国外优质产品的巨大需求取消一些日用品的进口关税，让消费者在自家门口的超市里就能买到价廉物美的世界各国的产品，那消费者还会忍受长时间的等待去网上代购吗？代购的兴起正是表明有些关税已经阻碍了国内的消费需求，取消市场管制，让货畅其流才是应当之举。对于海外代购是支持还是限制，有网友指出，应促进"代购"合法化。每种贸易方式和市场行为都有其背后的推动力，海外代购在近几年上升趋势明显，良好的性价比无疑是从业者竞相开展业务、消费者纷纷选择的原因，同时也折射出我国某些货品进口环节税高，或国内某些行业产品质量堪忧的现状。一国的政策法律环境决定经济发展和市场水平，并直接影响普通公民的生活质量，政府对代购业务的监管应以顺应和促进其合法化为导向。❷

（二）应完善现行关税制度，让利于民

2012年4月15日起，海关总署发布的2012年第15号公告正式实施。新政进一步细化了行邮税征税物品目录，并修改境外快递清关渠道。此举推高了海外代购的运营成本，很多没有优势的代购商萌生退意。对此，浙江金道律师事务所律师、中国电子商务协会政策法律委员会委员张延来认为，"政府并不是想把这个行业搞死，也不可能针对代购网开一面，这个产业的出路在于转型升级，不再是靠偷逃关税获得价格优势，而是靠满足消费者多样化的需求，有一些顾客愿意承担这些费用。""网络代购和批量进口就好比农民自留地和农场主一样，农民到市场上卖菜事实上只交市场管理费。比如

---

❶ 孙莹，空姐代购判11年案发回重审95.7%网友称量刑过重，中国新闻网，http://www.chinanews.com/sh/2013/05−08/4799389.shtml.

❷ 李灵：《海外代购，发展or限制？》，载《中国海关》2013年第7期。

网络代购最多的是奶粉，如果按照走私来计算，可能空姐都要被抓光了，如果很多人都违反法律，一定是立法出问题了。"网络经济专家吕本富认为，网络代购和批量进口应该是两个不同的商业模式，所以适用的管理体系和税收体系应该不同，这是未来国家改革关税应该思考的方向。❶

如果国家适当地降低关税，代购者依然能够从代购中盈利，那么就不会出现这种不申报税务的行为，减少代购者走私案件的悲剧发生。法律应该为海外代购这种新生事物做出新的适当的立法，以符合大众的价值观。❷

（三）及时修订关于走私犯罪的司法解释，以适应社会发展需求

2011 年的刑法修正案（八），已经明确将走私普通货物、物品罪的定罪量刑与具体的偷逃应缴数额脱钩，以适应经济发展的需要。在 1997 年，偷逃应缴税额 50 万算是很严重的犯罪，因为当时的 50 万人民币可以在北京三环内买到很好的住房。而 17 年后的今天，随着经济的发展和国内通货膨胀的影响，50 万在北京连首付的钱都不够。但是，法律的概括性规定，在司法实践的应用上还需司法解释的跟进，如两高最新的《关于办理走私刑事案件应用法律若干问题的解释（征求意见稿）》第 6 条规定，走私普通货物、物品，偷逃应缴税额 50 万元以上不满 250 万元，属于刑法第 153 条第一款第 2 项规定的偷逃应缴税额巨大，以走私普通货物、物品罪判处 3 年以上 10 年以下有期徒刑，并处偷逃应缴税额 1 倍以上 5 倍以下罚金。❸ 这基本符合当前经济发展水平，但是截至目前，关于该新司法解释还未出台，实践中依然沿用原有规定已明显不合时宜。

综上所述，我国的海外代购业作为一个新兴产业，极大地方便了国内消费者的生活，不应限制而应鼓励其健康发展，应改革现行法律法规的相关规定，顺应民意，适时降低关税，很多在以前认为是奢侈品的物品，随着人们生活水平的提高已经变成日常生活必需品，海关关税应当及时调整，以利于提升人民的幸福指数。同时，对于海外代购业中可能出现的偷逃税问题，其社会危害性明显小于有组织的大规模走私犯罪行为，在定罪量刑时应从宽处罚。

---

❶ 耿秋：《海外代购的红与黑》，载《中国新时代》2012 年第 12 期。

❷ 马玉瑶：《浅析海外代购案》，载《华人时刊（下旬刊）》2013 年第 3 期。

❸ 徐珊珊：《从空姐代购案看海外代购中的刑事风险》，载《上海海关学院学报》2012 年第 6 期.

浅析冷链物流法律法规与标准

何文杰[❶]

摘　要： 法律法规与标准对冷链物流发展起着非常关键的作用，法律法规与标准的不完善直接制约了冷链物流的发展。本文分析了我国冷链物流法律法规与标准的现状、存在的问题，借鉴了美国、欧洲、日本冷链物流相关法律法规与标准的发展经验，着重从法律法规与标准的角度提出了冷链物流发展的对策。

关键词： 冷链物流　法律法规　标准

一、引　言

目前，人们对高质量食品、药品需求不断增长，政府、协会、冷链物流企业都积极采取了各种措施来促进我国冷链物流快速、规范发展。但是我国冷链物流发展还存在着诸多的问题。比如，我国冷链物流体系还不健全；设施设备和先进技术投入少、普及率低；冷链物流整体缺乏联动机制；专业的冷链物流企业发展滞后，冷链物流市场诚信缺失、无序竞争，等等。其中，引起这些问题的一个重要原因就是我国缺乏比较完善的冷链物流法律法规体系和冷链物流标准体系，以及缺乏两个体系的有效衔接和配合。

二、冷链物流法律法规与标准

1. 法律法规与标准概况

冷链物流法律法规，从国外的经验来看，很少以冷链物流命名，一般都

---

❶　何文杰（1984—　），男，河北邯郸人。武昌理工学院商学院助教，管理学硕士，主要从事物流工程方向研究，E-mail：hewenjie56@126.com。

是关于食品、药品、农产品等具体商品方面的法律法规。我国冷链方面的法律法规也都是关于食品、药品、农产品等具体商品的法律法规。国家层面上的法律法规主要有《中华人民共和国食品安全法》《中华人民共和国食品卫生法》《生猪屠宰管理条例》《流通环节食品安全监督管理办法》《药品流通监督管理办法》《农产品质量安全法》《中华人民共和国食品安全法实施条例》《生猪屠宰管理条例实施办法》[1]。

在标准《GB/T 20000.1－2002标准化工作指南 第1部分：标准化和相关活动的通用词汇》中，标准的定义是"为了在一定的范围内获得最佳秩序，经协商一致制定并由公认机构批准，共同使用的和重复使用的一种规范性文件"。

冷链物流标准主要是以冷链物流作为系统，对冷链物流系统内部的设施设备、技术方法、管理、作业规范制定具有一定指导作用的、科学性的规范性文件，用来作为共同遵守的准则和依据。这些标准既能体现出包装、运输、储存、装卸搬运、信息处理等各类物流功能，又能体现出冷链物流对温度的要求。从标准的定义来看，冷链物流标准只是一个规范性文件，但标准在实际的运用过程中是以科学、技术和经验的综合成果为基础，能够促进最佳的经济效益和社会效益。

2. 法律法规与标准的关系

法律与标准主要区别在于：调整范围不同，法律法规主要规范人与人的社会关系，而标准主要是对重复性事物或概念所做的统一规定；制定机构不同，法律法规是由国家立法机关和政府机构制定的，而标准主要是由经国家授权的标准化机构制定和颁布；内容构成不同，法律法规主要是以权利与义务为主要内容的，而标准是主要以技术、管理、作业、服务等方面为主要内容；执行效用不同，法律法规都具有强制性，而标准中只有强制性标准才具有强制性。

法律与标准主要联系在于："两者具有互动性。法律的规定是原则性的，往往需要通过技术要求、管理要求和服务要求来得到具体实施和实现，这就是标准的技术支撑作用。而且，在发生纠纷时，标准又是行政许可、行政处罚的技术依据、司法裁判的证据和技术依据。[2]"在冷链物流领域和范围内，同样要处理好法律法规和标准的关系。对于两者相互交叉、相互渗透部分，政府、标准化机构、企业应该共同研究制定。两者只有衔接通畅、配合得当才能有助于规范的冷链物流市场形成和冷链产业的平稳运行。

三、我国冷链物流法律法规与标准现状

1. 冷链物流法律法规与标准"政出多门"

国内还没有以"冷链物流"命名的全国性法律。商务部、国家质量监督检验检疫总局、卫生部、农业部等都根据本部门的职能制定了相关的法规。但是对冷链物流商品的监督管理，往往实行的是分段管理、各司其职。新颁布《中华人民共和国食品安全法》虽然进一步明确了各部门分段管理的职责，但是地方政府相应的机构改革和职权下放尚未到位，还是没有办法避免政府职能交叉、政出多门、多头管理等问题的出现。这些会限制冷链物流法律法规发挥作用。

除了各相关部门外，冷链物流还涉及制冷、交通运输、建筑安装、农业加工等多个行业。标准的制定也往往是"政出多门"，不同部门、不同行业所占的行业角度不同，对同一事物的理解和制定依据都不同，制定的标准往往在内容上有很大的出入。这些对标准的实施和监管带来了不利的影响。

2. 缺乏冷链物流法律法规与标准体系

目前，现有的法律法规与标准距离完善体系的形成还有很大的差距。虽然现有的几部重要的法律《中华人民共和国食品安全法》《中华人民共和国食品安全法实施条例》《中华人民共和国药品法》为冷链物流商品的生产和经营提供了重要的法律指导和依据，也都不同程度提到了冷链物流的相关内容，但对于冷链物流包装、运输、存储等各个环节都没有系统的法规规定和详细的操作规定。

在标准方面，最近几年发布的冷链物流标准在数量上和内容上都无法覆盖冷链的全过程，已发布的冷链标准主要有以下几个：2007年上海地方标准《DB31/T 388—2007 食品冷链物流技术与管理规范》；商业标准《SB/T 10428—2007 初级生鲜食品配送良好操作规范》；2008年浙江地方标准《DB33/T 713—2008 医药品冷链物流技术与管理规范》；2009年国家标准《GB/T 23346—2009 食品良好流通规范》《GB/T 14016—2009 冷藏食品物流包装、标志、运输和储存》《GB/T 14016—2009 冷冻食品物流包装、标志、运输和储存》。

3. 法律法规与标准脱离

冷链物流方面的法律法规与标准、标准与标准之间存在着矛盾。依据法律法规与标准的互动关系，法律法规与标准应该密切配合，而现有的冷链物流相关法律法规与标准是相互脱离的，其原因主要有以下几个方面：法律法

规的制定和执行基本上都是相互独立的，缺乏整体规划；在内容上，法律法规应该为标准的制定提供指导，标准的内容应该依据法律法规的内容，但是由于法律法规规定不明确使得组织、个人对法律法规在内容上理解存在着差异，在标准的制定和执行上常常会相互冲突；法律意识和标准意识淡薄，这些常常导致两者都没有发挥出应有的作用。

4. 缺乏技术法规

技术法规是强制执行的产品特性或其相关工艺和生产方法以及规定适用于产品、工艺或生产方法的专门术语、符号、包装、标志或标签要求的文件。这些文件除了可以由政府规定外，还可以是经政府授权由非政府权威组织制定的技术规范、指南、准则等。冷链物流包含一系列复杂的技术活动，涉及了很多行业的专业技术。对于资金雄厚的企业来说，先进的设施设备、技术可以靠增加投入解决问题，但是有限的强制性技术法规，使得设备和技术使用过程、产品的产出过程得不到有效的指导、监控，设施设备和技术的运用会受到限制。这就加大了食品药品安全事故出现的概率。

5. 监管不严密，执法不到位

冷链物流商品质量情况和冷链物流的运营过程缺乏监督管理，对温度的监管缺乏必要的法律依据。根据现有的相关法律，只是要求有必要的冷藏设施设备和冷藏、冷冻操作，没有详细操作说明。对没有按照要求生产和经营的企业或个人，处罚措施不够明确，处罚的力度比较轻。现有标准大部分都是推荐性的，强制性的标准很少。具体到标准的内容和技术方法，可执行应用的、可参照量化的内容很少。规范冷链物流市场主要依靠的是推荐性标准和少量的强制性标准，很少有技术法规这种形式，这无疑会削弱现有标准的强制力和执行力。由于缺乏必要的监管、执法比较困难、执法成本高，导致了执法不到位，不能保证对商品的作业处理完全按照法规和标准的规定来执行。

四、国外冷链物流法律法规与标准现状

国外冷链物流法律法规与标准在内容上大部分都具体到食品药品、农产品、化妆品等商品上来，这为法律法规与标准实施带来了便利。在法律法规与标准的制定、实施上，美国、欧盟、日本积累了丰富的经验。

1. 美国冷链物流法律法规与标准现状

美国冷链法律法规标准体系主要是由法律法规、行业标准、行业指导方针构成的。美国宪法规定了立法、司法、行政三部门的职责：议会国会负责

颁布相关的法律法规；司法部门负责法律的监督和责任审察；政府推动相关法律法规的执行。目前，在美国与冷链物流相关的政府行政部门主要有：食品药品监督管理局（FDA）、环境保护署（EPA）、美国国土安全部、职业安全与保健管理总署（SHA）、美国交通部、美国农业部（USDA）。美国涉及冷链物流的法律主要有《联邦食品、药品和化妆品法》（FFDCA）、《公共卫生服务法》（PHSA）、《联邦肉类检验法》（FNIA）、《禽类产品检验法》（PPIA）、《蛋类产品检验法》（EPIA）、《食品质量保障法》（FQPA）、《联邦杀虫剂、杀真菌剂和灭鼠剂法》（FIFRA）。根据 7 部法律及州议会颁布的地方法规、司法解释基本构成了美国现有的冷链物流法律体系。这 7 部法律规定了各个行政部门之间的权限、食品药品安全的监管、问题风险评估及处理原则。

美国冷链行业的标准主要来源于美国政府根据法律推行的标准和行业推行的标准两个部分。

政府推行的标准，主要有美国食品药品管理局（FDA）根据《联邦食品、药品和化妆品法》制定了《FDA 食品法典》。此法典适用于食品零售业包括了餐馆和杂货店，指导零售食品企业在操作上提高食品的安全性；制定的食品生产的卫生标准，其中包括了现行制造、包装和保存食品行业的《良好生产规范》（GMP）。

行业推行的标准，主要涉及了行业指导方针。冷链行业组织要根据政府标准和法规提供的经营指导方针的框架来制定标准和指导方针，比如，存储温度、操作方法与步骤，风险管理、安全准则、能源效率与消耗等。

企业可以根据自身实力和情况制定本企业标准，范围只适用于本企业。企业标准要遵守政府推行的标准和行业推行的标准。

对于法律法规与标准的制定，采取比较谨慎、认真负责的态度。一般都要经过立法部门提前通知提议制定法规、提议法规、公开讨论、形成最终法规、法规的颁布生效这几个步骤。

2. 欧洲冷链物流体系现状

虽然欧盟国家众多，利益难以协调，但是目前欧盟食品冷链法律法规体系已经涵盖了"从农田到餐桌"的整个链条。这主要归功于欧盟于 2000 年发布了《食品安全白皮书》，其主要内容包括设立欧洲食品局、食品安全立法、食品安全监控和消费者信息等措施。自 2002 年开始，欧盟根据《食品安全白皮书》指导意见制定了《通用食品法》《食品卫生法》和其他关于动物饲料、动物卫生、食品添加剂与调味品等一系列法律、规章、指令。欧盟的规章具有普适性，它的所有条款都将具有法律约束力并且直接应用于各成员国；指令针对提及的各个成员国规定将要达到的结果将具有法律约束力，但是欧盟各成员国官方将有权选择达到目标的形式和方法。

在欧盟食品安全的法律框架下，各成员国如英国、德国、法国、芬兰等也形成了一套各自的法规框架，这些法规是根据欧盟的法规和各成员国的实际情况而制定的。这些法规制度便于协调，法规内容易于理解，具体执行上便于所有执行者实施。

欧盟医药法律法规主要是通过一系列的指令规范。其主要内容包括以下几个方面：多成员国审批制度、医药产品分类、药物毒性标准和临床标准、保护和促进公共卫生以及动物健康。欧洲人用药法律《指令2001/83》是一部由众多的指令文件构成的法律。与医药冷链物流有关的法规内容是：关于免疫药品（包括疫苗和血清）、血液或血浆来源的人用药品、人用药品的批发销售。

欧盟还通过欧盟标准委员会制定和发布了许多有关食品安全的技术标准，形成了一个完整而详细的标准体系，涵盖了关于食品安全的所有方面以及"从农田到餐桌"的所有环节。目前欧盟拥有技术标准十多万个，其中1/4涉及食品。欧盟的食品技术标准与食品安全法规相互配合，使得食品安全法规的内容更为全面并更具有可操作性[3]。

欧洲对冷链相关的监管实行的是欧盟和各成员国的两级监管制度。欧洲冷链物流标准体系包括了上层的强制性指令，下层的具体技术内容可自由选择的技术标准。

3. 日本管理体系现状

2002年日本对1957年的《食品卫生法》进行了修订，该法规定市场上食品及调料的加工、制造、使用、贮藏、搬运、陈列等环节都必须保证清洁卫生；食品成分不能含有抗生素等物质，不得经过放射性加工处理，没经过批准的转基因食品不准上市。2003年5月，日本又出台了《食品安全基本法》，明确规定了中央政府、地方公共团体，以及生产、加工、流通、销售业者和消费者在食品安全中的职责和义务。日本建立了包括食品卫生、农产品质量、投入品（农药、兽药、饲料添加剂等）、动物防疫、植物保护5个方面较为完善的农产品质量安全法律法规体系。现在日本全国农协组织的所有农产品都要可以追溯，按照产品上的编码信息，销售时可以追溯到商品的产地，生产者，使用过的农药及其浓度、使用次数、使用日期，收获上市日期等。这些数据和更为详细的情况会通过网上予以公布。这些都为冷链物流商品质量提供了重要保证。

"日本厚生省是一个拥有社会保障、养老保险、医疗卫生、就业、青少年管理、食品卫生等管理职能的一个庞大机构。[4]"厚生省负责制定食品和医药法规和标准。厚生省的职能涵盖了我国的卫生部、食品药品监管局以及国家发展改革委的医疗服务和药品价格管理、劳动社保部的医疗保险、民政部的医疗救助、国家质检总局的国境卫生检疫等部门（机构）的相关职能。这样的综合职能，有助于管理部门能够通盘考虑食品和药品冷链物流系统的供需双方、筹资水平和费用控制、投资与成本等各方面的情况，形成整体方案。

五、法律法规与标准配合措施

结合我国冷链物流发展现状和发达国家经验，笔者认为解决现有冷链物流问题的关键在于正确处理冷链物流法律法规与标准的关系，这是冷链物流向规范方向发展的重要战略举措。具体实施上应该强调以下几个方面。

1. 规定清晰的管理边界和操作边界

法律法规需要规定清晰的行政部门管理权限和协调机制，对于权力交叉的地方，可以组成常设协调小组在上一级机关的协调和指导下共同执法，而不是靠运动式的临时行动；要协调好中央和地方的利益关系，地方管理必须服从中央的大局。标准可以用来划清各环节企业及其从业个人操作要求的界限，对于关键点进行记录，以便事后追究，分清具体的职责，防止相互推诿。上层法律规定了必须遵守的内容，下层标准规定好具体的、可参照执行的内容。

2. 构建法律法规与标准体系

合理规划法律法规与标准的制定、实施，并逐渐完善，使冷链物流法律法规和冷链物流标准各自形成一定的体系。冷链物流的法律法规与标准从纵向上要体现在商品的生产、流通、销售、消费等多个环节中，从横向上要体现在物流每个环节中。比如，在纵向上，商品的生产流通和消费都有物流运作，应该用法规和标准进行规范；在横向上，冷链物流企业和从业人员应该具有哪些资质，所用设施设备有哪些要求，包装、运输、储存、装卸搬运、信息处理的操作指南如何等，都应该规定清楚。此外，要进一步补充制定冷链物流法律法规和标准，剔除现存的过时标准。

3. 制定法规和标准规划

制定冷链物流法律法规和标准规划，使冷链物流法律法规与标准密切配合。制定冷链物流行业标准应该根据现有法律法规来制定，进一步细化法律法规不明确的细节，规范冷链物流企业主体行为，发挥行业协会的指导作用，服务于冷链物流商品，为行业提供更加明确的行动指南。冷链物流标准要在综合考虑法律法规、市场需求和其他行业状况的基础上建立本行业标准，并实时更新标准，做到上层有法律法规明确，下层有具体执行的标准。

4. 借鉴国际经验，完善技术法规

为了适应国际贸易发展的要求和国内行业的发展，我国应该参照国际技术法规文件修订、制定本国的技术法规，融合各行业的技术法规。目前，我国出台的冷链物流标准大部分都是推荐性标准，缺乏强制性标准。即使强制性标准，在执行过程中也会因为其本身缺乏强制的权威性，没有引起足够的重视。技术规范既强调了技术性特征，又注重法律上的强制性要求。法律直接赋予了技术法规的权威性。因此，有必要通过完善技术法规来承接法律法规和标准。

5. 加强监管和执行

从美国的经验来看，"就整体趋势而言，在监管问题上，在美国近一个世纪的食品安全立法史上体现了不断加强监管的目标[5]"。这充分说明了法规和标准的执行很重要。政府应该加强对执法机关及其工作人员的监管职责的落实和建立责任追究机制。政府应该增加基础设备投入。例如，基层检测设备和技术方法落后，这对食品药品的检验检测工作带来了不便，影响了政府部门的执法与监管；协会和企业应该加强行业自律，引导本行业企业向着规范方向发展；媒体和消费者要充分发挥舆论监督的作用，鼓励披露和举报，对披露者、举报者要保密并给予一定的奖励。

六、总　结

冷链物流成为政府、协会、企业和学术界关注的热点，关系到消费者的切身利益，其发展主要取决于多方共同努力与协作。最有效的办法就是把冷链物流这些利益相关者及其行为纳入法律法规与标准规范体系中，依靠市场经济的法制手段来规范市场经济活动中的参与者，这样才能更有效地发挥市场作用，促进冷链物流又好又快发展。

参考文献

[1] 信春鹰. 中华人民共和国食品安全法释义 [M]. 北京：法律出版社，2009.

[2] 李晓林. 法律与标准关系简析 [J]. 标准科学，2009 (7).

［3］廉恩臣. 欧盟食品安全法律体系评析［J］. 政法论丛，2010（2）.

［4］边洪彪. 日本食品法律法规体系框架与管理模式［J］. WTO 经济导刊，2010（2）.

［5］王玉娟. 美国食品安全法律体系和监管体系［J］. 经营与管理，2010（6）.

浅析快递法律问题及解决路径

任梦慈[❶]

摘　要：近年来，我国快递行业发展迅速，规模逐渐扩大，市场格局也基本形成。2010 年，在我国邮政管理部门备案的快递企业已达到 2 000 多家，分支机构则有约 5 000 家，从业人员已达 40 万人之众，并且以 20％的年业务增长速度不断前进。在快递行业迅猛发展的同时，一些行业缺陷也逐渐暴露。据悉，快递行业目前已经成为投诉率最高的行业之一，从长远的角度看这无疑影响着快递行业的健康发展。快递服务的顾客满意度始终无法与其发展速度相匹配。在日常的生活中，消费者在享受快递服务便捷性的同时往往也面临遭受着各种侵害的可能性，譬如无故的快递延时、快件遭到损坏、快递丢失等。这些问题的出现从一方面反映了我国消费者对于自己享有权利不了解，并对维权的途径不清楚。另一方面也反映了我国尚无健全的与快递行业发展配套的法律体系。因为立法并非一日可成，面对数量庞大且在相当长的时间内仍在不断增长的快递服务消费者群体，当务之急就是在现行的法律法规中明确能维护自身权益的规定并合理地加以运用。与此同时，为推进我国立法，建立健全解决诸类纠纷的机制，完善企业自律、消费者适用、政府监督的三位一体的解决模式而提出建议也是法律专业人士应尽的义务。

关键词：快递纠纷　法律适用　解决机制

随着电子商务的发展，我国快递行业也走上了发展的快车道。根据国家邮政局网站 4 月 16 日公布的 2014 年第一季度邮政行业运营情况的数据，2014 年第一季度我国快递服务企业业务量累计完成 26 亿件，同比增长 51.9％；业务收入累计完成 413.5 亿元，同比增长 45.6％。另据该数据可

---

❶　任梦慈，北京物资学院劳动科学与法律学院法学专业 2010 级毕业生。

知，2014 年第一季度我国邮政行业业务收入 733.2 亿元。由此可见快递业务收入已经成为我国邮政行业业务收入的重要部分，发挥着主导性的作用。从该报告的另一项数据，笔者也发现了这样的一个现象：根据国家邮政局第一季度公布的数据，邮政行业业务总量 763.2 亿件，相比于 2013 年同比增长 35.1%。但其中包括函件、订销报纸累计数等除快递业务以外的其他各项邮政业务相比于去年均呈现程度不等的增长下降态势。其中包裹业务相比与去年同期增长为－13.5%，但与此同时快递业务却以 51.9% 的高速增长量成为了拉动邮政行业业务总量的中流砥柱❶。

这些数据显示了我国快递行业繁荣发展的现状，但快递服务给消费者带来诸多便利的同时也带来了纠纷。

从国家邮政局网站获悉的数据显示，2014 年 3 月，国家邮政局和各级邮政管理局通过邮政行业消费者申诉电话和申诉网站共受理消费者申诉 50 920 件。申诉中涉及快递业务问题 48 832 件，占总申诉量的 95.9%。已处理申诉中有效申诉（确定企业责任的）18 317 件，同比下降 11.4%。有效申诉中涉及快递业务问题的 17 984 件，占有效申诉量的 98.2%❷。

观察这些数据我们不难看出，我国的快递行业在高速迅猛发展的同时也存在很大的问题。这些问题直接反映出现在快递企业在内部管理体系、服务发展方面存在很大疏漏，并有可能在未来的一段时间内直接制约快递行业的发展。

一、快递纠纷的现状

根据国家邮政局的统计，2014 年 3 月，国家邮政局和各级邮政管理局通过邮政行业消费者申诉电话和国家邮政局网站共受理关于快递业务的有效申诉 17 984 件，其中，反映快件延误的 7 323 件，占 40.7%；反映投递服务问题的 5 542 件，占 30.8%；反映快件丢失及内件短少的 3 061 件，占 17%；反映快件损毁的 953 件，占 5.3%；反映收寄服务问题的 541 件，占 3.0%；反映代收货款问题的 221 件，占 1.2%；反映违规收费的 157 件，占 0.9%；反映其他问题的 186 件，占 1.0%❸。从以上的数据不难看出我国快递服务目前存在的问题，主要有以下 4 个方面：

---

❶ 国家邮政局公布 2014 年一季度邮政行业运行情况。
❷ 国家邮政局关于 2014 年 3 月邮政业消费者申诉情况的通告。
❸ 国家邮政局关于 2014 年 3 月邮政业消费者申诉情况的通告。

（一）快件延误问题及原因

在数据中，我们发现反映快件延误的申诉高达 7 323 件，占 40.7％。翻阅国家邮政局的网站可以发现在历月发布的申诉情况通告中，反映快递延误的申诉案件常常高居申诉量榜的榜首。可以说，快件延误是影响消费者满意度的重要因素。快递区别于平邮的重要因素就是其独特的时效性，也就是说，时效性当然地被包括在快递服务过程中，作为当事人共同认定的必要服务内容之一。依照国家所颁布的《快递服务邮政行业标准》之规定，快递延误分为一般延误和彻底延误。一般延误是指快件的投递时间超出快递服务组织承诺的服务时限，但尚未超出彻底延误时限。彻底延误则是"除快递公司与消费者另有特殊规定外，服务时限应符合以下要求：同城快递服务时限不超过 24 小时；国内异地快递服务时限不超过 72 小时"，超过此期限为彻底延误。

虽然有此规定，但快递延迟在日常生活中却屡见不鲜，究其原因主要有 4 点。首先，从快递公司服务人员来看，快递公司由于发展过快，工作人员素质良莠不齐。有工作人员主动违约，无视与消费者订立的快递运输合同，肆意拖延。其次，从快递公司运输方式来看，许多快递公司的运输模式不合理，使得自身运输能力较差，无法按时送达。另有快递公司企图通过改变运输工具降低成本，以牟取暴利。此外，从快递行业来看，有不法快递公司以虚假承诺换取消费者信任，再私自将快件转托其他快递公司代为运输，造成时间延误。最后，从发展趋势来看，我国目前快递行业还处在发展的基础时期，无论从运力、储藏能力还是人员分配都尚未形成高效的运营模式，面对消费高峰时期，物流压力增大，造成快递延迟。

（二）投递服务问题及原因

从数据分析中，我们还可以发现，除快件延误一项以外，反映投递服务问题的 5 542 件，占 30.8％，位居其次。随着生活水平的提高，拥有高教育水平的消费者正在成为我国市场的主导。他们接受过良好的教育，具有强烈的维权意识，更加注重消费过程中精神层面的服务。相对于这些消费者，快递企业由于其自身根底薄弱、消费需求旺盛、发展速度过快，致使从业人员上岗前得不到良好的职业培训，导致其服务存在很大问题。投递服务问题往往包括：快递工作人员没有积极履行保价的告知义务；在投递过程中态度恶劣；不同意收件人先"验"再"签"，或是收件人发现内件有损坏不同意当场开具证明等。

发生此类问题，主要有以下几个原因：首先，如今快递企业不注重个体"价值"。由于快递需求旺盛，企业在招收从业人员时，只注重人员的数量，并非质量。其次，快递企业由于物流压力大，往往要求工作人员入职即上岗，缺乏岗前培训，只注重"使用"人力，不关注"培养"人员。最后，我国的民营快递企业正处于基础发展阶段，相关法律不够完善，管理人员和管理方法还不够成熟，对从业人员未形成较强的约束。

（三）快件丢失、内件短少问题及原因

通过前文的数据和媒体的报道，快件丢失的案例屡见不鲜。据国家邮政局网站发布的最新数据，快递丢失类的申诉事件占当月所收到的快递纠纷总量的比例达 17%。根据快递服务标准，彻底延误是指在快递彻底延误时限到达时仍未能投递。快件丢失及内件短少的问题突出的焦点主要为责任的确定与赔偿问题。

快件的丢失及内件短少一般出现在快递的收件、中转、投递过程中。造成快件丢失的原因主要有：第一，发件人填写信息不完全，造成投递不成功。在现实的案例中，一部分因为发件人自身未尽到义务，一部分作为快递公司未能仔细核实快递单，造成快件的"无着"。第二，部分快递公司在中转途中有私自拆分快件的现象，快递人员拆分快件，却又不能对内件做到妥善保管转运，导致内件短少。第三，许多快递公司设备不完善，在转运途中有快件掉落流水线的现象，造成快件遗失。第四，因快递企业的迅速发展，快递公司人员数量的急速增加，人员素质良莠不齐，快递公司人员"内盗"的事件也屡屡发生，这也是造成快件丢失及内件短少的重要原因之一。最后，许多快递工作人员并没按照快递服务手册要求的做到至少 2 次的免费投递，往往因为一时便利违规的擅自找陌生人代为签收，以致造成快件遗失的不良后果。

（四）快件损毁问题及原因

根据快递服务标准的规定，快件损毁是指快递服务组织寄递快件时，由于快件封装不完整等原因，致使快件失去部分价值或全部价值。快件损毁问题在日常生活中比较常见，但却不容易得到处理。一方面，大多数收件人往往因为快件价值不大，申诉程序烦琐且结果无保障而自认倒霉。另一方面，快递公司认清消费者这一心理，对于快件损毁问题，能推则推，消极处理，造成矛盾激化。

造成快件损毁的原因，总体来看有以下几点：第一，发件人没有尽到基本的注意义务。在发件时，拒绝快递公司提供的打包，自身打包又不规范妥善，导致快件在运输中易被损毁。第二，快递公司收件时没有进行验收工作，导致快件损毁。第三，快递工作人员不按操作流程，暴力分拣。快递公司自动分拣设备系统落后，分拣率低损坏率高。

二、快递纠纷的法律分析

前文所指出的问题，尽管原因不尽相同，但究其根本原因却是因为法律制度不够完善，使得这些问题长期得不到解决。因此，我认为解决上述诸多问题的根本就在于从法律的角度分析问题，解决问题。

从法律角度来讲，上述问题基本可以简单概括为：法律的适用问题以及法律责任分配的问题，若将快递合同的性质加以界定，就可以在法律中找到相关的条款，进行法律责任的分担以达到保护消费者的合法权益的目的。

（一）民营快递企业的法律适用

1. 民营快递企业区别于邮政企业

我国民营快递行业发展迅速。其诞生的根本在于民营快递企业便利简单的运作模式，它与电子商务互补发展，并在很大程度上弥补了传统国营邮政部门不能满足的服务方面。关于民营快递企业的法律地位一直存在争议。民营快递企业经营者们多认为该企业应属邮政企业，其中不排除行业从业者出于为自身企业规避法律风险而达成此共识。而法学界则普遍认为其属普通的民事主体。

笔者认为，民营快递企业只是普通的民事主体，既不属于邮政企业，同时也与邮政企业有着截然不同的性质与特点。邮政企业是受国家特别保护的主体，其有别于一般民事主体的法律地位是由邮政法明确认可和保护的。而快递企业则不具有这样的特点。尽管很多民营快递企业从业者强调 2005 年 7 月出台的《邮政体制改革方案》中称快递业务为"快递等邮政业务"，但就笔者分析而言，这种做法只是基于邮政部门监管的考虑，而并不是从根本上要改变民营快递企业作为普通民事主体的法律地位。通过比较民营快递企业与邮政企业的特点，发现二者的区别主要如下：

（1）企业性质

民营快递企业是依照我国企业法建立的中小型企业。然而，我国的邮政企业是公有制企业，其建立的基础是《中华人民共和国全民所有制工业企业法》。这一点在新修订的《邮政法》中也有体现。在《邮政法》第 84 条中明确指出了"邮政企业"一词，是指中国邮政集团公司及其提供邮政服务的全资企业、控股企业。这就从法律层面上区别了邮政企业与民营快递企业。

（2）服务内容

民营快递企业与邮政企业都以递送服务为内容，但二者有明显的区别。首先，民营快递企业的服务以电子商务小包裹、文件等作为标的，便利迅速甚至是"门到门"的服务方式作为行业优势。这类企业服务的基础是其能在规定时间内完成传递包裹的任务。然而，反观邮政企业则不然。邮政企业经营邮政专营业务，提供邮政普遍服务以及接受政府委托的特殊服务，对竞争性邮政业务才实行商业化运营。二者的服务内容有显而易见的区别。

（3）企业责任

民营快递企业独立经营自负盈亏，为个人或集体所有，提供针对客户的个性化服务，如代收货款、次晨达等递送服务，它必须对客户负责。由于市场经济的调整每年有一些不适应市场经济发展需要的快递公司被经济浪潮所吞噬。民营快递企业依据自身能力设计运输模式，采购分拣装置，设立快递网点，并在法定范围内合理定价。

邮政企业则不然，由于邮政业属于民生命脉，在计划体制下建立，并为国有独资企业，性质为全民所有，企业目的是为社会负责。它在人民生活中提供基础的邮递服务，由国家统一建设，合理布局规划，并由于其垄断地位和邮政事业的长远发展而接受《邮政法》调整保护。邮政企业承担着更多的社会责任，定价稳定，服务范围覆盖城乡，要为偏远山区、边区提供服务。

2. 民营快递企业不应适用《邮政法》

既然民营快递企业与邮政企业有如此大的区别，那么《邮政法》中除第六章快递业务的部分及第七章、第八章中有关监督检查与法律责任条款以外的部分，并不适用于民营快递企业。

在实践中，部分民营快递企业对于快递纠纷常常援引《邮政法》中的相关条款作为抗辩依据，这是显失公平的。以保价制度为例，《邮政法》第47条规定"邮政企业对给据邮件的损失依照下列规定赔偿：（一）保价的给据邮件丢失或者全部损毁的，按照保价额赔偿；部分损毁或者内件短少的，按照保价额与邮件全部价值的比例对邮件的实际损失予以赔偿。（二）未保价的给据邮件丢失、损毁或者内件短少的，按照实际损失赔偿，但最高赔偿额不超过所收取资费的3倍；挂号信件丢失、损毁的，按照所收取资费的3倍予以赔偿"。这一条在实际生活中，常常作为民营快递企业在快件丢失后对消费者的回复，但这也是显失公平的。

首先，正如该法第45条第一款的规定，该限额赔偿条款调整的对象是邮政普遍服务，并非民营的快递服务。同样根据《邮政法》第2条第四款的规定："本法所称邮政普遍服务，是指按照国家规定的业务范围、服务标准和资费标准，为中华人民共和国境内所有用户持续提供的邮政服务。"这就从性质上区别了快递业务与邮政普遍服务。该法第15条第一款规定："邮政企业应当对信件、单件重量不超过五千克的印刷品、单件重量不超过十千克的包裹的寄递以及邮政汇兑提供邮政普遍服务。"这又从快递的规格上对"邮政普遍服务"做了规定。据此可以看出，该条款对调整对象是有严格限制的，对于邮政普遍服务以外的业务损失并不调整。第二，该条款适用的前提是邮政企业履行已经告知义务。换句话说，告知义务是限额赔偿机制的先决条件。如果邮政企业没有依照规定履行告知义务，则在纠纷中无法援引该限额赔偿条款作为抗辩依据。第三，根据该法第59条之规定"第45条第二款关于邮件的损失赔偿的规定，适用于快件的损失赔偿"。而第45条第二款中规定了"邮政普遍服务业务范围以外的邮件的损失赔偿，适用有关民事法律的规定"。那么，根据《邮政法》的规定民营快递企业快递业务损失并不适用《邮政法》的调整，而应适用其他民事法律。

从对以上一个事例的分析就可以看出，民营快递业适用《邮政法》是行不通的。法律之所以对普通邮政服务提供保护性条款，主要原因源于此项服务具有公共服务的性质。邮政企业提供的普通快递服务定价标准是确定且低廉的，在此情况下要求其承担过高的风险是不公平的。与此同时，邮政企业提供的普通邮政服务不是市场自由分配的结果，考虑到邮政企业的公共服务性质，对于该企业的法律责任分配就应兼顾维护消费者的权益与保持长期稳定持续提供服务的能力双项责任。不应使其因为责任过重而丧失公益服务能力。因此，不只是我国，各国法律中都有对此类服务所产生的损失规定了限额赔偿。据有关资料介绍，一般邮件的损失赔偿"方面（我们通称的"平信"），除了英国、澳大利亚、俄罗斯等少数国家外，包括新西兰、瑞士、挪威、日本、印度等在内的多数国家都认为普通邮政业务的服务提供商对于一般邮件不承担赔偿责任，其中挪威规定采取过错责任，认为对于一般邮件的损失有重大过错的也要承担赔偿责任。

对于民营快递企业则大不相同。首先，该企业是受市场支配的，且不用承担公共服务的职能，提供的快递服务是有针对性的。其次，对于快件纠纷的处理与赔偿当然属于民营企业快递服务中的重要一环，同样是市场竞争的重要条件与消费者选择快递公司时考虑的因素之一。最后，民营快递企业并非像邮政企业一样提供低付费基础服务。民营快递企业是以盈利为目的的企业，就应承担与其享受权利相匹配的责任与义务。

3. 民营快递企业适用《合同法》

民营快递企业无论其企业性质、服务内容还是企业责任与传统邮政企业都有很大区别。并且根据《邮政法》的规定民营快递企业的纠纷损失都应适用有关民事法律的规定。笔者认为，民营快递企业快递业务纠纷应适用《合同法》，理由如下：

首先，依据快递服务的性质可以认为快递服务订单是一种特殊的合同关系，乃是寄件人与快递公司订立的合同，内容为快递公司将寄件人交付的物品快速递送到特定的收件人处。所以，这种特殊的合同关系应属于货物运输合同关系中的一种。

所谓货运合同，是指货物托运人与货物承运人约定缔结的，以承运人将约定货物从起运地点运输到约定地点并交付给收货人的合同。从这个关于货运合同的定义中不难发现货运合同的特点主要有3点。首先，货运合同的合同标的应当是货物承运人依照约定运输货物的行为。其次，通过货运合同交付的这一点不难看出，货运合同中往往涉及第三人，也就是收货人。也就是说，当货物的托运人指定的收货人并非自己时，货运合同就涉及第三人。这里的第三人虽然既不是货物托运人也不是货物承运人，但却因其特殊的地位也应属于合同的利害关系人，并且应当享受相应的权利，比如验货的权利。最后，货物承运人需要将货物交付收货人才算合同履行完毕。

分析了货运合同的特点，回顾快递服务合同。很显然，快递服务合同就符合货物运输合同的上述特点。第一，快递服务合同的合同标的的确为快递企业的快速递送行为，也就是实际生活中快递公司接件后通过各种运输手段将快件运送到收件人手中的行为。其次，快递服务合同中也涉及了不属于合同当事人却享有相应权利的第三人，也就是收件人。同时收件人也享有诸如提货、验货等权利。虽然这些权利在实际生活中往往得不到切实的保障，但不容置疑的是收件人确实享有这些权利。最后，快递企业需将快递物品交付收件人才算履行完毕。因此，快递服务合同在本质上是属于货运合同的。

但仔细推敲之下，快递服务合同与普通货运合同虽然有特点上的联系却又有区别。首先，除有特别规定外，调整货运合同的法律规范应当适用于快递服务合同。但是，快递服务合同也有不同于一般货运合同的特别之处，主要表现为：第一，快递服务合同对快递企业快速递送服务的时效性要求很强。而普通的货运合同则只要求承运人按常规路线和时间运输即可。其次，快递服务合同要求提供一种门到门、桌到桌或手到手的便捷式服务。但普通货运合同中则可由收货人自行提货，其便捷性大大逊于快递服务合同。

（二）快递纠纷中的权利义务

1. 快递服务合同的当事人

在实践中，一份快递服务合同涉及三方，即寄件人、快递企业、收件人。其中收件人虽然不能算作快递服务合同的当事人，却因为快递服务合同与其有利益关系，而成为了有独立请求权的第三人。然而，寄件人与快递公司则是快递服务合同中的当事人。前文所说，电子商务迅速发展，网购与快递行业密切相关。一般来讲，在网购中涉及的快递服务起到了连接销售者同时也是快递服务中的寄件人和消费者也就是快递服务中的第三人之间的纽带作用。并且快递服务是电商交易顺利完成的必不可少的组成部分。

2. 快递服务合同的效力

在快递服务合同中，寄件人、快递企业、收件人三者之间的权利义务关系构成了快递服务合同的效力。前文提到，我国快递服务的迅速发展重要因素之一是电子商务交易的发展，所以这里将重点围绕这一背景进行探讨。

（1）寄件人与收件人之间的权利义务关系

由于快递服务自身的特点，寄件人与收件人之间并不要求具有特定法律关系。换句话讲，无论寄件人与收件人之间具有何种法律关系或是寄件人与收件人之间根本不具有法律关系，都不影响寄件人与快递企业缔结履行合同。但依照前文所述，若将寄件人与收件人放置于电子商务交易的特殊情境下讨论，那么两者之间构成了买卖合同关系。由于双方具有买卖合同关系，那么相应的各方承担的权利义务首先应当依照二者所订立的买卖合同来履行与实现，合同未规定的或是规定不合法的应按照相关法律来履行。由于在电子商务交易的独特背景下，买卖合同的缔结往往先于寄件人与快递公司缔结快递服务合同，故而可以认为寄件人与收件人之间所缔结的买卖合同是快递服务合同发生的前提条件之一。当明确了二者间的权利义务关系后，就有利于作为收件人的消费者根据《合同法》及《消费者权益保护法》维护自己的合法权益，与此同时也为纠纷发生时的责任划分提供了依据。比如，在网购中，作为收件人的消费者收到的物品与自己购买时不符的情况下，其责任应当归结为寄件人，也就是销售者，则消费者无权要求快递企业承担责任。

（2）寄件人与快递企业之间的权利义务关系

通观各民营快递企业的快递服务合同可以发现，在这些服务合同中，寄件人需承担的义务主要有：告知义务、交付快递物品并接受快递企业验视的义务、按要求包装快递物品的义务等。如寄送的物品属于国家禁止寄递的物品范围，则快递企业有权拒绝收寄。

在快递服务合同中，快递企业须承担的义务主要有包括验视义务在内的多项义务，如妥善保管快递物品的义务、按照约定将快递物品交付给收件人并取得签收的义务等。值得注意的是，验视快递物品既是快递公司的权利同时也是快递公司的义务。2013 年 11 月 29 日，山东东营的刘某在收到网购的一双鞋子几小时后出现了呕吐、腹痛等症状，2013 年 11 月 29 日因抢救无效死亡。据医院诊断，刘先生死于有毒化学液体氟乙酸甲酯中毒。而这次"毒快递"货物的承运人正是某知名速递公司，从对该事件的新闻报道中至少可以推断出某知名速递公司在收到快件时并未履行验视义务，未采取合法的处理方式才导致该事件的出现。

（3）快递企业与收件人之间的权利义务关系

收件人是具有独立请求权的第三人。在快递服务合同中，快递企业需向收件人承担的主要义务有送达义务、及时通知的义务、交付物品的义务、告知其当面验收的义务等。并且快递服务合同在本质上也是为第三人利益的合同，所以当快递企业不能依约完成快递服务时，收件人有权直接向快递企业行使请求权（独立请求权）。

在实际生活中快递企业与收件人之间的义务在履行过程中往往会出现问题。收件人也是快递服务申诉事件中主要的申诉人。从快递服务履行的程序上来看，送达义务要求快递企业要安全、准确、快捷地将快递物品送达至收件人，并及时履行通知收件人的义务。在这当中容易出现的问题主要是当收件人不能及时签收快递时，快递企业应履行免费为其再次递送的义务。根据我国快递服务的行业标准和国家标准，快递服务组织应对快件提供至少 2 次免费投递；投递 2 次未能投交的快件，收件人仍需要快递服务组织投递的，快递服务组织可以收取额外费用，但应事先告知收件人费用标准。

交付快递物品是快递企业履行其快递服务合同的重要环节，在交付过程中，快递人员还应告知收件人当面验收快递物品。在实际生活中，快递企业在告知收件人验货这项基本义务的履行上多不达标。即使收件人自行提出先"验"再"签"，也常常会被快递工作人员拒绝，或以公司规定为由要求收件人检查快递外观是否有损坏以此算作履行告知义务。在交付的过程中另一项经常出现的问题就是快递企业虽然承诺"门对门"的服务，却在服务中要求收件人自行到某地提货。此时，收件人便可向快递企业行使给付请求权，也是收件人所享有的直接请求快递企业将快递物品按约定时限和地点予以交付的权利。

（三）快递纠纷的法律责任

前文中所说，民营快递企业不受《邮政法》调整，那么民营快递企业的快递纠纷赔偿也不应受《邮政法》调整，且《邮政法》有明确规定，民营快递企业的快递纠纷赔偿应适用其他民事法律。笔者认为，能够调整快递纠纷的法律主要有《合同法》与《民法通则》。

首先，快递是一种特殊的货物运输合同，当然受《合同法》的调整。当发生快递纠纷赔偿时，快递公司倾向援引《邮政法》关于限额赔偿的规定。而消费者作为快递服务合同一方，应被认为是一般的民事主体，与民营快递企业的地位平等。首先，可依据《合同法》第 113 条的规定"当事人一方不履行合同义务或者履行合同义务不符合约定，给对方造成损失的，损失赔偿额应当相当于因违约所造成的损失，包括合同履行后可以获得的利益，但不得超过违反合同一方订立合同时预见到或者应当预见到的因违反合同可能造成的损失"，《民法通则》第 112 条的规定"当事人一方违反合同的赔偿责任，应当相当于另一方因此所受到的损失"，实行全面赔偿的原则，即若快递公司违约或是未将快件送到指定地点时，承担全额赔偿责任，赔偿消费者快件的实际价值。第二，根据《邮政法》第 1 条之规定"为了保障邮政普遍服务，加强对邮政市场的监督管理，维护邮政通信与信息安全，保护通信自由和通信秘密，保护用户合法权益，促进邮政业健康发展，适应经济社会发展和人民生活需要，制定本法"，可见邮政法根本上是调整邮政企业权利与义务的法律，从性质上应属于行政法范畴，不属于民法特别法，不应作为民事实体判决的法律依据。第三，《民法通则》与《合同法》是我国的基本民事法律，由全国人大制定；而《邮政法》是一般法律，由全国人大常委会制定，相比于《民法通则》与《合同法》，属于下位法。当下位法与上位法发生冲突时，应适用上位法。

三、快递纠纷的规制

（一）健全行业准入机制与监督机制

促进民营快递企业健康发展，应发挥内外部监督作用。

从外部来讲，2009 年 10 月 1 日实施的《邮政法》规定快递业务实行经营许可制度，并设置了快递行业的准入门槛，对从业人员的素质提出了要求，这在当时是影响重大的政策。作为当时《邮政法》的重要配套法规，《快递业务经营许可管理办法》对快递企业资质设置了注册资金 50 万元、100 万元门槛的限制，致使当时可能有 80％的民营快递企业不符合注册资本最低限制条件而面临增资或者退出市场的抉择。但现行的《邮政法》对民营快递企业的准入门槛还是很低的，《邮政法》第 52 条规定："在省、自治区、直辖市范围内经营的，注册资本不低于人民币五十万元、跨省、自治区、直辖市经营的，注册资本不低于人民币一百万元，经营国际快递业务的，注册资本不低于人民币二百万元。"从规范市场减少纠纷的角度看，应当适当提高行业的准入门槛。此外，充分发挥市场调节的作用，优胜劣汰。激励快递市场自我规范。此外，邮政管理部门应当针对民营快递企业这一特殊群体专门设定监督机制，启动质量评估等手段达到规范市场的目的。

从内部监督来讲，民营快递企业行业内部应积极建立自我管理的行业协会。2013 年 2 月 25 日广州市快递行业协会宣告成立。据统计，广州市现有快递企业 700 多家，快递从业人员达 6 万余人，2012 年快递业务收入 73.4 亿元，占全省业务收入的 32.6％，快递业务量高达 12.76 亿件。广州市快递行业协会现已有 81 家会员单位，在规范快递行业管理及推进快递市场健康发展方面将发挥重大的积极作用。

（二）建立先行赔付与保证金制度

在电子商务发展的过程中，以淘宝网为代表的电商已经发展出一系列先行赔付的制度，并加以有效地运行。同样依靠电子商务发展起来的民营快递企业也可以建立此项制度，保护消费者的利益。可由国家邮政部门监督，行业协会主办，各个快递企业依照纠纷率等数据缴纳与之相符数额的保证金作为建立先行赔付的基金。当快递纠纷发生时，若消费者无法得到合理的赔偿，可向行业协会提出申诉，行业协会受理申诉后，以先行赔付基金作为调查、勘验、评估等工作的费用并核实后即可用先行赔付基金赔付消费者，再由行业协会向民营快递企业追偿。

（三）充分利用多种诉讼制度

快递纠纷发生后，作为消费弱势群体的消费者，权益很难得到保障的一个主要原因就是快递纠纷涉及的金额较少，而最公正的解决手段——诉讼的成本较高，导致消费者最终不了了之，损害无法得到赔偿。

对于涉及金额小的快递纠纷来讲，简易程序依然显得十分复杂。近年实行过的小额诉讼程序为问题的解决提供了新途径。小额诉讼程序作为新型司法程序独立于简易程序与普通程序之外，拥有一审终审制的特点，并具有执行时间短、诉讼费用低、执行力强的优势，十分适合快递纠纷的诉讼。应用小额诉讼制度可以在一定程度上减少消费者的举证压力，降低诉讼费用，同时节省司法资源。

在 2013 年曾报道过某知名速递企业工作人员倒卖消费者信息的新闻，针对此类特殊案件，笔者认为完全可以适用集团诉讼的方式保护消费者的合法权益。相对于民营快递企业，消费者具有信息缺乏、知识薄弱、举证困难等劣势。若将消费者通过信息平台集中起来，即可针对相同或相似的问题丰富信息，有利于消费者维权，以及达到规范民营快递行业的目的。

论海上货物运输的迟延交付

雷宇萍[1]

摘　要：21世纪是海洋世纪，海洋将成为国际竞争的主要领域，海洋经济正在并将继续成为全球经济新的增长点。作为海洋经济的一部分，海洋交通运输业的重要地位也愈发凸显。在发展该产业的过程中，完善统一的法规对促进这一产业的发展壮大将起着重要的推动作用。在海洋运输中关于货物运输迟延交付的问题，由于《海牙规则》（Hague Rules）、《汉堡规则》（Hamburg Rules）这两大公约规定的不同，因而在理论和实践中也产生了较大分歧。我国《海商法》关于迟延交付的相关规定吸收了当时国际上立法的先进成果，但仍有不足：关于迟延交付的概念不清、赔偿标准不明确、赔偿限额过低等。这些直接影响到司法实践中对该问题认识混乱，裁判尺度不统一。本文通过比较海上运输领域早期和近现代、国外和国内的法规，结合具体的案例，找出该制度在我国的适用问题，并针对这些问题提出相关的意见，包括如何明确迟延交付概念、如何解决迟延交付赔偿额过低等，为我国《海商法》的完善提供一些思路。

关键词：海上货物运输　迟延交付　赔偿责任

一、绪　论

21世纪，海洋将成为国际竞争的主要领域，与此相关的经济正在并将继续成为全球经济新的增长点。作为海洋经济的一部分，海洋交通运输业的重要地位也愈发凸显。在发展该产业的过程中，完善统一的法规对促进这一产业的发展壮大将起着重要的推动作用。现阶段，关于海洋运输的国际性法律法规存在许多争议点，其中之一就是迟延交付。这一法律概念在 20 世纪

---

[1]　雷宇萍，北京物资学院劳动科学与法律学院法学专业 2010 级毕业生。

中期以前仅以一种依附的姿态散见于各个公约法条中，究其根本原因主要是海上贸易的固有危险与不可预见性。

但随着国际经济贸易和国际运输的发展，确保货物及时到达目的地已经成为国际运输中重要的竞争因素，与保证货物安全性同等重要。在这种潮流下，《汉堡规则》第一次明确提出了迟延交付这一概念。该规定将迟延交付与货物的灭失、损坏分开，使它不仅仅作为损害结果，亦同不合理绕航等一样作为损害原因出现，从而使迟延经济损失的赔偿有了法律依据。

我国《海商法》是参照《汉堡规则》和《海牙—维斯比》并结合本国的具体国情制定的，好处在于吸收了两大公约的优点，但因为两大公约的差别，《海商法》中也有一些"双面受敌"的尴尬点，其中迟延交付制度就是这一矛盾的典型。在我国，迟延交付在司法理论和实践中出现了一些分歧。尤其是在司法实践中，对该问题的认识混乱，裁判尺度不统一，同样的案例在不同法院判决会出现截然不同的结果。法律的主旨在于明确权利义务关系，划清责任，迟延交付这一制度的不完善，不仅是货方的权利得不到保障，而且使承运人的责任难以确定。这既有损我国《海商法》的法律地位，也与立法的目的和宗旨相悖离。基于这一情形，如何明确迟延交付的法律制度，已成为我们亟须解决的问题。

本文将结合迟延交付的相关案例并且联系民法中对"迟延履行"的规定，围绕三大点来写：迟延交付的界定、迟延交付的赔偿范围、迟延交付的责任限定。以期通过这三大核心问题的分析研究，为迟延交付制度的完善起到一定的参考作用。

二、迟延交付的概念界定

（一）民法中迟延交付的概念

民法中迟延交付叫作给付迟延，是指债务人的迟延，具体是说因可归责于债务人的事由而造成一时不能时，如果在不能原因去除后债务人仍能履行债务，构成迟延履行问题。❶

（二）迟延交付在海商法领域的运用

1. 旧的海上货物运输的法规中无迟延交付的规定

目前，我们几乎很难从早期世界各国的海上货物运输法规中发现有关迟

---

❶　参见王利明：《论履行不能》，载杨振山等主编：《罗马法、中国法与民法法典化》，中国政法大学出版社 1995 年版。

延交付的规定，在《海牙规则》中第 4 条规定："凡由于船舶不适航所引起的灭失和损害，对于已恪尽职责的举证责任，应由根据本条规定要求免责的承运人或其他人承担❶。"

由此可以得出，关于迟延交付的规定，在早期的海运法规中是没有涉及的。究其原因，是因为海上运输的固有的风险和不可预测性，货物及时交付不在承运人的法定义务之内。

2. 迟延交付制度的出现

随着国际经济贸易和国际运输的发展，保证货物及时到达目的地已经成为国际运输中重要的竞争因素。在这一背景下，《汉堡规则》规定："如果货物未在明确约定的时间内，或者在没有这种约定时，未在按照具体情况对一个勤勉的承运人所能要求的合理时间内，在海上运输合同所规定的卸货港交付，便是迟延交货。"❷ 这是第一次明确规定了迟延交付这一概念，它的出现对平衡货运双方的利益、推动现代海洋运输业的发展具有重要意义。

3. 我国《海商法》关于迟延交付定义的规定以及存在的问题

我国《海商法》参照《汉堡规则》的相关规定，对"迟延交付"的问题做出了这样的规定："货物未能在明确约定的时间内，在约定的卸货港交付的，为迟延交付。"❸ 具体说来，迟延交付应该具备以下几个要件：第一，交货时间仅限合同明确约定；第二，交货地点为约定交货港；第三，迟延交货必须有事实。❹ 这一规定与《汉堡规则》最大的区别就是没有将"合理时间"纳入立法范围内。因为在《汉堡规则》中，关于迟延交付的规定涉及"勤勉"等字眼，这在实际操作中很难确定，为避免赋予法官过大的自由裁量权，所以立法者对此采取搁置的态度。

但是，随着航运业的发展和司法实务的深入，关于"合理时间"的重要性愈发凸显。一方面，排除"合理时间"与承运人合理遣返的义务相悖；另一方面，在国际运输惯例中，合同上一般是不规定到货期限的，而作为提货凭证的提单，因为是格式条款且其中并没有关于时间的相关规定，所以就目前世界范围内普遍认同的规定看，我国《海商法》对迟延交付的规定在实践中被运用到的机会很少。此处将以著名的"柯兹亚"轮迟延交货纠纷案为例

---

❶ 参见《海牙规则》第 4 条。

❷ 《汉堡规则》第 5 条第 2 款。

❸ 参见《海商法》第 59 条。

❹ 陈宪民：《海商法理论与司法实践》，北京：北京大学出版社，2006 年版。

对该点进行讨论。

该案的案情是这样的：原告中国五金矿产进出口公司（以下简称"五金公司"）向罗马尼亚某公司购买钢材、扁钢、角钢等，通过中外运输总公司向被告罗马尼亚班轮运输公司租"柯兹亚"号轮船，并支付了全程运费。装运前，五金公司与第三方江苏省常州新技术产业远东对外贸易公司（以下简称"常州公司"）签订了钢材销售合同。约定：五金公司委托常州公司向常州市工商银行贷款 400 万美元用于信用证付款，由五金公司提供担保并承担还本付息责任。后因为船舶主机发生故障要检修，所以耽误了 6 个月。另因海水浸蚀，大部分钢材锈蚀。后原告自行将钢材卖出，但仍有损失。该事情发生后，五金公司将罗马尼亚班轮公司告上法院，理由是其提供的船舶不适航，抵达黄埔港的时间比正常航行时间晚了 6 个月，从而造成其损失。并要求被告赔偿货物市场损失、由于不能履行与常州公司的合同而支付的违约金、由于不能及时偿还银行贷款的利息损失以及部分货物损失。海事一审法院认为被告公司的船舶不适航，判决支持原告除违约金外的其余各项损失。后二审法院同样认定船舶不适航，但认为除货物损失外，其他各项如违约金损失、利息损失和市场损失与船舶不适航没有直接因果关系，于是驳回了原告关于这 3 项的诉求。

本案中，"柯兹亚"轮由于不适航，比正常航运时间晚了 6 个月，明显属于迟延。但是我国《海商法》规定必须是合同中有"明确约定"的时间才构成迟延，而在本案中只是提到正常航运时间，如果严格按照我国《海商法》的定义进行，那么五金公司以迟延交付为由向法院起诉根本不可能，这种明显不公正对货方而言无疑是一个维权之路的巨大阻碍。所以，将"合理时间"这一标准纳入我国《海商法》的法条中具有十分重要的意义，关于这点的讨论在第五部分的立法改进建议中会有较为详细的论述。

三、承运人迟延交付的责任

（一）迟延交付的责任来源

在海上运输中，承运人一般有两项基本义务：一个是默示义务——合理速遣；二是合同约定的义务。若违反这两项义务，则随之产生相应的责任，接下来将对这两点进行讨论。

1. 违反合理速遣义务发生的法律责任

合理速遣（Reasonable Despatch）是指货物在装船后，船舶应及时开航，并在货物运输过程中尽快完成航次，将货物运至卸货港交给收货人❶，而不应有任何不合理的延误。在早期的英国普通法中这项义务就有被提及，它作为承运人的默示义务而无须在合同中明示，与谨慎使船舶适航、不得不合理绕航、合理绕航并列，后来因《海牙—维斯比规则》将该原则纳入其立法体系当中而逐渐被国际海上运输领域接受，成为国际通行的惯例。具体而言该义务主要包括以下两方面的内容：

（1）做好开航前的准备工作。收到货物后要及时装船，检查船舶是否适航，装运一旦完成，起航应该立即进行，不得进行无故拖延。

（2）按规定或者习惯的航线行驶。承运人在运输过程中应该按照当时的气候条件决定航速，并按照规定或习惯的航线行驶，除非与货主约定或者有其他正当事由，否则中途不可任意停靠或中转货物。

关于承运人合理速遣义务在我国《海商法》中没有做出明确规定，但这并不表示我国并不认同这一原则。前文我们就已经提到过我国《海商法》制定时，《海牙—维斯比规则》是其重要的借鉴资料，这两个国际性法规中确定的一些原则也有相当一部分被我国采纳，"合理速遣"就是其中之一。例如，上文提及的"柯兹亚"轮迟延交付案中，法院判决承运人应该对其不合理绕航而产生损失进行赔偿。该案充分证明在我国的司法实践中对合理速遣的原则持的是肯定态度，若承运人不履行该义务，则须承担相应的责任。

2. 合同约定的义务

卢梭曾说过"合同即法律"。双方当事人一旦签订了合同，就必须像遵守法律一样遵守合同，否则就要承担相应的责任。前文我们已经提到，在海上货物运输合同中基本上是没有时间的规定的，即使是在班轮运输中承运人也不会保证能准时到达，所以在《海商法》实践中对于该义务运用较少。

（二）迟延交付的归责原则

关于承运人迟延交付的归责原则，世界上通行的法规中主要是两种：不完全过错原则和完全过错原则。这两种归责方式是各方利益博弈后的产物，它与制定法律时的政治、经济、文化都有着密不可分的联系。承运人责任基础中较重要的一点就是归责原则，关于该点，由于国际上海洋运输领域法律规定的不一致，承运人迟延交付的归责原则也是各有不同。

《海牙规则》和《维斯比规则》中规定承运人的过失免责事项，包括火灾免责等，其规则原则是不完全过错责任。在《汉堡规则》中，航行过失、火灾免责已经被取消责，承运人的归责原则也随之变成了完全过错责任

---

❶ 参见 John Wilson：Carriage of Goods by Sea, 2 Edition, Pitman Publishing, 1993, pp. 16—17.

原则。

关于迟延交付规定，我国《海商法》一方面是借鉴了《汉堡规则》，另一方面在归责原则方面则借鉴的是《海牙—维斯比规则》，在第 50 条中对迟延交付的归责原则进行了特殊规定："除依照本章规定承运人不负赔偿责任的情形外，由于承运人的过失，致使货物因迟延交付而灭失或者损坏的，承运人应当负赔偿责任。除依照本章规定承运人不负赔偿责任的情形外，由于承运人的过失，致使货物因迟延交付而遭受经济损失的，即使货物没有灭失或者损坏，承运人仍然应当负赔偿责任。"[1] 通过该条我们不难发现，承运人的迟延交付责任的归责原则是不完全的过错责任原则。

（三）航次租船运输和班轮运输中迟延交付的责任

在国际海上货物运输中存在着两个典型的运输方式：航次租船运输与班轮运输。在实务中，无论是哪一种方式，均不会明确约定货物的交货时间。即使在班轮运输中，除了承运人基于对竞争力的考量而答应托运人关于时间的要求，一般情况下即使是非常准时的承运人也不会向托运人做出在确定时间达到的承诺。但由于二者属于十分典型且常用的运输方式，所以此处将二者进行比较研究，以此对迟延交付责任进行更好的理解。

1. 航次租船运输的迟延交付责任

我国《海商法》第 92 条规定，"航次租船合同，是指船舶出租人向承租人提供船舶或者船舶的部分舱位，装运约定的货物，从一港运至另一港，由承租人支付约定运费的合同。"[2] 该种运输用于不定期的租船。在该种方式下，当事人之间的书面协议除了提单外还有租船合同。在提单中，只有装货日期而无具体的货物交付日期，在实践中是否在合同中定入具体的交货日期，在于当事人的意愿，这与早期海商法制定的理论是一脉相承的，早期的业内人士和法学专家们认为，具体到货时间的约定纯属商业性的问题，法律无须过多干涉。至于当事人是否愿意定立该约定以及以怎样的方式和条件订立都不在法律的规定范围之内。具体而言，这又视承运人和托运人的实力对比和航运市场是否景气而定。若航运市场属于船方市场，那么具体交货时间的约定一般不会见诸合同中或者即使在合同中有规定，那么也是在托运人支付高额费用的情形下签订的，所以这类约定在实践中较为少见。若市场属于货方市场，那么托运人就可以在合同中订立关于到货时间的约定。但即使有这种优势，租约中关于日期以及航速条款的约定依然不是十分明确，比如承

---

[1] 参见《中华人民共和国海商法》第 50 条。
[2] 参见《中华人民共和国海商法》第 92 条。

运人要"迅速航行到装货港和卸货港"的措辞就没有说明具体的时间。事实上，租约中就交货日期大多数情况下无法做出明确约定，因为作为营运周期不固定的运输方式，海上运输是要受上一租期履行情况、港口泊位安排等因素的影响的。综上，我们发现虽然在《汉堡规则》和我国《海商法》中都有关于时间方面的规定，但是在实务中却较少用到，由此而规定的责任问题也就难以找到一个较为明确的落脚点。

2. 班轮运输的迟延交付责任

承运人接受众多托运人的托运，将属于不同托运人的多批货物装于同一船舶，按规定的船期，在一定的航线上，以规定的港口顺序运输货物，这种方式就是班轮运输，也叫件杂货运输。该种运输方式多用于定期船运输。❶

在这种运输方式中，有两点我们需要弄清楚。第一，该如何定性轮船公司的公告即班轮运输公司发布的船期表，是要约还是要约邀请，这对定性其若超期是否构成民法上的违约具有重要意义。另一方面，在班轮运输的合同中约定的到港时间是否就是承运人的交货时间。

（1）定性班轮运输公司的公告。

船期表是在集装箱班轮运输中由轮船公司公布的，它通常以公告的形式出现，内容一般包括船名、航次、离港日期、中途挂靠港、中转港以及抵港时间等。班轮公司根据船期表来接受货物的装载则是班轮运输领域的惯例。但是，我们均知道，在班轮运输中不仅包括班轮运输合同和相关公告，还包括其他的货物凭证，比如货物托运单、定舱单和提单等，在这样一些单证中，由于多方因素的影响，大多是没有完全记载船期表上的全部运输条件的。在这种情况下，承运人是否要受自己发布的船期表约束呢，对于这一点，笔者有如下一些想法：

第一，船期表本身的性质应该是一种要约邀请。世界上关于要约邀请的定性多种多样，但大体上均是指希望他人向自己发送要约的意思表示，这只是一种预备活动，并非订约行为。在海上货物运输中，看到公告的托运人发现船期符合自己的要求，那么他就会向承运人递交订舱委托，这就构成了要约，如果承运人也接受这一委托，给出相应的船名、船舱号等才算是订立了合同。

在世界民法体系中，要约的构成要件除了必须具备的东西比如意思表示等之外，还有一些特殊的构成要件，具体包括：第一，由特定人向特定人提出；第二，内容必须具体、明确；第三，要约必须要有订立合同的意图。班

---

❶　司玉琢：《海商法（第2版）》，北京：法律出版社，2007年版，第162页。

轮公司的船期表是通过各种渠道和方式向不特定的社会大众提出的，内容更是达不到具体明确的标准。因为海上货物运输存在着较大的变动性，船舶的实际情况受到港口、天气和政策等的影响，所以在运输实务中，大多数班轮运输公司给的船期表的公告中会注明抵港、离港等的日期只是"预期"的，并且公司在提前通知或不通知的情形下享有最终的修改权。

根据上面的分析，我们能很清楚地看到轮船公司的船期表是一种要约邀请。就如同航空旅客运输一样，航空公司的时刻表只是一种要约邀请，乘客买票航空公司卖票才是合同的正式成立。

第二，在承运人托运人完成了海上运输合同的订立后，船期表也应该纳入运输合同之中，成为运输合同的组成部分，一旦承运人违反了船期表中的规定，且不存在免责情形，那么承运人则要做出相应的违约赔偿。

另外，在运输合同已经订立的情形下，船期表中挂靠各港口的时间是一个我们应该注意的问题。因为它不仅是一货物的到港日期同时也是另外货物的离港日期，承运人应该受到该时间的约束，保证船舶按照约定的时间到达和离开挂靠港。

但是在这一点上我们还应该注意到一个问题：在迟延交付的索赔中受损害的主体与索赔的主体可能存在不一致的情形，即权利的转让是否能成立。海上货物运输合同由承托双方签订，对班轮运输的承托双方具有合同的约束力。该合同包括班轮船期表、订舱单、托运单、提单等。任何一方违反合同的约定，都应该承担相应的违约责任，这与民法中合同的一般规定相同。但是，在海上货物运输中，托运人并不一定是货物的所有人，若货物迟延交付，那么真正的受损方往往是货物的所有人：提单的持有者。提单可以合法流转，最后会到持有人手中。持有人最后通过该提单向承运人收取货物。那么，原来海上货物运输合同中所确定的权利和义务关系是否能够随着提单的流转，完全转让到新的权利义务人之间？关于这一点我们应该注意到的是，原承托双方签订的是海上货物运输合同，其中包含有提单。而承运人与提单持有人之间的凭证是提单，那么承运人与提单持有人之间只是受到提单记载项目的约束。"提单是托运人按事先与承运人达成的国际海上运输合同，将货物交给承运人接受或者由承运人装至船上后，应托运人的要求，由承运人、船长或承运人的代理人签发❶"。前文已经提到这种单据属格式条款单据，一般是没有规定到达卸货港日期这一事项的。所以若货物在卸货港迟延到达和迟延交货造成了损失，那么提单持有人则无权以迟延交付为由向托运

---

❶　司玉琢：《海商法（第 2 版）》，北京：法律出版社，2007 年版，第 162 页。

人索赔。

关于如何解决这一问题，笔者曾试图从提单本身入手，完善提单的内容，将货物的到港日期明确加入提单的格式条款之中。但是这一做法与实践相违背，毕竟在海上货物运输的惯例中提单的项目早已约定俗成，要想改变这一现状需要耗费极大的人力物力，协调各方的利益，并且在提单中载入到达卸货港的准确时间，可能导致航次租船合同对该提单的不适用。所以，笔者认为，若是货方对到达时间有着特殊的要求，最好使用目的港交货的一些术语，在与作为托运人的卖方签订买卖合同时就对此作出约定，一旦发生迟延，由托运人出面进行索赔。

（2）在班轮运输的合同中约定的到港时间与承运人的交货时间这两个概念的区别。

合同约定的到达卸货港的时间和承运人在卸货港交付货物的时间既有联系也有区别，这需要具体分析。

一般而言，前者是后者的前提和基础。货物只有按运输合同约定的时间到达卸货港，及时地交付货物才有可能。在班轮运输高效准时的前提下，一般是将两者密切联系在一起的，在实际操作中更多的是关注班轮的到港时间，从而确定交付货物的时间。但是从中我们不难发现，即使二者密切联系，他们之间也还是有着一个时间差。在实务中，海上货物运输合同多约定的是到港日期而极少约定交货日期，因为这之间往往因通知收货人提货和等收货人办理报关手续这两个程序而出现间断，这个期间的长短往往取决于通知提货的时间长短和办理报关手续的周期。这个期间具有重要的意义，因为通知提货和等货方报关分别与班轮承运人、通知方和收货人等有密切的利害关系。通知义务的适当性、货物申报的实效性因为规则与不同的当事人，更会产生不同的责任承担的效果。更甚者，即使最后造成了迟延交付的状况，因为这一期间中各方的义务履行不同，那么最后承担责任的也不一定就完全是承运人。以通知收货人取货为例，从目前所知的提单国际公约和我国的《海商法》中均查不到关于货物到达卸货港后如何通知以及通知的相关责任，而多由合同双方约定。一般而言，船方不负通知不到的责任，只有在特殊的情形下（记名提单）才负严格的责任。那么如果船方尽到了通知的义务，因为后方自己的原因而导致了迟延，则船方不负这一损失的责任。这一点，在我国《海商法》第86条中可以得到印证。该条规定，如果收货人不提取货物，船长可以将货物卸在仓库或者其他适当场所，由此产生的风险及费用由收货人承担。所以，关于这一期间的问题应该引起重视。在实践中，这一期间中时间耗费，在一些地区形成了一种惯例。这种惯例有着一定的参考价值，可以根据该惯例分析货物的交付是否迟延。在班轮运输的迟延交付中，弄清约定的到港时间和交货时间这两个概念的区别十分重要，这有利于恰当分析在班轮运输中迟延交付的责任构成。

四、迟延交付的赔偿

（一）迟延交付的损失

涉及海上货物运输中迟延交付损失大概有两种：

1. 物质上的损失

这种损失是货物本身在数量、质量和形态上的损失，一般说来多属于有形损失，通过直接观察或附以一定的检验手段可以发现，因而比较容易理解和确定。这主要发生在承运人运输易腐烂变质的货物的情形下，此时迟延交付同不合理绕航一样是引发损害的原因。这在法条中也有明确的赔偿方式和标准，因此实践中较容易操作。

2. 经济损失

这种损失可以称作真正意义上的迟延损失，它是把迟延交付作为一种损害结果而与货物的灭失、损坏并列，是一种对货方预期利益的损害。准确地说，这种损失是指货物物质上没有任何的变化，但由于迟延交付遇上货物市场价格跌落造成时间利益上的损失或违约赔偿。这种损失大体包括以下几项内容：

（1）市价损失。

在全球化浪潮和市场经济的影响下，价值规律越来越多地影响到了贸易的各个方面，价格围绕价值的波动愈发频繁。这种波动对具有季节性特征的货物和受市场的供求变化影响的货物的作用更加突出。在这一背景下，承运人迟延交付货物对货方造成的损失称为市价损失。

最初这种市价损失是不被承认的，因为根据当时的海运条件而言，由于市场价格波动引发的损失不在海上货物运输合同订立时承运人的合理预见范围之内，所以货方不能因为承运人的迟延交付获得相应的市价损失的赔偿。在英国判例 Dunn and Others. v. Bucknall Brothers 案中，货方对于迟延交付引起的市价损失的赔偿请求未能得到法院的支持。

在之后的实践中，立法者发现这种因迟延交付造成的市价损失越来越频繁，且随着航海技术的革新，对该损失进行赔偿越来越合理和必要。遂在后来英国著名的 C. Czarnikow Ltd . v . Koufos（The Heronll）一案中，法官认可了市价损失赔偿的诉求，该赔偿项才得以确定。

在对该项损失进行索赔时，应该注意几个问题："一、市价的比照标准应该是实际交付之日的价格与应交付之日价格的差价计算，这与合同法中关于迟延履行时的价格标准类似；二、如果目的港不存在这种货物的市场价格，那么应以距离该目的港最近的同类商品的市场价格为标准而加以认定。"❶

（2）利息损失。

利息损失是承运人违反运输合同的时间义务而需承担的责任。普通法认为，利息损失是可以预见的，在双方当事人订立合同之前知晓的信息场合，利息可以作为违反合同以及作为各种法定条款的特殊损害赔偿获得救济。根据这一规定，利息损失是有渊源的。

关于这一赔偿的数额确定最关键的就是本金和时间起算点的确定。关于本金的起算，我国《海商法》第 55 条中有相关规定，货物的实际价值，按照货物装船时的实际价值加保险运费来计算。另外还可参照《海牙－维斯比规则》中的规定，即参照货物根据海上货物运输合同交付或者本应交付的当时当地的正常价值计算，并规定货物的正常价值按照货物的交易价格确定，或者若无此价格，按照其市场价格确定；无交易价格或市场价格，参照相同种类或质量的货物的正常价格确定。就时间的起算点而言，在普通法的判例中，起算日期是原告的索赔请求被承认之日起。

另外，利息率应该以货款的来源而定，具体按照当时当地的具体情况进行计算。

（3）利润损失。

货方在收到货物后一般是两种处理措施，一种是自己加工生产，另一种是转手卖与第三人。低价买，高价卖，这其中无论是自己加工还是转手出售，有利润几乎是必然的。关于第二种情况实际是一个供应链，一环断裂，其余的均可能产生问题。承运人迟延交货，供应方则会迟延供货，那么收货方也会晚拿到货，撇开违约责任不谈，其中涉及倒手出卖的利润就有可能无法获得。

在利润中又分为两大部分，一个是平均利润，一个是额外利润。平均利润是指货物利益方经营该种货物时在市场上可以获得的平均利润；额外利润是在特定的条件下货方经营该货物可能获得的利益。对于第一种利润，因为已经包含在市价损失中，所以此处不再详细阐述。第二种额外利润，因为承运人在订立合同时无法预见，所以其索赔也存在较大困难，具体操作类似下

---

❶ 曾世雄：《损害赔偿法原理》，北京：中国政法大学出版，2001 年版，第 173－174 页。

文的责任损失。

（4）责任损失

如果货方购买的货物的用途已有约定，比如说与第三方签订了加工合同，将该批货物加工后卖与第三方。在这种情况下若承运人迟延交付货物将给货方造成极大的损失，包括违约金的赔偿、商业信誉的损失等，这种损失即为责任损失。

这种损失的确定在实际操作中比较难实现，因为根据合理预见原则的理论，承运人在承运该货物时是不能预见该货物是卖给第三人还是自己加工后再销售，所以一般情形中该损失的索赔往往难以实现，除非在一开始承运人就被告知该货物的用途。

（二）迟延交付的赔偿范围

1. 赔偿范围的确定原则

从各国法律的一般规定和各地司法实践中我们可以得出迟延交付损失确定的几个原则：

（1）合理预见原则。

关于如何确定损失赔偿范围，合理预见原则是一个最基本的原则。

在海上货物运输的迟延交付方面，该原则主要运用于无形的经济损失，其核心内容："承运人不是对货方所有的损失都予以赔偿，而是对那些在签订合同时可以预见的损失进行赔偿；实践中货方因迟延交付造成的损失的得不到赔偿，往往是由于该损失的不可预见性，而不是因为法律免除了承运人的这种责任。"[1]

合理预见原则在实际使用中常常会产生各种分歧，其原因是因为对此原则的认定标准认识不一，其中最主要的就是对承运人"合理预见"的界定。承运人的预见能力包含两方面的内容：一般预见和特殊预见。在一般情况下一个理智的承运人在相同的情形下能够预见的，那么不管合同中有无对该损失的约定，承运人都应该对因为自己的迟延交付而给货方造成的损失承担赔偿责任。这在民法领域常常会用到，不难理解。

但是在海运实践中有着各种特殊情形，一旦碰到这样的特殊状况该如何使用该原则呢？我们均知道海上货物运输存在着其特变之处，有些风险和损失的发生超出了一般承运人的预见范围，在这种情形下要判定承运人的预见能力就要涉及一个举证问题了。要证明承运人有该预见能力，受害人就应该

---

[1]　张明远、傅廷中：《论国际海运货物迟延交付损失索赔的有关要素》，载《中国海商法年刊》1994 年版第 194 页。

拿出相关证据。在著名的 Conwall Gravel Co. Ltd. V. Furolator Courier 案中，法官认为：一般情况下并不要求承运人预见迟延交货引发收货人失去建筑合同投标机会这项特殊的损失。但是，在本案中，承运人已经事先被告知了迟延交付会造成这一损失。有鉴于此，法院判决承运人赔偿收货人因此造成的损失。

收货人除了证明告知承运人特殊情况的存在外，还可以从承运人所从事的行业特点进行证明。特定承运人的专业性质让他可以预见迟延交付可能产生的后果。比如某一航线或某一区域的经常航行的承运人被推定知道一些一般航运人所不知道的特殊情况，如果这些情况能够使其预见到迟延交付的后果，那么他将对迟延交付的损失承担责任。比如英国判例 Victoria Dominion Theatre Co. Ltd. V. Dominion Express Co. Ltd.（［1916］23 B. C. R. 396，35DLR 728［B. C. C. A.］）案中法院的判定，承运人应该赔偿托运人商业利益的损失，原因是承运人在三年中一直与托运人有着这项生意的往来。❶

（2）近因原则

该原则源于英美法中的侵权领域，是侵权行为和危害结果之间因果关系的认定原则之一，在我国的侵权法与刑法中也有相关体现。

近因原则是指最近的原因。在确定迟延交付造成损失的范围时，该原则有着很强的适用性。因为迟延交付一方面是造成损失的原因，另一方面它也是一种结果，有着产生迟延交付的各种原因，比如说不合理绕航等。在迟延交付作为结果的情形下，弄清楚迟延交付的原因往往对确定损失的赔偿范围具有重要的意义。起决定作用的因素的完整性，一旦被打断，那么介入的因素可能就成为近因。例如，一轮船迟延到达卸货港，后又发生了海啸，造成了更大的损失，那么海啸引发的损失部分是否算作迟延交付的损失呢？根据近因原则分析，该部分就只能算作海啸造成的损失。

（3）受害方减轻损失的义务原则

该原则是指一方违约后，另一方有义务及时采取措施，以防止损失的扩大。这一原则来源于民法中减少损失的要求，受损害一方若是没有履行该义务，那就无权就夸大的损失要求赔偿。该原则具体包含三方面的内容：第一，受害方可采取措施防止损失的扩大但是未采取，那么他就扩大部分的损失是得不到赔偿的；第二，受害方因减少损失而支付的费用应当由承运人支

❶ 张明远、傅廷中：《论国际海运货物迟延交付损失索赔的有关要素》，载《中国海商法年刊》1994 年第 128 页。

付；第三，一方违约后另一方积极采取措施避免损失扩大，那么损害赔偿也应当相应扣除，承运人所支付的只应是减少损失的费用；即使受害方所为已超出了合理减少损失所要求的范围，他也不应当去赚一笔❶。该原则在我国的《合同法》中就有规定，"当事人一方违约后，对方应当采取适当措施防止损失的扩大；没有采取适当措施致使损失扩大的不得就扩大的损失要求赔偿❷"。

2. 赔偿范围

（1）物质损失。

相对于经济损失而言，物质损失较为明确，在实践中的争议也不大，各国的法律对此规定得也较为明确。《汉堡规则》与我国的《海商法》对此都有涉及，《海商法》是走 CIF 价格。

（2）经济损失。

关于经济损失的规定，各国的法律中都鲜少涉及。我国《海商法》对迟延交付和迟延交付的经济损失的赔偿都做了明确规定，"除依照本章规定承运人不负赔偿责任的情形外，由于承运人的过失，致使货物因迟延交付而遭受经济损失的，即使货物没有灭失或者损坏，承运人仍然应当负赔偿责任"❸，但是并未对经济损失的赔偿范围进行明确，此处也是立法应该完善的地方。在明确这些标准时，可以借鉴 UNCITRAL 制定的《运输法》（草案），这是目前在这一点上规定得较清楚的。

（三）迟延交付的赔偿责任限定

1. 民法上的限制

完全赔偿原则是我国民法关于损害赔偿基本的原则。在市场经济的大环境下，交易往往是环环相扣的链条，其中一个环节出现问题就有可能造成难以预料到的危害。如果让违约方对这一切承担赔偿责任，那么交易中当事人的风险则会被无限扩大，从而也就打击了交易者的积极性，不利于贸易的发展。为了保护交易的安全，推动贸易的发展，各国民法都对违约方的赔偿责任进行了限制，我国《合同法》第113条也对此做出了规定。

2. 海商领域的限制

由于海上运输的特殊风险，因此除了民法中的责任限制外，《海商法》

---

❶　杨良宜：《国际商务游戏规则——英国合约法》，北京：中国政法大学出版社，2000 年版，第 659－669 页。

❷　参见《中华人民共和国合同法》第 119 条。

❸　参见《中华人民共和国海商法》第 50 条第 3 款。

还对承运人的赔偿责任做出了特殊的限制。《汉堡规则》中"以迟延交付货物应付运费的 2.5 倍金额为限❶"，我国《海商法》规定："承运人对货物灭失或者损坏的赔偿限额，按照货物件数或者其他货运单位数计算，每件或者每个其他货运单位为 666.67 计算单位，或者按照货物毛重计算，每公斤为 2 计算单位，以二者中赔偿限额较高的为准。但是，托运人在货物装运前已经申报其性质和价值，并在提单中载明的，或者承运人与托运人已经另行约定高于本条规定的赔偿限额的除外"。❷ "承运人对货物因迟延交付造成经济损失的赔偿限额，为所迟延交付的货物的运费数额。货物的灭失或者损坏和迟延交付同时发生的，承运人的赔偿责任限额适用本法第 56 条第一款规定的限额"❸。由此我们不难看出我国关于迟延交付的赔偿额相对于货物而言很低，从而导致实际操作中许多受害人不愿提起迟延交付之诉。关于该点的改进意见在下文的建议中阐述。

五、关于完善我国《海商法》的几点建议

通过之前的论述我们不难发现，目前我国《海商法》关于迟延交付的制度还有一些需要改进的地方，笔者认为可从以下几点入手。

（一）迟延交付定义的明确与完善

"我国《海商法》对承运人迟延交付责任的规定，是船货双方利益妥协的结果，对合同中没有明确约定交货时间时是否有可能构成迟延交付不做规定，主要是为了适当减轻承运人的责任❹。"但我们发现该规定与国际通行海上货物运输的规定不相符，并且在实践中也很难得到运用。对此，笔者认为目前最可行的措施是以司法解释弥补立法中的不足。

《海商法》中关于迟延交付的定义仅包含当事人明确约定交付时间的内容，在立法者未明确对此作出修改前，最高司法机关应该对此作出司法解释，将"合理期间"列入迟延交付的时间构成范围。为何通过司法解释而非直接修改《海商法》呢，一方面是维护法律的稳定性，另一方面是因为"最高人民法院曾经发布过一个文件——《涉外商事海事审判实务问题解答（一）》第 134 题认为，我国《海商法》规定的迟延交付仅限于海上货物运输合同的当

---

❶ 参见《汉堡规则》第 6 条第 1 款第 2 项。

❷ 参见《中华人民共和国海商法》第 56 条第 1 款。

❸ 参见《中华人民共和国海商法》第 57 条。

❹ 胡正良：《〈海商法〉海上货物运输合同起草中焦点问题的回顾》，载《中国远洋》2003 年第 7 期。

事人在合同中明确约定了运输期限的情况❶"。尽管该解答不是最高人民法院的司法解释，但是，是结合审判工作的实际在广泛征求意见的基础上的经验总结。由此可见最高人民法院对此持一个非常严谨的态度，所以目前可行性较大的是通过司法解释对此进行完善而非直接在《海商法》本身进行修改。

（二）对迟延交付责任限额的修改

上文我们就提到迟延交付的赔偿额度过低，从而导致许多受害方在遭受损失后不愿提出迟延交付的损害赔偿。此处，笔者将针对该点进行分析阐述，提出自己的一些建议。

对迟延交付的赔偿额度存在着两个主要的问题：第一个问题是赔偿额度低。前文我们就已经提到了《汉堡规则》和《海商法》对迟延交付赔偿的规定，从中我们不难看出相对货物的价值而言，这些赔偿甚至无法弥补受害方维权的费用，所以在实践中许多受害人选择不诉或者撤诉；第二个问题是无论是国际还是国内，都没有关于迟延交付损失的保险赔偿。不论产生迟延的原因如何，其引起的损失都是不能获得赔偿的，我国《海商法》第 243 条也对此做出了不予赔偿的规定。

笔者对这两个问题有这样的修改意见：第一，《海商法》第 57 条中"所迟延交付的货物的运费数额"可以改为"可以合理预见的实际损失为限"，这种"可合理预见的损失"包括物质损失和部分经济损失。第二，船东互保协会应本着"互相保险"的宗旨，承保迟延交付的险别。因为随着我国对外贸易的发展和《海商法》的实施，迟延交付制度已逐渐确立，迟延责任已经成为承运人面临的一项重要风险。在船东互保协会的章程中加入该险别，有助于保护我国海上承运人的利益，促进海上运输业的发展。

六、结　论

随着国际贸易的发展，海上货物运输业也逐渐随着科技的发展与时代的进步而呈现出新的面貌。对效率和时间的高要求也推动了迟延交付制度在世界范围内的认同，该制度在现代海运中也起着越来越重要的作用。但作为一个较为年轻的制度，它存在着一些问题，需要各方努力，共同去完善。

对于货方来说，在签订海上货物运输合同时，应该具备风险防范意识，特别是应该弄清楚自己的权利和义务，以防止迟延交付的损害结果发生后状告无门。对于承运人而言，作为一种新生事物，迟延交付制度漏洞较多，老

---

❶　万鄂湘：《涉外商事海事审判指导（第 1 辑）》，北京：人民法院出版社，2004 年版，第 73 页。

的、带有明显海洋大国偏向点的海运制度依然发挥着重要作用，但是分析现如今的国际格局和海运实践，我们不难发现，由于世界各国对该制度的规定不统一，承运人的责任和义务依然存在着未知的方面，这也对承运人造成了潜在的威胁，而且及时准确地交付货物已经成为当代承运人取得市场竞争优势的重要砝码，这也是承运人应该注意到的问题。

除此之外，相关的法律制定机关和部门应该努力制定和修改与迟延交付制度相关的法律法规，形成完整统一的体系，更好地规范我国的海上运输领域，促进我国海上运输业的发展。

浅析网络购物环境下经营者权益的保障机制

黄晓丹[❶]

　　摘　要： 在互联网所带来的新世界中，"网购"渐渐地走进现代人的生活，越来越多的人看到了网络市场的巨大潜力，享受着网络购物所带来的便捷和实惠。但是这种破土而出的新型的商业交易模式，在对我们生活带来了巨大的改变的同时也带来了许多问题。结合法理中对法律深层次的理解，法律就像是一个天平，应该以一个中立的角度来审视双方，公平地确定双方权利义务，规范其行为范围；其次，根据民法中所倡导的原则，即平等原则和公平原则，在网络购物环境中，保护消费者权益的同时兼顾网购中卖方权益也是应该的。但是，目前人们更多的关注点放在了消费者的身上，而忽视了卖方的权益。现实生活中很多现象无形中侵犯着卖方的权益，致使网购中卖方的权益处在一种很难维护甚至被侵害的状态。由于法律的滞后性、社会发展的复杂性以及多变性，针对目前我国的情况，在电子商务领域，目前的法律法规在网购方面不够健全。综上，对网络购物中卖方的权益保护的研究是很有必要的。本文采取的是从现象角度出发，并采用实践与理论相结合的分析方法，从多方面论述网购中保护卖方权益的重要性并提出相关建议。第一部分是出现的新型现象"网购"的概念以及分类。第二部分是分析网络购物中卖方的特殊性，主要从地位、合同方面、交易和支付模式、物流等角度对卖方进行全方位的分析。第三部分是对网络购物中卖方的权益进行分析，并结合现实中的一些具体现象，在各种购物模式类型中归纳整理出一些侵犯卖方权益的主要形式。第四部分是在对此现象的原因分析上，同时根据现有的法律法规，以及结合新出台的消费者权益保护法对卖方权益的保护提供一些

---

　　❶　黄晓丹，北京物资学院劳动科学与法律学院法学专业 2010 级毕业生。

建议。第五部分主要对网络购物环境下对卖方权益的保护规避机制的研究提出自己的想法和见解。

关键词： 网络购物　卖方权益　卖方特殊性　新消法　保护规避机制

引　言

近几年来，随着网络技术和商务电子化的普及，"网络购物"这种新型消费模式逐渐成为了现代人生活之中不可或缺的重要部分。在网购所带来的电子商务市场飞速发展的背后，不难看到消费者和经营者的身份以及地位早已发生了微妙的转变。同时，逐渐得到空前发展的"网络购物"这种新型消费模式所形成的新型社会关系，导致了对传统购物模式以及立法和司法实践都形成了巨大的挑战。对于我国而言，网民基数庞大，而参与网络经营活动的人群更是不可小视。据中国互联网络信息中心的统计，近年来我国的网络购物人数呈高速增长态势。截至 2013 年 12 月，我国网络购物用户规模达到 3.02 亿，较上年增加 5 987 万，增长率为 24.7%，相比 2012 年增长 6.0 个百分点。网购用户规模的快速扩张为网购市场的发展奠定了良好的用户基础，释放着巨大的市场潜力。基于此，不得不说，"网络购物"必将占据人们生活中举足轻重的地位。就像所有的新生事物一样，在成长的过程不断衍生出种种问题。"网络购物"也是如此，广大消费者对于网购也产生了许多担心，包括产品质量问题、售后问题、网上欺诈和虚假信息的问题、购物网站的信任问题、支付安全的问题，等等。

由于网络购物活动如此活跃，近年来有关网络购物的纠纷不断，由此引发的各种网络消费纠纷也成为社会舆论关注的热点话题，特别是有关维护消费者权益的纠纷，更成为近年来民商法学界关注的焦点。随着新修改的《中华人民共和国消费者权益保护法》的出台，针对网络购物这种新的消费形式，新增了 7 日无理由退货、网购等非现场购物信息披露和网络交易平台提供者责任 3 个部分，强化了消费者维权保障。不得不说，消费者已经成为真正的"上帝"。但是，随着网购中为消费者权益维护的呼声不断增加，以及消费者地位的提高；经营者的地位近年来却逐渐弱化，甚至已经达到了低谷。由网络购物而带来的"对经营者进行诈骗"以及"恶意投诉"的情况时常发生在我们的身边，网络平台下的消费者本位市场现象反倒渐渐地让经营者的维权变得越来越难，卖家的权益受损却无法维权最终只能无奈地接受现实的情况比比皆是。我国目前的法律法规对网络购物这种新型的市场交易模式，依然还是在沿用传统购物模式所适用的相关法律法规，值得一提的是，针对经营者的权益维护的内容更接近于空白。本文进行研究的过程中，采用理论联系实际的论证方式，论述在网络模式下对经营者权益保护的必要性，并且提出相关的完善措施。

一、网络购物的概述

（一）网络购物的概念和模式

1. 网络购物的概念

网络购物是指一种购物活动，即通过互联网完成购物体验的一种新购物模式。网络购物同时又是电子商务活动中的最重要的形式之一。电子商务是随着互联网以及信息科技等技术而发展起来的新型事物，目前理论界对于电子商务的内涵并无统一认识。大体上来说，所谓电子商务是指："在商务活动中，通过采用现代网络通信技术和微电脑技术的手段，以电子化的形式所呈现传统商业活动。"由此看来，本质上电子商务只是改变了传统的商务活动的展现形式，归其属性依然属于商务活动。

2. 网络购物的模式

网络购物最常见的 3 种典型的交易模式：B2B（Business to Business，企业对企业）模式，B2C（Business to Customer，企业对消费者）模式和C2C（Customer to Customer，消费者对消费者）模式。但是随着互联网的席卷，2010 年 8 月，Alex Rampell 提出了 O2O 概念（Online to Offline），之后在 2010 年 11 月，O2O 概念正式引入我国，在 2011 年兴起的"团购热潮"和生活服务类电商的推进下，O2O 模式逐渐地受到 IT、创业者、专业媒体、风险投资者等业内人士甚至餐饮、汽车、服饰、家居、网站、教育、酒店、银行、百货、超市、娱乐等各行各业的关注。本文主要通过介绍 B2C 模式、C2C 模式这两种传统购物模式下对卖方权益的分析，同时引入 O2O 这个新潮模式下带来的法律问题。

二、网络购物中卖方的特殊性

"网络购物"作为一个新型事物，不仅给传统的购物模式带来了改变，同时也给我国的电子商务领域、法律、经济市场等带来了全方位的挑战。首先，在了解了基本概念之后，必须从多方位深刻了解"到底什么是网络购物"，本部分采用的是对比分析法，首先与传统购物模式对比，其次是与普通买卖合同的比较。

（一）网络购物中的卖方与传统购物模式的卖方的比较

网络购物，即经营者在网站上登记注册，开办虚拟的店铺，模拟现实中的店铺从而采用各种各样的形式将自己的产品向公众展示，消费者在家就可以通过简单地上网浏览页面选择自己所需的服务或商品，确定后提交订单，完成电子交易模式的购物步骤，而经营者通过快递或邮寄方式完成货品的配送。通过这个过程，我们可以了解到网上购物这种新型的购物模式，以及这种新型购物模式的特点。首先，互联网是基础，不管是交易双方所要进行要约还是承诺都是依托网络才能顺利完成；其次，网络购物从本质上说，仍然是一种交易活动。针对这种新型的交易模式，在与传统经营的比较上，网络购物中的经营者主要在以下几个方面具有一些区别：卖方身份、交易模式、合同形式以及物流。

1. 身份上的比较

具有虚拟性。对比传统购物模式的卖方，网络购物模式中的卖方因为也有依托互联网，而互联网所带来的虚拟世界中，网络其最大的特点就是虚拟性，而网络购物又是基于网络所进行的活动，所以卖方身份依然是具有虚拟性。

2. 交易模式上的比较

传统的购物模式中，大部分的商户都具有其一定的经营场所，而网络购物这种交易模式区别于传统模式的最大不同点就在于：在其交易的过程是否借助了网络购物平台。平台在网购中有什么样的法律地位？如何定位？针对这一问题目前也是有几种说法：不管是"合营说"、"代理说"还是"信托说"，这些说法无非都是想确立网络购物平台与卖家以及买家这三方之间的法律关系。正如上文中所提到的，基于此，之前我国一直认为网络购物平台似乎仅仅是一个平台，即提供一个交易平台，并不和任何一方产生法律关系，同时也相应地不负任何法律责任。随着新修改的《中华人民共和国消费者权益保护法》的出台，相应地对网络平台的法律地位进行了一些改变。通过法律的规定，我们可以了解到，此次修改后的消费者权益保护法对网购平台的责任进行了清晰定位。即网购平台不能提供销售者或者服务者的真实名称、地址和有效联系方式的，承担赔偿责任。换句话说，对于消费者而言，在维护自己的权益时，若是找不到销售者等情况，可以直接向网络购物平台索赔。网络平台的地位从以前不负任何责任转变到在一些情况下需负一定责任。

3. 合同形式上的比较

具有单一性。相对于传统的买卖合同，网络购物合同具有单一性。这是因为传统的买卖合同大多数都是在双方当事人依据诚实信用、平等的原则下顺利完成缔约，而对于网络购物合同而言，由于庞大的客户群，对于卖方来说，多数都是选择以格式合同进行。这就造成了网络购物合同的形式比较单一的特点。

4. 网购物流

处于电子商务时代，快递行业也随着网络购物的火热而变得繁荣起来，网购从而也促进了物流网络化。那么，处于电子商务时代下的物流又会具有哪些特点呢？其一，有信息化的趋势：对于电子商务时代而言，物流信息化是电子商务的必然要求。其二，具有自动化的趋势：首先，想达到自动化，前提就是信息化，目前国内的物流业还是没有达到自动化的水平，还需发展。其三，具有网络化的趋势：不得不说，物流的网络化首先是物流信息化的必然结果，其次是电了商务时代下物流活动的主要特点之一。纵观当今世界，互联网等全球网络资源的整合利用以及在时代背景下的高超的网络技术的普及，都为物流的网络化的发展提供了良好的外部环境。总之，物流网络化的趋势是势不可挡。

而对于传统的经营者而言，网络购物中的卖方会更多涉及快递的问题，不管是卖家与第三方快递公司建立关系还是自建属于自己的物流配送体系，不管是选择哪种形式，卖方在物流方面会或多或少地碰到许多问题。比如货物仓储以及货物配送等问题，而在法律方面也存在很多问题，与快递公司的法律关系；以及当出现侵权纠纷，与快递公司以及顾客之间的三方的法律关系。

（二）网络购物合同与普通买卖合同的比较

随着近几年互联网的快速发展，作为新生事物，电子商务活动包括网络购物平台迅速在世界各地活跃起来，尤其在国内迅即产生了如阿里巴巴、京东商城的商业实体。为双方交易能顺利进行，网络购物合同应运而生。传统的合同模式已经不能满足市场发展、市场交易的需要，网上交易、网上支付、网上购物等新型的交易模式已经打破了传统的、固有的商业运营模式。

电子合同作为新型商业运营模式的基础，与传统合同有所不同。根据联合国国际贸易法委员会《电子商务示范法》等相关规定，把网络购物合同定义为"当事人之间通过互联网和信息化网络，以电子化的形式设立、成立、变更、消灭财产范围内的民事权利与义务的合同。"我国目前并没有对网络购物合同作出一个明确的定义。网购这种交易模式仅仅作为电子商务众多概念中的一个分支进一步分析。网络购物合同是属于电子合同的，因此可以通过此种归属性，把网络购物合同的内涵表达成为："网络上的商家运用互联网的网络交易平台与买家所达成的买卖货物的协议。"通过以上对网络购物合同的理解，我们不难看出，网络购物合同本质上还是属于一个买卖合同，所以在应用方面，我国的《合同法》中的有关买卖合同的一般性的规定都可以适用。但是，由于网络交易平台的存在，加上网络购物的一些特性，导致网络购物合同与普通买卖合同还是存在很大的差异性，同时在网购中的经营者（卖方）也有区别于传统的经营者，具体来说，网购中的卖方与传统的卖方在合同方面，具有以下 3 点区别：其一是合同中卖方的地位以及身份；其二是意思表示；其三是签名。

　1. 卖方地位以及身份的比较

　　传统买卖合同一般都是在合同双方当事人在场的状态下，先是要约邀请或要约，接着是反要约或是作出承诺，后续进行签署以及确认等。这些都是在双方互相协商等的形式下完成的。由此对于传统合同中的卖方而言，其身份是明确的，也容易识别。因为双方都是面对面地商谈，相比较之下，一旦身份不明确而变得难以辨别，会出现很多问题。在网络购物合同中，限制民事行为人也能进行超出自己能力范围的民事行为，例如订约行为等。由于载体的不同，网络购物合同是借助互联网这个平台，存在虚拟性这个特性。电子合同中的双方当事人在互相虚拟的状态下只是通过计算机和网络从而进行了要约、承诺，最终达成一致，并借助电子签名、电子认证的法律规定来完成对合同确认的这部分。

　　从另一个角度上来说，传统的购物合同中的卖方大多数都有一定的经营场所，也基本上都是适格的民事主体。而对于网络购物合同中的卖方，由于卖家都是处在一种网络虚拟化的市场中，卖方所唯一确定或是展现在我们面前的仅仅也是无法辨别真实身份的数字化店铺以及一个无法辨别真伪的电子身份。这就是因为网络购物合同的卖方与传统合同卖方所存在的巨大差别。

　2. 卖方意思表示的比较

　　首先，意思表示含义就是：把内心中的意思通过外部形式所表现出来，达到主客观相一致的状态。传统买卖合同的订立过程，其实是一个缔约各方先接触、商洽直至最终达成合意的过程，更深层面上来说也是静态行为和动态行为的统一体。此过程中产生了众多的行为，其中有要约邀请、要约、反要约、承诺等各个意思表示行为。从这个方面来说，对于传统购物合同，在合同顺利缔约之前，双方会进行很多意思表示这种行为，而且都是直接的意思表示。而对于网络购物中的合同来说，互相接洽的机会完全没有，一般都是通过事先设定好的网络交易系统，自动发出一些产品的信息，并根据买方对产品进行的一些操作如下订单，或取消订单等行为，卖方这边根据接收到的信息从而判断订立电子合同或没有订立电子合同。对此，先进的自动信息系统完全代替了在传统买卖合同中的双方的意思表示的过程，完全自动生成并且传递其意思表示，都是电子化手段去进行操作的，这样的结果就会导致这样的问题：这份订单的具体的情况卖方也会有所不知。举个例子：在当当上订购图书，当你确定购买后，提交订单，之后卖方的自动电文系统收到订单后，会快速地自动回复，并完成合同的订立，而不是卖方亲自确认完后进行回复。所以网络购物合同中的卖方的意思表示与传统的买卖合同中卖方的意思表示最大的不同在于，意思表示是否亲自作出。

3. 卖方签名的比较

卖方"签名"如何在法律上定性？首先，签名在法律上的意义就是用于确认及证实某个意思表示或法律文件之设立、成立、有效以及内容等方面的确定性。在传统的买卖合同中，需要签名、盖章、按手印等多种形式来进行合同确认，合同的生效时间也是合同确认完毕的时间。根据我国《电子签名法》第二条、第三条的规定：首先对电子签名进行了概念区分，其次规定了电子签名的适用范围以及电子签名的法律效力。通过我国对电子签名的法律规定，可以看出，我国对电子签名，不仅仅只是形式上的要求，而是需要有实质上的体现，不是要把数据电子化而已，而是要实际地解决承认的问题。因为签名的效果就是要确认法律状态。具体来说，对于卖方签名，不管在传统合同中还是在网络购物合同中，都具有同等的效力，而且法律规定，当事人可以通过约定从而选择使用电子签名的方式。而当事人约定使用电子签名、数据电文的文书，不得仅因为其采用电子签名、数据电文的形式而否定其法律效力。从这一规定来看，网络购物中卖方的签名形式与传统的签名形式相比较，首先，效力是同等的，其次，形式会更丰富。

三、网络购物中卖方权益

纵观电子商务时代，随着信息、物流、科技等技术的快速发展，加之互联网的大规模普及，经济全球化下的商业社会对快速交流、信息共享等方面提出了更高的要求，人类正是在这种经济全球化的商业社会背景下，在现实世界创新出一个虚拟的世界，这个虚拟的世界就是互联网。同时，经过虚拟世界多年的大规模的普及发展，现实世界的很多我们所说的商务行为，即交易、社交（SNS）、营销、消费体验等众多的现实世界的商务行为，均在虚拟世界中脱颖而出并且飞速发展。2010 年团购的火热，2013 年 O2O 的兴起，不得不说，目前已经进入互联网这个虚拟世界全面影响我们这个现实世界的时代了。

再让我们回归到网购这个现象上，就目前而言，中国的网购市场热度依然是稳步攀升。但不得不说以消费者为本位和导向的市场，在网络购物发展的过程中，出现了众多损害经营者的现象，笔者认为在大家都把关注点放在消费者这边的时候，忽视了经营者的地位及权益。因为市场是一个平等的交易场所，一旦过多地偏向某一方，就会出现更多的消费者权益受到伤害以及经营者之间不正当竞争等情况，最终损害的还是这个市场。所以，重新定位经营者的地位及保护经营者的权益是很有必要的。首先，本部分撰写的思路是先从现象出发，现象是事物本质的外部表现，应该着重地分析并整理现象。在此基础上结合分析，根据不同的交易模式，以此具体划分出侵害经营者权益的类型。分析方法是分别从理论、抽象的角度和现实出发，也就是具体的角度进行全面分析。那么，在本文中也是介绍大家比较熟知的 B to C 交易模式和 C to C 交易模式，而对 O2O 模式简单分析一下。

（一）网络购物中的 B to C 交易模式

1. B to C 模式的概念

B to C 交易模式是指 B2C（Business to Customer）。B2C 的 B 是 Business，C 是 Customer，即表示企业对消费者的电子商务形式。是电子商务按交易对象分类中的一种。这种形式的购物模式一般主要以网络上的零售业居多，借助于互联网和网站开展在线销售市场活动，同时也是目前企业提升品牌而选择的方式之一。B2C 模式是我国最早产生的电子商务模式，以8848 网上商城正式运营为标志。目前，典型的代表有当当网、卓越网以及京东。在 B to C 的模式中，一般都是由商家建立网站后，消费者简单注册账号，而后通过浏览网站上的商品信息，选择商品后下单，而在网站上的卖家收到订单后，开始进行货物配送。至于消费者的支付方式大致有以下几种：网上支付、货到付款、银行转账、邮寄汇款、礼品卡支付、找人代付等。

2. B to C 模式下卖方的权益遭受损害的类型

通过上面 B to C 模式的介绍，相比较 C to C 而言，对于卖方权益被侵犯的情况下，有很多重合，但是由于 B to C 模式的特性，比如在 B to C 模式中比较普遍的支付模式即货到付款就会产生一些问题。结合 B to C 模式的特性，整理列举出在 B to C 模式下卖方的权益遭受损害的类型。

（1）订立合同时卖方权益的损害。

网络购物与传统购物之间的最大区别在于网购的虚拟性。对于网购合同的双方订立合同的行为，首先订立合同的行为就是一个法律行为。一个法律行为成立需要有几个要素，其一就是要适格的民事主体，但是对于在一个双方都虚拟的状态下，完全存在这种状况，一方是一种非适格的民事主体的状态下从而进行了法律行为也就是订立合同。例如，一个 10 岁小孩要购买电脑，自己也有银行卡，当他轻松地注册完京东，立刻成为京东用户，随着也可以随意地进行下订单，购买产品的行为了。根据我国《民法通则》第 11 条、12 条、13 条的规定，《合同法》第 9 条以及第 47 条的规定，10 岁的孩子是限制民事主体，而购买电脑的这个行为已经超出其能力范围内，属于需要监护人所同意的行为。很显然，京东与小孩之间签订的合同属于效力待定的合同。父母是小孩的法定代理人，所以还需经小孩父母的确认。但是，京东对此订单下的订约主体的适格问题毫不知情，这就导致像这种非适格的民事主体与京东所订立合同的行为，由于网络的虚拟性从而产生瑕疵，使卖方也陷入一个尴尬的境地。对于这种情况，合同效力上就存在瑕疵，很显然交易目的也是完全落空的。事实上这种求偿如果通过法律途径解决，在广大的卖家眼里都是最费事费力的选择。因为诉讼成本，诉讼时间以及赔偿数额这些困难让卖方也就直接放弃这种选择，只能自己承担起一些损失。不仅是一些运输成本的损失，还有难以估算的边际成本以及所付出的常规的人工成本。

（2）支付模式。

相比较淘宝而言，在支付模式方面，像 B to C 这种模式的优势既不在价格也不在产品上，而是在可选择的货到付款模式上，这是很多人选择京东的理由。因为在 B to C 模式下，相对于 C to C 购物模式，其最大优势就是货到付款模式。通过对京东及当当网等 B to C 模式购物网站的调查，拒绝收货现象比较普遍。往往这些行为已属于违约行为，但是卖方却不能对这样普遍的现象逐一进行起诉。如起诉买家，网店的运营成本全转为诉讼成本了，所以商家只能选择无奈接受。

（3）恶意行为。

目前，存在这样一种恶意网购现象，就是部分消费者由于动机不良，在购物网站上用虚假用户名进行购物行为。比如通过邮箱注册完成，成为京东用户，然后每天都进行订单操作，有时选择 10 个订单，有时填写虚假的地址信息，不留真实的联系方式。快递员在送货的时候，联系不上收货人，造成了订单堆积，最终导致的结果就是单位承担损失。在这种情况下，网络购物网站即卖方要求买方履行合同或是承担损失是不现实的。这样虚拟的身份，根本无法知道对方任何信息，就算去维权也不现实。此时，卖方不得不面对这种自身权益受到严重侵害却无法求偿的境地。

（二）网络购物中的 C to C 交易模式中卖方权益遭受损害的类型

1. C to C 交易模式的概念

C2C 交易模式（Customer to Customer）中 C 指的是消费者，C2C 即消费者间。也就是个人与个人之间的电子商务。比如一个消费者通过网络把一个自己的产品出售给另外一个消费者从而进行交易，此种交易类型就称为 C2C 交易模式。目前，典型的代表有淘宝、易趣、拍拍。C2C 这种交易模式又被称为商场平台。因为在 C to C 模式中，就像是一个具有所有权的百货商场一样，通过租赁的方式获得展位或是网站上的空间。而这些"租户"即网络商家只是负责自己的店面，并不负责网站具体运营以及建设。在 C to C 模式下，大体上来说，其所进行的交易规则都是固定的。以淘宝网为例，无论商家是个人还是企业，都要有一定的资质才能申请到一个属于自己的网络店铺，通过店铺来展示自己的产品以及服务，同时还提供类似淘宝旺旺这样的直接能与商家沟通的在线软件。买方如若最终确定购买，支付的方式一般都是第三方支付。这种支付模式买方和卖方之间的合同中所确定的价款并不是由买方直接通过自己的工具来支付，而是借助了第三方支付工具来完成的。支付宝就是属于第三方支付。还需要一个环节就是必须等买方确认收到商品后，最终第三方通过指示把相应价款打入对方账户。

2. C to C 模式下卖方的权益遭受损害的类型

经过现阶段的网络购物市场的实践来看，是以自主销售平台直接向消费者提供服务还是以第三方网站平台向网商和消费者提供服务，是目前"B2C"购物市场与"C2C"购物市场的主要差别。所以 B to C 购物模式与 C to C 购物模式最大的差别无异乎在于市场交易模式上。上文所提到有关 B to C 模式下卖方的权益遭受损害的类型，其实卖方权益被侵害的形式还是有一些相类似或是重合的地方，比如在上文所提到的有关非适格的民事主体进行订立合同等法律行为给卖方带来损害的类型，这种现象也是在 C to C 购物模式中很普遍的。但是相比较 B to C 模式，还是会有一些别的类型的侵害，需要再具体地阐述一下。

（1）第三方支付模式。

C to C 购物模式最亮点的地方就是在于第三方支付模式，即通过第三方的介入，使得交易更加安全，消费者购物更加放心，同时它有一个买家确认机制，使得退货等售后问题也变得比较方便。在这种支付模式下，同时也产生了一些问题。消费者在淘宝上看中一家商家的产品，并与卖家进行交流，确定之后下订单，交付完之后，最终双方达成了这一次网上购物合同。商铺开始进行物品配送，直至抵达买方后，买方收货并确认，之后第三方才把买家之前支付的金额转到卖家的账户中。这就是一次完整的 C to C 购物模式的流程。但是在这种第三方支付模式的背景下会产生一些问题，当买方出现拒收的情况，这就直接导致此次交易不成立，根据在第三方支付的模式下购物网站的相关规定，在货物没有签收之前或设定的期限没有到达之前是不会划到卖家的账户上的。如果交易失败或是合同取消，价款会返回到买方的账户中。那交易不成立的后果就是卖方拿不到钱，但却又付出了一些成本，包括物流成本（快递）、人工成本（客服）等。对于这些，卖方又向谁以及如何求偿呢？

（2）恶意欺诈。

对于恶意欺诈的现象，比较常见的就是恶意欺诈订单的现象，有些没有诚信的买家拍下卖家商铺里的产品后，却不付款，以及在给卖家留言中不知如何付款，加其他聊天工具使得卖家烦恼。这种行为都是属于欺诈的行为。目前，一些 C to C 购物网站也是严禁这种行为，目前针对这种恶拍行为设立了一些防护手段。比如淘宝上就有相关规定：在淘宝交易只使用旺旺聊天，不要在旺旺以外的聊天工具上进行交易确认和沟通，淘宝只以旺旺聊天记录作为凭证。同时也针对这种现象设立了旺旺绿色通道。

还有一种就是买家通过利用类似钓鱼网站的手段进行欺诈的现象。由于在 C to C 购物模式中，是通过信用、诚信所维护的交易安全的市场。不得不说，在支付的环节中，有些买家利用一些"钓鱼网站"来达到其诈骗的目的。各种各样的骗局都有，下面就列举一个例子。一位卖家，如往常一样打开自己的阿里旺旺，看到一个信息，以为是买家拍下了件商品，就在高兴之余，发现是一位自称淘宝服务台的人发信息，说卖家的店铺违规要进行协商处理，否则冻结店铺，对于一个卖家来说，这是很致命的，所以很着急并且同意协商处理，也就让这些骗子有机可乘了。

（3）恶意投诉，恶意差评。

"恶意投诉"、"恶意差评"这种现象非常普遍，卖家遭遇网络恶意"碰瓷"，不仅遭受损失而且受到差评。根据淘宝相关的规则制度，买家投诉维权 1 次扣 3 分，卖家满 24 分就取缔店铺，所以一些买家不仅恶意投诉而且由此敲诈卖家的金钱。有一个案例：淘宝首例"恶意差评师"案，7 人涉嫌敲诈被捕。2012 年 6 月以来出现的"恶意差评师"就利用卖家这种心理，以故意给差评为威胁，敲诈卖家，每次几百元。好评率关系淘宝卖家的"身家性命"，很多卖家只能无奈选择了付钱息事宁人。从这个案子以及相关案件来看，引起我们思考，对于这些购物网站宗旨都是保护买家，包括设置规则都是从买家角度出发。众多这种恶意差评事件的出现，让我们开始思考应该如何更好地保护市场交易安全，同时也要意识到卖家权益同样需要保护。现实生活中，无赖到商铺吵闹敲诈是犯法的，那网上这种频繁的恶意现象又要如何处理？站在法律的角度上，此种行为又要如何定性？根据我国刑法，2011年2月通过的《中华人民共和国刑法修正案（八）》第40条的规定，对于敲诈罪来说，犯罪行为首先要符合敲诈罪的构成，其次敲诈的数额较大或是多次敲诈勒索。通过分析，"恶意差评师"的行为方式和手段具有敲诈勒索的性质，"恶意差评师"这一网络犯罪应适用此规定。

（三）网络购物中的 O to O 交易模式

1. O to O 交易模式的概念

O2O 模式（Online To Offline），是指将线下的商务机会与互联网结合，让互联网成为链接线下交易的平台。2013年O2O进入高速发展阶段，开始了"O2O热"。对于O2O这种营销模式，有人说是 Online To Offline，也有人说是线上交易线下消费体验等，但是我认为O2O的概念依旧模糊不清，到底如何定义"O2O"。要准确地定位一个新出现的事物，一定要抓住主要因素。什么是O2O的核心，笔者认为就是线上与线下的关系。通过对一些线上与线下互动的分析，整理出线上与线下的多种依存关系，通过对这些关系的再次分析，现在可以定义O2O为："O2O是在互联网移动的时代，生活消费社交领域通过线上（虚拟世界）和线下（现实世界）互动的一种新型商业模式。"用一句简单的话定义O2O："O2O就是生活消费领域中虚实互动的新商业模式"。

2. 网络团购

其实消费者不太熟知O2O模式，但是对于团购，相信很多人会很了解。对于网络团购来说，指的是一些销售者通过特定的一个网站向消费者发出要约邀请以及一些通过网络自发组织的消费者以商品折扣的价格的条件向销售者发出要约，同时支付相应的对价，销售者结合自己的意愿对要约或是要约邀请做出承诺或反要约的一种购物消费模式。那么O2O模式与网络团购又有什么区别呢？可以这么说，团购是O2O模式的小型聚集的形态。团购上的销售者更多是没有线下实体的运营体的，更多是短期的一种活动。而对于O2O交易模式来说，是线上与线下的整合营销。

目前中国大多数的团购网站都是处于发展阶段，在各个方面还不是很成熟。目前的状况就是既没有相对成熟的市场条件，也没有完善的市场以及交易的管理制度。以致曾在一段时间之内，团购的纠纷扑面而来，导致投诉纠纷种种状况频繁出现。在此之下，既然团购的形式与O2O模式相近，所以主要通过分析团购活动，由此间接分析O2O模式。

分析一下我国团购的几种类型。网络团购的主体大体可以归为 3 类：购买者、销售者、组织者。3 类主体结合方式的不同，也决定了网络团购具体形式的不同。在不同的团购形式之下，由于各种主体的良莠不齐，导致出现多种纠纷情况。

通过整理分析，在多种团购类型中，各方的利益侵害程度都会因为运行模式的欠缺，从而受到损害，尤其是消费者利益的损害。但随着电子商务以及网络购物市场的发展，卖方的利益也会不同程度上受到一定的损害。所以，法律完善依然是关键。目前，对于各种团体组成的团购形式，适用怎样的法律法规？归根到底，网络团购与一般的买卖货物的合同大体上没有本质的差别。因此，对于团购中出现的纠纷，完全可以按照《消费者权益保护法》和《合同法》解决，同时可以根据其团购类型来确定适用范围。比如是适用居间合同还是委托合同，这就要求卖方在与对方签订一些协议时，需要具体情况具体分析，以免发生纠纷。在与对方建立起法律关系后，经营者在 O to O 活动中，要注意一些法律风险及防范措施：比如假借订立合同恶意进行磋商的行为，或是泄露或不正当地使用其商业秘密的行为；还有小心被诈骗的情况。

四、网络购物中 B to C、C to C 和 O to O 交易模式下卖方的权益受损的原因分析

针对目前社会出现的包括恶意差评师、因恶意差评导致卖家关店，以及货到付款下买家经常拒收，导致货物堆积，不仅给平台上的物流配送导致严重的后果，也给网店的再次销售以及运营情况包括人工费用等都造成了损失。因此对这些状况的分析显得尤其重要。

通过现象的整理和归纳，大体上可分为立法层面上的原因和现实观念上的原因。

（一）立法层面上的原因

1. 我国在电子商务领域的法律现状

在各种国际组织和欧美国家中，目前对电子商务领域进行立法的国际组织中有联合国国际贸易法委员会以及国际商会等。1996 年联合国国际贸易法委员会第 85 次全体大会通过了《电子商务示范法》，此法也是世界上第一个有关电子商务领域的统一示范法。建立示范法的目的也是提供众多国家在进行电子商务活动时有一个提供参考，主要还是希望能更好地促进使用现代信息存储和通信技术。其后，在 1997 年又制定了一些有关电子签名以及认证机构的规章制度。2000、2001 年又相继通过了《电子签名统一规则》和

《电子签字示范法》。美国电子商务也有强的发展势头，其州的立法主要有1995年实行的《数字签名法》等，在联邦的立法上主要有《统一计算机信息交易法》、1997年著名的《全球电子商务纲要》。为了适应互联网时代下的电子商务活动，还有很多国际组织和国家也相继地出台很多相关的法律法规，不一一列举。

目前，对于我国网络购物活动中出现的问题以及纠纷，有哪些法律法规作为维权的支撑？主要有以下法律法规：《计算机信息国际联网安全保护管理办法》《产品质量法》《民法通则》《合同法》《消费者权益保护法》以及《电子签名法》等。近年来，还有一些与网络购物活动有关的部门规章，如商务部《关于促进网络购物健康发展的指导意见》以及国家工商总局《网络商品交易及有关服务行为管理暂行办法》等。

我国目前没有对电子商务领域进行专项立法，更没有对网络购物之中的法律问题进行规范。立法层面上的缺失，导致目前网购中出现的法律问题，依然是按照传统的购物模式下的法律法规进行解决。依据上文对传统购物模式与新型网上购物模式上卖方的比较，不难看得出来，显然两者的差别性还是比较大的，所以用规范传统购物模式的法律法规是没办法部分或全面解决网络购物中出现的问题的。总之，目前现有的法律法规虽然对网络购物活动的发展具有一定的指导推动作用，但是在电子商务领域的空白，依然给目前现实生活中出现的众多纠纷以及卖方权益被侵害的案件造成了一定的影响。

2. 对经营者权益保护的缺失

修改后的《消费者权益保护法》于2014年3月15日生效，对于网购购物模式来说，传统购物模式最大的优势在于其退换货方便，对于新消费者权益保护法来说，我认为对买方权益保护的体现就是给了消费者"后悔权"。通过聚焦此次新权利，从立法的角度以及法理的角度上来分析，新消费者权益保护法对卖方权益保护不足。

这次新消费者权益保护法赋予消费者享有"后悔权"。所谓的"后悔权"，是指消费者在法律规定的合法状态下进行购买活动的，并且对购买的物品或是服务也是同样在一个合理的期限内，在这两个条件的约束下，享有一种权利，即享有无条件退货或退出服务的权利。"后悔权"并不以商家违约或产品缺陷为前提，只要消费者购买产品后，在法律规定的时间范围内（消费者有权自收到商品之日起7日内退货），不需要任何理由即可享受此权利，即要求商家退货。这个规范的本意是为了更好地保障消费者的权益，但随之带来了许多意想不到的结果，反而使商家的正当利益受损。消费者享有"后悔权"，在现实生活中会出现以下现象：买了本书两三天看完，却可以利用"7日内无理由退货"的"后悔权"恶意反复退换。退回来的衣服明显穿过，卖方如若不予退货，便以给差评相威胁等，损害卖方权益的现象屡屡发生。也会导致退货量增加、物流运转不过来等问题，从而增加了卖方的工作上的负担以及影响整个销售运营状况。在这方面，由于法律所具有的滞后性，导致消费者在退换货方面可以利用此权利钻法律的漏洞。为了防止消费者滥用此权利，本次新消费者权益保护法也是考虑到同时也要维护卖方的权益，而对"后悔权"进行了细化，能够避免一些"恶意后悔"的现象发生。法律规定，有些产品是不适用无理由退货的。比如鲜活易腐的；交付的报纸、期刊；消费者定做的；在线下载或者消费者拆封的音像制品、计算机软件等数字化商品等。虽然没有明确提出卖方享有什么权利，但是说明卖方还是从某些层面享受到了一定的权益的。法律规定消费者退货的商品应当完好，同时承担退货商品的运费。这些方面也是体现了卖方还是享有一定意义上的权益。但是，进一步分析，这些规定都太宽泛了，又会产生异议。不宜退货的商品到底是哪些？这个标准究竟由谁来规定？不得不说，对于经营者权益的保护依然处在很不完整的状态。

2014年3月15日实行的新消费者权益保护法中，有一些新的对网购行为的规范，但是寥寥几条，并没对网购中实质出现的问题进行解决，缘由还是因为其主要是我国没有电子商务方面的具体立法，在没有一个大框架的支撑下，仅仅数条还是解决不了主要问题的。目前施行的新消费者权益保护法，不管是反悔权、隐私权还是网络购物平台的责任问题，依然是以消费者为主要考虑对象，以保护消费者权益为重点，没有更多地体现对同样身为平等主体的经营者的权益保护。

（二）观念、现实层面上的原因

1. 网络购物本身的特性

网购中最明显的特性就是其虚拟性，网络购物合同的双方都具有虚拟性，在带来便捷的同时也导致身份确认、维权困难等或多或少的问题。网络购物本身特性的存在，这是不可避免的，但是我们可以通过技术层面的一些手段解决问题。

2. 公众的定式思维

公众的定式思维，不管是立法还是一些新闻报道，人们听到最多的词汇就是消费者权益保护。公众的定势思维上，买家是弱势地位，而卖家是强势地位。报道中也过多地出现一些不良商家如何销售伪劣产品，至消费者受到各种各样的损失。过多的负面消息也使得大家逐渐形成了这样的思维。

五、网络购物中卖方权益的保护机制的建立

伴随着进入崭新的以 IT 为基础的信息时代，电子商务的迅猛发展已席卷全球。可以说，电子商务已成为现代商务活动以及人们生活消费中不可或缺的一部分。对于网络购物中卖方的权益保护，需要从法律层面上保护。但是仅仅通过立法来解决电子商务活动中的所有问题，也是不太现实。法律具有滞后性的特点，社会每天都是瞬息万变，需要再利用一些别的技术手段来达到规范电子商务活动中的行为。通过对我国电子商务领域的观察分析，我认为首先需要解决的一项事务是立法，在此基础上需要建立透明制度也就是身份确认制度，并对卖方建立风险规避机制。

（一）卖方权益的保护机制之一——完善法律体系

目前我国电子商务活动中主要应该解决以下两点：

其一是网络安全问题。因网络具有虚拟性，一个严重的问题就是安全性，这是目前众多国家面临的问题。所以应加强网络安全方面的立法。确保交易市场的安全，促进买卖双方的交易，带动市场的安全发展，促进我国经济的发展。电子支付确实是一个很大的问题，因为这关系到大家上网进行身份确认及交易时的财产安全。在完善立法方面也应该加强金融监管制度，从多方面保障网络安全。

其二是电子商务的契约问题。我国没有明确电子合同以及网络购物合同的概念，导致目前在网络购物活动中出现问题，依然是适用传统购物模式中所适用的《合同法》。网购有很多不同的地方，适用《合同法》显然还是存在一些问题的。电子合同具有虚拟性，所以应该建立一套完整的电子交易以及电子支付的规则。

（二）卖方权益的保护机制之二——建立合同透明度制度

在虚拟状态下进行一些法律行为，比如签约合同等，可以采用一种透明制度。具体来说，就是身份确认体系。这就要求买方在进行购买行为前是有实质身份的，这就避免了很多问题。目前，大家经常去的购物网站，比如京东、淘宝等，想成为他们的用户是非常容易的，只需要一个邮箱或是手机号即可注册成功，然后即可进行购物。这样导致的后果就是简单的手续，简单的步骤，却会给卖方带来更多的损害。无故违约，合同无效，合同不成立等情况是非常普遍的。而对于卖方来说，这些是不可避免的，更不要说是要通过维权的角度去处理了。所以，笔者建议，应该建立购物网站的身份确认体系，做到市场更加透明化。目前有人建议可以采用认证机制以及网站应该采

用实名制。笔者认为，为了避免程序的复杂性与烦琐性，应该建立这样一种身份确认体系：在进行网站注册的时候，采用身份证注册的方法。在下订单时，以此进行身份确认。一旦确认完毕，即此次购物合同就算是签订。这样一方面给卖方减少了很多成本的投入（如果要建立认证机制和实名制，必定会在运营上以及更多方面造成负担）；另一方面也能避免类似不适格的民事主体在网站上进行不适格的行为。

（三）卖方权益的保护机制之三——建立网络购物中卖方风险防范机制

在研究卖方权益被侵害的众多情况中，很多情况下卖方还是可以通过自建一些风险防范机制去避免遭受损失。作为卖家应有这样的认识，虽然有法律上的保护以及一些制度的防范，但是法律手段是最后的武器，不能在自己没有任何防范意识下就仅仅希望靠法律解决所有问题。卖方在平时的商务活动中，应该时时刻刻都要有一种风险防范意识。比如说像虚假订单以及虚假信息这种情况，首先就应该做到核实信息。其次，若是没有核实，应该采用信息记录系统，即把一些客户的不良信息进行标记以防再次受骗。若是采用更好的手段，就是类似银行系统中所建立的信用评级体制。在这样的体制下，会杜绝很多类似与恶意订单以及虚假信息使卖方遭受损失的情况。笔者建议，卖家应该在自己的后台中建立属于自己的信用评估中心，并由此建立起大数据。通过后台数据管理并分析每一个客户的消费习惯、消费心理、信用评价等。这样不仅解决了买方恶意下订以及虚假的订单的情况，而且也会针对每个买家作出定制化服务，使买家享受到个性化的服务，由此提高其竞争力，从而达到一种双赢的状态。

网络购物中消费者权益
保护的法律问题

刘晓萌❶

摘　要： 近年来，随着网络的不断普及，人们对互联网的依赖程度越来越高，从而使更多的人开始选择网络购物。与传统的购物模式相比，网络购物有其独特的优势：快捷、便利、低廉。网络购物作为新兴的购物模式，在促进市场经济发展的同时，也给消费者权益的保护问题带来了巨大的挑战。本文主要内容分为五大部分。第一部分是对消费者以及网络购物的涵义、基本特征等理论基础进行分析。第二部分是通过对我国目前网络购物现状的分析，找出构成此现状的原因。第三部分是重点通过真实的侵权案件来体现出网络购物中消费者权益保护的必要性。第四部分通过美、德、日网络购物中消费者权益保护制度的研究，给予我国一些必要的启示。第五部分针对网络购物消费者合法权益受到侵害的现状，提出一系列的对策与建议。例如，建立相应的信息披露制度、确立相关的司法救济规则、明确经营者与消费者的举证责任、完善交易市场的监管。

关键词： 网络购物　消费者　消费者权益保护

近年来，随着网络科技的日益发展，网络购物逐渐成为了一种新兴的消费方式。与传统的消费模式相比它有快捷、便利、低廉的优势，也正因如此它被广大的消费者所喜爱。但是由于一切的交易只在网络上进行，所以存在着消费者无法看到真实的商品、被虚假广告所蒙蔽或是在快递过程中有损坏或被调包的现象。此外，我国对网络购物关注不足，立法与行政监管都相对滞后，这也对消费者权益保护产生了巨大的挑战。本文从网络购物现状角度

---

❶　刘晓萌，北京物资学院劳动科学与法律学院法学专业 2010 级毕业生。

出发，针对权益受损的表现来分析构成此现状的原因，并结合美、德、日等较早网络购物的国家的成功经验加之以中国的具体国情及现状，分别从立法、司法、行政监管等方面提出相应的救济方法。

一、网络购物中保护消费者权益的理论基础

（一）网络购物

1. 电子商务的概念

对于电子商务的概念，一直没有一个准确的界定。有人认为网上买卖商品和服务就叫电子商务。❶ 但欧盟指出："电子商务大体上是用电子方式从事业务，它基于对数据，包括文本、声音、图像的电子处理和交换，它包括了对货物和服务的电子贸易、数字内容的网上交货、电子资金转移、电子股票交易、电子提单、商业拍卖、合作设计开发以及针对用户的直接广告和售后服务等各种各样的商业行为。"❷ 由此可知，电子商务分为广义和狭义两种。笔者认为，网络购物不等同于电子商务而是电子商务的一部分。

2. 网络购物的概念

网络购物是消费者通过商品信息的搜索找到对应的网站，同时经营者通过注册登记网站，加之以图片和广告来展示自己的商品，消费者即可通过互联网来挑选自己喜爱的商品。之后通过电子支付付款来达成交易的合意，经营者再通过快递或邮购等方式送货。网络购物作为新兴的购物模式，可以成为一种独特的经济模式并且促进市场经济的发展。

（二）网络购物消费者

网络购物消费者与传统模式的消费者区别不大，都是购买、使用商品、接受服务，同时也受到《消费者权益保护法》的保护。

但是，二者获取信息的途径是不同的。在传统的消费过程当中，消费者可以亲眼看到商品本身，但是在网络购物当中消费者只能通过经营者发出的照片及广告词来了解商品，这往往会导致对商品的了解不全面、不准确。除此以外，在传统消费中的消费者可以是自然人也可以是法人，但是在网络消费中的消费者只能是自然人。原因在于经营者无法对消费者的身份进行

---

❶ See David Kosiur，Understanding Electronic Commerce，Microsoft Press，1977，p. 2. 转引自李双元、王海浪：《电子商务法若干问题研究》，北京：北京大学出版社，2003 年版，第 4 页，注 2.

❷ http：//www. oecd. org/pubulications/pol－brief. 9710－pol. htp. 转引自：王利明：《电子商务法律制度：冲击与因应》，北京：北京大学出版社，2005 年版，第 4 页。

核实。

（三）网络购物的特征

1. 便捷、廉价

网络购物可以说是足不出户就可看尽数千种商品。对于一些工作繁忙或者是年龄大的消费者，他们不用亲自去实体店，只需动动手指即可买到自己喜欢的东西。网络购物的经营者也可以省去摊位费，降低成本，降低风险。正是因为这点造就了网络购物廉价的特征。

2. 虚拟化

网络购物在快捷的同时也注定了它的虚拟化。消费者只能通过商家发布的图片和文字描述来选择自己喜欢的产品，并不能判断商品实际的质量是否与图片及文字的描述相吻合。除此之外，消费者无法与经营者面对面进行沟通，只是在虚拟的空间内进行交易。

3. 实时性

与传统消费不同，网络购物不受营业时间的限制。只要有购物的需求，搜索到自己喜欢的商品即可。之后的订货、付款、结算都可以在短时间完成。

4. 交易自动化

在网络购物当中，支付手段也有可选择性。但除了部分网站允许的货到付款外，大部分都会采用电子支付的方法：支付宝、信用卡、网上银行等。这些电子支付方式不但可以使交易变得简洁，也为整体的交易提供了保障，更可以推动网络经济的增长，从而促进市场经济的发展。

随着科技的不断发展，再加上网络购物自身的一些优质的特征，我坚信在未来网络经济会成为拉动经济增长的新兴力量。而消费者是网络经济的主导者，要让消费者信任网络购物、敢于网络购物就要完善《消费者权益保护法》，解决消费者的后顾之忧。

二、我国网络购物现状及消费者权益保护的现状

（一）我国网络购物的现状

1. 我国网络购物市场整体规模高速增长及原因

根据艾瑞咨询发布的 2013 年中国网络购物市场数据，我们可以看出其增速与 2012 年相比有所回落。但也可以说是高速增长，5 年来增长 10 倍，占社会零售额 6% 以上。我国的网购规模在 2011 年超过日本成为世界第二，并且此规模比英国、德国、韩国的总和还要高。预计在 2015 年将成为世界

最大的网购市场。

究其原因在于：第一，人民生活水平的提高。根据有效数字统计目前人均网络消费达到 1 500～2 400 元/年。第二，3G/4G 手机的普及。越来越多的人开始使用智能手机，脱离了 PC 的限制，还有大量网络购物 APP 的诞生，使得网络购物变得更加便捷。第三，实体店地域性分布不均。在三四线城市，品牌实体店的覆盖率很低。正是由于这个原因，该城市及农村地区的消费者会选择网络购物来弥补实体店覆盖率低的缺陷。而这恰恰又扩大了消费者群体。第四，银行卡、信用卡的普及。越来越多的年轻人愿意采用电子支付的方式来进行交易，而这也为网购的进一步增长提供条件。第五，我国富裕阶层（年均可支配收入至少 12 万）的扩大。在中国的富裕阶层中 60％会选择网购作为重要消费渠道。❶

2. 我国网络购物市场结构的变化

根据艾瑞咨询数据显示，B2C 占比持续增大，2013 年达到 35.1％。C2C 市场发展较为稳定，成长空间有限。B2C 市场将继续成为网络购物行业的主要推动力。预计到 2017 年，B2C 在整体网络购物市场交易规模中的比重将超过 C2C，达到 52.4％。市场结构的转化会使网络购物变得更加规范化。因为 B2C 在信誉、保障以及售后服务上都会给消费者带来保障。

（二）我国网络购物环境中消费者权益保护的现状

1. 立法滞后与缺失

网络购物的本质是远程购物。消费者只能通过经营者发布的图片及文字信息来筛选商品。而这本身就对消费者的知情权以及售后服务造成了严重的挑战。而目前我国关于电子商务的立法远远滞后于我国网络购物的发展速度。

在我国现有的法律法规当中，只有 2004 年颁布的《电子签名法》可操作性较强。而关于网络购物的相关条文分散在《民法通则》《消费者权益保护法》《合同法》等。即便在 2013 年 10 月公布的新的消费者权益保护法中增加了一些关于网络购物的条款，但是仍然无法应对高速发展的网络交易带给保护消费者权益的巨大挑战。而且这些关于网络购物中消费者权益保护的法律法规不但分散，而且可操作性差。对于一些关于网络购物的侵权案件依然无法解决。由此可见，网络购物环境中消费者权益保护的完善应当尽早提上日程。

---

❶　麦肯锡全球研究院：《中国网络零售革命：线上购物助推经济增长》，2013 年 3 月。

2. 行政监管与司法救济的缺失

在我国的《消费者权益保护法》中明确地指出了保护消费者权益的一些行政机关。我国的《消费者权益保护法》在制定消费者保护措施、调节消费纠纷和查处侵犯消费者权益案件等方面起到了主要作用。❶ 但是在实施时却存在以下缺陷：第一，分工不明确。在消费者遇到纠纷时，各部门受理范围不清，往往会出现互相扯皮的现象，而且由于分工不够明确，消费者要想解决问题就必须往返于多个行政部门之间，增加了负担也增加了成本。第二，政府部门监管不力、不作为。由此会导致消费者的权益无法得到保护，使得一些不法商家有机可乘，导致网络购物不规范。

在司法救济方面依旧存在以下缺陷：第一，维权成本高。由于网络购物的廉价性导致购买商品的价格低廉，至多不超过千元，至少也就几元钱。但是如果采用诉讼的方式不仅费事而且费力。若只是为了几元钱的商品花费一年的时间或是上千元的诉讼费就得不偿失了。这就是为什么很多消费者选择不了了之的原因。第二，举证责任困难。即便新消费者权益保护法规定了一些举证责任倒置的情形，但是存在很大的缺失。消费者若想维权必须证明自己所购买的产品就是侵权产品，但是一般来说消费者在签单之前很难知道快递盒中装的到底是什么，正因如此也给举证带来了极大的困难。由此可见，在现实面前一些司法救济的措施就显得形同虚设了。

3. 法律意识的缺乏

在市场环境下，有很大部分的消费者面对权益受到侵害时往往会采用"凑合"的方式来代替法律维权。更有一些在三四线城市的消费者因平时受到的法律教育不够导致采用非法手段来解决问题，最终害人害己。除此之外，由于网络购物虚拟性的特征，有一些消费者往往不知如何维权。所以，提高消费者的法律意识是打击不法经营者的有力武器。只有每个消费者都愿意通过法律来解决问题，才能使网络购物环境变得更加有利。

4. 适用法律过于分散

关于解决网络购物纠纷的条文分散于多部法律当中且操作性不强。对于网络欺诈等专属于网络购物的概念也没有明确的界定，非常容易使不法的经营者借此漏洞逃避法律的追究。另外，随着网络商城的发展，在责任主体的判定上很容易出现疏漏。一旦出现纠纷很容易产生商家与网站的扯皮事件，使得消费者无法确定责任归属，无法采用法律的手段来维权。

---

❶ 牛丹、侯浩辰：《网络购物环境下消费者权益保护问题研究》，载《情报科学》2013 年第 7 期。

三、我国网络购物中消费者权益受损的表现

（一）网络购物中消费者知情权受损的表现

《消费者权益保护法》第 8 条明确规定：

"消费者享有知悉其购买、使用的商品或者接受的服务的真实情况的权利。

消费者有权根据商品或者服务的不同情况，要求经营者提供商品的价格、产地、生产者、用途、性能、规格、等级、主要成分、生产日期、有效期限、检验合格证明、使用方法说明书、售后服务，或者服务的内容、规格、费用等有关情况。"

与传统消费不同，由于网络购物的虚拟性，消费者只能通过经营者提供的相关信息来筛选商品。而就在此过程当中消费者的知情权就非常容易受到冲击。表现为：第一，经营者发布虚假广告。由于消费者无法亲眼看到想要购买的商品，部分不法经营者借此大打虚假广告、夸大产品功效、采用大量歧义句使消费者对产品产生错误的认识，从而影响消费者的选择，侵害消费者的知情权。第二，经营者隐藏商品信息。例如，隐瞒产品的生产日期、保质期、隐藏产品的生产地、遗漏说明书或发票。由此会使得消费者无法对产品有一个完整、真实的了解。第三 ，"SNS 军团"的产生。随着网购的不断发展，一种名为"SNS 军团"的组织慢慢产生。"SNS 军团"又被称为刷单军团，他们经过严密、有组织的培训后，经其手就可以"刷"出销量和"好评"，而他们则通过每单抽取佣金来敛财。他们所提供"服务"的网店，也通过这些虚假的销量和"好评"，来吸引更多的顾客。而我们消费者的知情权也就这样被侵害了。

要想保护消费者的知情权就要完善法律法规。新《消费者权益保护法》第 8 条规定的消费者的知情权相对被动，只有消费者要求，经营者才要提供商品的信息。但是在实际生活中，正是由于某些消费者缺少这种意识，才会被部分经营者欺骗。而面对这种情况目前的法律法规当中是没有相关规定的。所以要想保护网络购物中消费者知情权要比保护传统的知情权难得多。

（二）网络购物中消费者公平交易权受损的表现

《消费者权益保护法》第 10 条明确规定：

"消费者享有公平交易的权利。消费者在购买商品或者接受服务时，有权获得质量保障、价格合理、计量正确等公平交易条件，有权拒绝经营者的强制交易行为。"

由于无法面对面地进行交易，消费者利用互联网购物的同时也给自身的

公平交易权带来了极大的挑战。主要表现在以下两方面：第一，物流内件不符。在目前的快递行业中有一种固定的模式就是先签收再拆封。正是由于这种模式导致消费者在交易完成之前无法确保商品的质量。一旦出现购买商品与实际到货产品不同的情况，快递公司会以消费者已经签收并接受产品为由拒绝赔偿，消费者也会因无法举证证明该问题而无法获得经营者的赔偿。而这就阻碍了消费者公平交易权的实现。第二，格式霸王条款的频频出现。在各大网络商城购物时都会有一些电子条款弹出，而消费者通常只有"接受"或"拒绝"两种选择，若拒绝则无法继续购物。而这些条款往往内容繁多，用词模糊，通常加重消费者的责任减轻自己的责任。更有甚者直接在条款中写明不遵守《消费者权益保护法》7 天无条件退货的霸王条款。这些也就给消费者公平交易权的实现带来了极大的困难。

（三）网络购物中消费者财产权受损的表现

随着电子货币的发展，在网络购物过程中越来越多的人采用在线支付的方式来付款。为了便捷操作，"支付宝""财付通"应运而生。相比网上银行来说支付宝等电子付款方式存在着极大的隐患。以支付宝为例，在使用的过程当中用户只需在网络上输入密码并点击付款，相应的钱就会从绑定的银行卡中扣除。看似便捷的支付方式，很容易被黑客利用，在很短的时间内银行卡上的资金就会被全部划走。而这种事件的发生就会严重危害到消费者的财产权。还有一种情况就是有些年轻人会花钱去买大型网络游戏的装备，一旦被黑客攻击，所有花了大价钱买的装备都会被"偷走"。这也是侵犯财产权的表现。

（四）网络购物中消费者隐私权受损的表现

关于网络隐私权有学者认为是："网上交易合同中，消费者个人对以数据形式收集和存储于网络中的有关自己的资料信息的了解、拥有、控制以及不受他人侵犯的权利。"[1] 也有学者认为："网络隐私权是指自然人在网上享有的私人生活安宁和私人信息依法受到保护，不被他人非法侵犯、知悉、收集、复制、利用和公开的一种人格权。"[2] 我认为网络隐私权的本质与隐私权是相同的。可以被描述为："自然人享有的个人信息不被他人刺探或侵扰的民事权益。"

而在网络购物过程中，无论你选择哪家商城都需要进行注册。而注册的

---

[1] 齐恩平：《论网上交易合同对消费者个人的信息隐私权的侵犯及保护》，载《当代法学》2002 年第 10 期。

[2] 赵华明：《论网络隐私权的法律保护》，北京：北京大学出版社，2002 年版，第 165 页。

内容通常都会涉及联系方式、家庭地址，有的还需要本人的身份证号码、信用卡卡号等。而这些信息有时会被网站的经营者批量出卖，之后就会出现各种各样的骚扰短信、电话。有时还会出现冒用身份的事件发生。这些毫无疑问都是损害了消费者的隐私权。而消费者对于这样的事件只能表示无奈，根本无法追究责任。

除了出卖消费者的隐私信息外，利用网络 cookies 盗取消费者消费习惯的方式更加可怕。这种 cookies 会将你的密码、浏览过甚至是购买过的商品以数据的形式保存在电脑当中，而经营者们通过这些 cookies 就可以总结出消费者的消费习惯，并且向用户推荐"同款"。比如淘宝为消费者推荐可能喜欢的产品，凡客推荐同款衣服等。通过这样的手段商家就可以得到更大的利益。而这也是一种侵犯隐私权的表现。这已经成为网络购物对消费者隐私权的一种极大的挑战，如何保护隐私权成为了当下急需解决的问题。

（五）网络购物中消费者售后权利受损的表现

由于网络购物无法亲眼看到商品，退货的事件也就经常发生。但在退货这一过程中也存在着很大的问题。即便新的消费者权益保护法规定 7 日内无条件退货，但是送回的运费也是由买方承担的。而且由于网络购物的廉价性，经常会出现往返运费的总额要比商品本身的价格都高。这也是侵犯消费者权利的表现。

四、国外网络购物消费者权益保护的制度

（一）美国网络购物中消费者权益保护的制度

美国网络购物起步较早，对网络购物中消费者权益保护的立法也相对成熟。美国的计算机与网络技术的发达，在很大程度上得益于其在互联网上采取的宽松政策。美国采用行业自律为主、立法规制为辅的模式。主要采用以下手段对网络购物中消费者的权益进行保护：

1.《全球电子商务纲要》

1997 年 7 月 1 日联邦政府发布了《全球电子商务纲要》。它主要通过政府改善网络环境来鼓励私营企业推行网络购物，废止了一些有碍于网络经济发展的条文。之后还减少了政府的干预。除了网络购物环境的改善外，它还明确规定了通过政府的强制力来打击虚假广告的具体措施。另外更加入了保护网络隐私权的相关内容，明确了经营者的责任，并提出靠经营者的自律来保障消费者隐私权的相关措施。

2. 《全球与全国电子签名法》

2000 年 10 月克林顿政府签署国会通过的《全球与全国电子签名法》。其第 10 条规定："如果需要以电子记录向消费者提供交易信息，消费者必须有明示的意思表示。"这一条的规定不仅意在保护消费者的知情权，同时还规定了经营者的信息披露义务。也就是说要想完成交易则必须完成以下条件：消费者有权认识到自己所享有的各项权利以及消费者撤销同意的权利、条件和后果等；消费者确实获得了调取与保存电子记录的说明与能力；有关调取或任何保存电子记录的任何变化，都应通知消费者，在发生变化的情况下，消费者享有无条件撤销同意的权利。❶

除上述特点以外，美国的电子签名法为网络购物的保护提供了一个框架并且削减了不当的政府强制力，主要还是靠经营者的自律来完成。

（二）德国网络购物中消费者权益保护的制度

1997 年德国颁布的《多元媒体法》是世界上第一部关于网络购物的法律。它的重点在于保护消费者的隐私权以及发生纠纷时如何确定责任主体。除此以外还规范了经营者的行为。而在《多元媒体法》的基础之上，在 2001 年德国政府又颁布了《电子签章法》。与其他国不同的是，在德国的《电子签章法》中更加注重的是保护消费者的隐私权。其明确规定经营者要想获取消费者的信息，只能通过向消费者本人来收集资料，如果有通过第三人获取消费者资料的行为则会追究其法律责任。

（三）日本网络购物中消费者权益保护的制度

日本于 2000 年颁布了《行动纲领》。这部法律肯定了电子签名在网络购物中的重大作用。同时也彰显了"国际性"，这部法律提出了希望多个国家一起制定一个可以跨国界、多语言的全球购物办法，以便于应对国际化的网络购物。行动纲领是根据日本国情制定的。当时为了促进网络购物的发展，此法在保护消费者权益的同时，也适当减轻了经营者的责任。

（四）国外网络购物消费者权益保护制度的启示

通过对上述国家的消费者权益保护制度的分析，对于如何保护消费者的权益我们可以总结出以下几方面：注重保护消费者的隐私权、知情权；通过规范经营者的行为来保护消费者的权益；确定了电子签名的重要性；制定法律的国际性。

这些规定在一定程度上促进了网络购物的发展，增强了消费者的信心。而我国对于网络购物的规定十分欠缺，我们需要仔细研究国外的法律法规，

---

❶ 郭懿美：《电子商务法律与实务》，科学出版社，2004 年版，第 123 页。

从而完善我国的法律制度。但是我们必须清楚地了解上述法律都是根据其国情制定的，我国可以借鉴国外一些好的经验，但必须立足于我国国情，决不能盲目照搬国外经验。

五、完善我国网络购物中消费者权益保护制度的建议

（一）网络购物消费者知情权的保护

1. 完善网络购物的法律

我国关于网络购物的法律法规分散于《民法通则》《消费者权益保护法》《合同法》等多部法律当中。而这些法律当中的规定又不足以适应网络购物的新情况。我认为可以通过发布立法解释来补充一些新情况及应对方式。除此以外还可以制定专门的法律法规来完善信息披露制度，主要明确经营者义务和信息披露的方式。

与传统购物不同，网络购物中消费者无法亲自了解商品，只能通过经营者提供的描述及广告来了解。因此把经营者应向消费者提供真实的商品信息作为经营者的义务可以保护消费者的知情权。除此以外，在披露的方式上也应有所规定。目前的网络购物中信息过于繁杂，经营者通常将重要的信息放在某个链接当中，消费者一旦不注意就有可能错过重要的信息。因此我们可以借鉴上述国家规定把重要的信息放在明显的位置，这是完善知情权必不可少的一部分。

2. 完善网络购物的监管

由于网络的虚拟性，消费者对于商品的认定很大程度上依赖经营者发布的广告。而现在越来越多的经营者为了赚钱大打虚假广告，保证广告的真实性就成为了保护消费者知情权的重中之重。

严格的市场准入制度是打击虚假广告的好方式。首先，严格禁止不具备发布条件、内容不实的广告。其次，定期对其进行管理和审核，一旦发现虚假广告，根据其情节对其进行处罚。最后，对虚假广告的发布者进行追责。如消费者知情权受到损害后，可以向虚假广告的发布者要求赔偿。这样不但可以增强消费者的信心，还可以保证广告的真实性，从而保护了消费者的知情权。

（二）网络购物消费者隐私权的保护

通过上述国外消费者权益保护制度可以看出国外非常重视对消费者隐私权的保护。我认为我们可以借鉴国外制定相应的保护隐私权的法律，设立限制收集、合理使用、安全保护的原则。在此基础上再加之以行政上的监管：

设立相应的隐私专员专门接受网络购物中隐私权受到侵害的投诉。

在完善立法与监管的同时，消费者本身也应当重视隐私权的保护。在技术上使用隐私保护工具 P3P。有了这种工具，更有利于保护消费者的隐私权。而对于 cookies 可能没有办法靠软件及立法来限制，只能通过用户日常清理来降低隐私权的泄露。

（三）网络购物消费者公平交易权的保护

在网络购物的过程中，由于网页中关于商品的信息量过大，消费者几乎不会每字不漏地阅读，并且格式条款字体小字数多，消费者更是不愿细看就直接点击确定了。这种格式条款本是为了便捷，但有些不法商家却因此故意规避责任。我认为要想解决这个问题则必须增加相应的法律法规。我们可以参照上述的外国经验将格式条款中的重要部分用不同颜色或者更大的字体予以明确，让消费者很容易就能看到并作出相应的决断。我认为应当引用《合同法》第 41 条的规定："对格式条款的理解发生争议的，应当按通常理解予以解释。对格式条款有两种以上解释的，应当作出不利于提供格式条款一方的解释。格式条款和非格式条款不一致的，应当采用非格式条款。"这样可以更好地保护消费者的公平交易权。

（四）网络购物消费者财产权的保护

目前，随着网络购物的日益发展，第三方支付机构也越来越多，但是相应的监管制度还存在着很大的缺陷。监管主体不够明确。根据我国法律规定，中国人民银行、工商管理部门、税务部门为第三方支付平台的监管部门。但是由于监管部门较多，分工不明确，使得监管形同虚设。我认为应当明确各部门的分工，定期对第三方支付平台进行考核，对于不合格的应予以备案登记，多次不合格的应撤销其资格。为了更好地保护消费者的合法权益，应当实行第三方保证金制度。由第三方支付机构根据其规模、收益按比例向中国人民银行缴纳保证金。这样，不但可以规范第三方支付机构，也可以增加消费者的信心，从而促进网络经济的发展。

（五）建立网络购物信用体系

1. 建立第三方评价体系

上述提到有些经营者为了盈利雇用经过系统培训的"SNS 军团"来刷好评。解决这问题的关键就在于建立第三方评价体系。第三方评价机构由有社会公信力的民间机构、消费者权益保护协会构成。他们是一个中立的、独立的机构，主要收集经营者的信用信息，并据此给出相应的信用等级。这样，消费者根据第三方评价机构给出的信用等级即可判断经营者的信用度。制定这种制度可以帮助消费者更好地选择经营者、防止网络诈骗，也可以促进网络经营者的良性竞争，从而使网络购物环境变得更加干净、透明。

2. 完善网络互评机制

如今网络经营者越来越多，第三方评价机构短时间内可能无法全部进行评估，这时就需要采用经营者、消费者互评机制来确定商家的信用度。互评机制是买卖双方在交易完成后针对商品质量、商家服务、物流等对经营者进行好、中、差的评价。它在某种程度上可以帮助消费者了解商家的信用程度。但是随着"SNS军团""差评师"的出现，给网络互评机制带来了巨大的挑战。我们也应当针对这种情况进行相应的处罚规制，从而完善网络互评机制。

（六）建立网络购物的非诉制度

网路购物的日益发达，相应的纠纷也越来越多。面对纠纷很多消费者因为商品价格低廉、诉讼费用高昂且耗时长就自认倒霉不再维权。而这种现象的产生也助长了经营者的不法行为。所以建立网络购物的非诉制度是势在必行的。

非诉制度应分为内部争议处理机制和外部争议处理机制。内部争议处理机制是由网络交易经营者自己所设立的，接受消费者投诉，与消费者沟通并与消费者协商解决网络购物中所产生的纠纷的一种争议解决制度。❶ 这种制度并不是最终模式，如果消费者对网站内部的解决方式不满，还是可以选择诉讼等方式来维护自己的权益。这种制度可以使纠纷的解决变得更加方便快捷并且有效。不但可以省去高额的诉讼费用，同时还可以增加消费者的消费信心，提升网站的信誉度，也会给经营者带来更大的收益。

外部争议处理机制即在线争议解决机制，是指运用计算机和网络技术，以替代性争议解决方式的形式来解决争议。❷ 我国于2004年6月建立了"中国在线争议解决中心"，它也是我国第一个专门的在线解决结构。在发生纠纷后，消费者可以登录它的网站，填写相应的信息，之后网站就会为双方提供争议的解决办法：和解或调解。这种模式的产生不仅解决了纠纷难的问题还可以省时省力。但是我国的在线争议解决机制才处于起步阶段，还有很多的不足，例如，费用高、知名度不高、缺乏监管等。所以我国应当吸取外国的相应经验并结合我国的具体国情来完善在线争议解决机制。

（七）建立网络购物的监管制度

要想规范网络购物的环境光靠立法是不够的，还需要政府提供相应的监

---

❶ 姚晓磊：《小议 ODR 在在线小额纠纷中的运用》，载《财经界》2007 年第 8 期。

❷ 李适时：《各国电子商务法》，北京：中国法制出版社，2003 年版，第 220 页.

管。首先，我们可以设立专门的网络购物监管机构，并把它列为政府职能机构，并为它制定相应的工作制度、工作职责、工作范围等，培养专业的网络机构监管人员，以便对网络购物进行更为专业、更为完善的管理和监督。❶与美国的自律不同，我国需要政府的强制执行力来保障相应制度的实行。例如，如果经营者不遵守新消费者权益保护法中 7 天无条件退货的规定，他将无法再从事网络销售。我国可以运用工商机构在网络购物中的规制作用来监管经营者。

---

❶ 任燕：《在线交易中消费者权益保护问题之法律探析》，载《河北法学》2004 年第 7 期。

关于解决北京打车难
问题的调查研究

曾捷英❶

摘　要： 近年来，北京出现了打车难的现象，例如在上下班时间或恶劣天气乘客打车难，即使打到了车也会面临司机乱收费的情况。司机可能会绕路行驶，因为没有严厉的惩罚措施，也可多收取打车费，对于非京的国内外乘客，会因其不了解北京而宰客等。北京出租车打车难的问题亟待解决。通过对北京部分出租车司机及乘客进行问卷调查，分析其成因，提出针对北京出租车行业管理的一揽子解决方案，期望能为相关部门决策提供有价值的参考。

关键字： 北京出租车　打车难　解决方案

一、前　言

北京出租车定位是城市公共交通的组成部分，是常规公共交通工具的一种补充方式。政府为出租车每年提供高达 7.2 亿元的补贴，但是近年来北京出租车却成为了百姓出行的问题。尤其是 2012 年年底以来，市民高峰几乎打不上车，而司机却在"最忙碌"时间段休息。

2013 年 2 月 10 日，新华社报道了习近平总书记 8 日来到北京祥龙出租客运有限公司的新闻，他询问了司机对群众反映突出的"打车难"问题的看法，指示有关部门要择其善者而从之。随后发展改革委宣布 2013 年 5 月底，北京将对两套涨价方案进行听证。

根据交通运输部自 2012 年 4 月 1 日起施行的《出租汽车驾驶员从业资

---

❶　曾捷英（1969—　），女，四川人。北京物资学院劳动科学与法律学院副教授，博士，主要研究方向为心理学在劳动人事管理中的应用问题。

格管理规定》，将严惩拒载、议价等行为。2012 年 12 月 28 日北京交通部门推出了"史上最严"出租车违规行为处罚措施——规定出租车司机拒载、议价等行为将停岗 1～3 年，进入"黑名单"的驾驶员不得被录用。但是尽管有这些规定和措施，北京打车难的情况却越发严重。

打车难问题的根源究竟是什么，为什么没有行之有效的改善方法？作者在 2013 年的初春 4 月，对这个问题进行了调查研究。

二、研究对象与方法

1. 研究对象

选取了打车难矛盾突出的北京城市中心地带——朝阳区国贸一带的出租车司机和乘客为研究对象，随机发放 200 份问卷，回收有效问卷 200 份。因为我们更关注使用者——乘客的需求和看法，因此问卷的填写对象是乘客 160 人，司机 40 人。

2. 调查数据分析

（1）司机和乘客的文化程度。乘客中，学历在大专及以下有 25 人，约占受访乘客总人数的 15%，本科以上的约 85%，表明经常需要打车的主要是受教育程度较高，收入较好的人群，司机则 62.5% 在大专以下学历，硕士以上为 0。可见使用出租车的确与经济收入相关，主要满足收入较高人群的交通需求。

（2）出租车每天的应运营的时间。乘客和司机均认为在每天 10 个小时左右比较适合。考虑到出租司机上车即上班，而北京市民上下班的通勤时间普遍需要 2～3 小时来看，司机的 10 小时运营和其他工作的 8 小时工作基本持平，因此这个选项还是比较合理的。目前很多司机因为拥堵就不运营，但是收入却要求和运营相当，甚至通过涨价的方式来获得和其他工作人群持平的收入，显然是不合理的。所以合理的方式要么是更多的运营时间，或改善交通状态，或重新选择其他工作。

（3）在高峰时间和恶劣天气时出租车司机应上路行驶的时间。乘客认为在高峰时间和恶劣天气时出租车的上路行驶时间为 2 小时的，超过 63%，应为 3 小时的为 32.5%。而受访司机选 2 小时的为 32%，3 小时这个选项的支持是 0。68% 的司机选择最低档的 1 小时，而选择这档的乘客只有 4%。乘客在高峰时期和天气恶劣的时候用车量很大，希望出租车司机最好上路行驶 2 到 3 个小时。而恰恰在这个时候，出租车司机很不愿出车，出车的时间仅为 1 到 2 个小时。供需不平衡，打车难的现象也就出现了。

（4）司机的月收入（总收入去掉份儿钱和油钱）多少算合理。在受访者中，67％的乘客认为司机每月的收入应在 4 000 元以下，而 60％的司机则认为每月的收入应在 4 500 元以上。两者差异明显。因为开车是个入门较低的熟练工种，没技术等级划分，因此出租车老司机和新司机相比，并没有资历和技术的优势，对比目前北京大学毕业生首年 2 000～3 000 元的月收入，高校博士毕业的老师评上高级职称前是 4 500～5 000 元月收入，司机的要求还是偏高，所以有关部门应该引导他们加强横向比较，认识自己的工作性质特点，如果继续选择这个工作，工资要求就应该适度回归理性。如果要高收入，就必须更加辛苦地付出，或者进行职业变更。

（5）打车难的解决方案中最受支持的方案。问卷提供了共 10 条解决打车难的方案：严惩，对拒载不打表的司机加大惩罚，要求司机向被拒载的乘客进行一定的经济赔偿；增量，6.66 万辆个能满足乘客的需求；涨价，提高出租车运营费用、每公里燃油费用；完善，进一步完善公交系统，多开通交通路线和地铁站点等；竞争，打破行业垄断，允许外地人开出租车；新建，建立完善的叫车系统；治堵，进一步改善道路拥堵状况，在高峰期间，出租车可走公交专线；去公司化，取缔出租车公司，只要出租车司机遵纪守法运营，上交一定的管理费用；雷锋车，允许私家车搭载乘客，乘客向车主付一定的费用；降低，降低车份儿钱。

不论司机还是乘客，都支持治理交通堵塞、取缔出租车公司和严惩拒载乘客的司机的方案，而像听证会提出的涨价方案并不受双方的欢迎，本来看似应该高兴的出租车司机并不是很赞同涨价这一方案，只有 5 个司机选，占总数的 12.5％。

最受支持的解决方案，对乘客来讲是严惩法，对司机来讲是去公司化法。可见消费者要求享受到管理规范的服务，而司机更要求彻底摆脱高额份子钱的束缚。

（6）司机对上调打车费后对自身收入影响的看法。打车费上调后，15％的司机认为自己的收入会增加，45％的司机则认为自己收入会下降。可见多数司机不看好打车费的上调。有位司机说："其实我们司机是最不愿意看到价格上涨的，看起来打车费用是提高了，但是保不准份儿钱不会涨，就算份儿钱不涨其他的补贴也可能会下降，最关键的是打车费涨了，打车的人肯定少了，打车是不难了，我们也不多赚钱，要想解决打车难，先把这个份儿钱降下来。"

（7）乘客对上调打车费后对自身打车次数影响的看法。打车费上调之后，75％的乘客都会减少打车的次数（其中 8％会基本放弃打车）。而认为打车次数不会改变的人占受访乘客总人数的 25％，这部分是属于用车的刚需人群，他们经济收入更好一些，能消化费用的上涨，这部分人在听证会后涨价的现实面前，多数没有选择坐公交，而是表达了争取尽快买车的愿望。如果打车乘客中超过 2 成的人群提速加入开车族行列，对北京交通和空气都不是利好的消息。

三、打车难问题的解决方案

根据我们的调查分析，我们得出在不选择涨价的方案下，有以下可操作的具体建议。

1. 完善出租车行业的监管制度，适当运用强制措施

北京出租车打车难中突出的司机拒载、不打表、乱收费问题，很大原因没有规范监督管理和惩罚措施。乘客可以用视频记录等方式记录下出租车司机不合规定的行为；对于一些高峰期或天气恶劣的情况，有关部门可以学习国外的方法，通过出租车内都装有 GPRS 系统，可以记录运营时间和地点，强制出租车在此类时间段上路运营至少两小时。只要违规证据被核实，那么出租车司机或者出租车公司就要向乘客支付一定的经济补偿，或者可以吊销出租车司机一段时间的驾驶执照。

2. 在高峰期间出租车可走公交专线

很多司机在高峰时期选择不出车，就是因为堵车不挣钱还费油。既然北京出租车属于城市公共交通的重要补充工具，那么在每天最拥堵的时候，出租车也可以考虑使用公交专线。另外，2013 年 5 月 31 日北京交管部门称朝阳路的潮汐车道设计方案落定，力争 9 月投入使用。

政府给出租车行业的多年巨额补贴政策，和现在新实行或即将实行的优先方案，都是建立在北京的出租车是公共交通体系的一部分的基础上，而不是像英美加等国走高级消费的纯市场道路。西方国家户均拥有 2～3 辆车，如果只有少数人用得起出租车，北京近 7 万出租车多数将停运，10 多万的出租司机多数将失业，或另谋出路。毕竟伦敦的出租车数量不到 1 万。

3. 去公司化，打破行业垄断性质

北京的出租车公司每月收取高额份子钱，但是它并没有起到实质性的作用，既无对出租车司机的培训，也无法规范管理单兵作战的司机拒载行为。之前有多家媒体调查，结论是舆论普遍认为出租车运营公司获得了"暴利"，他们是的哥的"盘剥者"，也是乘客利益的"掠夺者"。在对他们的批判上，乘客、的哥以及媒体组成了联盟，而政府形象受到了运营公司名声很差的

牵连。

因此，那么我们完全可以打破垄断制度，不用出租车公司这个所谓的婆婆，并且开放出租车行业市场，允许个体经营，允许外地人加入北京的出租车行业，要求出租车司机遵守行业道德，遵纪守法，定时向有关政府管理部门上交一定数量的税费之外，其余收入全部归出租车司机所有。

4. 完善公交体系，提高公交出行比例

北京市目前的公共交通出行比例是 26.5%，相对于国际平均水平 70% 相差太多。尽管市区的公交和地铁交通网络已经非常发达，但是交通堵塞，来车时间没有保障，地铁和公汽里拥挤不堪，实际乘用的环境不佳，很难说服有经济条件打车的人去挤那挤不上的公共交通。

必须提高公共交通的舒适度和准点性，这样才能吸引更多的乘客出行时使用公共交通，不仅可以缓解打车难的现状，还可以降低私家车的使用率，提高空气环境质量。

5. 推行叫车服务，提倡雷锋车

其实北京已经建立了叫车系统多年，但是司机挑活严重，叫车的成功率并不高。政府应研究如何完善叫车制度，使叫车成功率增加。

在国外很多国家，私家车是可以搭载乘客并收取一定的费用的。私家车可以有一个标志，提醒乘客可以来搭载，乘客可以向车主支付一定的乘车费用，并且两人以上乘坐，可以使用快车道。这样不仅让乘客方便打车，也减轻了车主的经济压力，减轻出租车的运营压力，减少私家车的使用率，提高空气环境质量，这样一举多得的方案是值得我们学习借鉴的。

6. 提高出租车司机的职业修养

现有的出租车司机主要来自京郊农村，受教育水平较低，所以一方面要吸纳受过较高程度教育的人（含非京户口）进入这个职业，另外一方面要对现有的司机进行职业道德素质培训和考核，淘汰低素质的员工。只有保证从业者掌握上岗基本规范和奖惩制度，才能使得司机们正确认识和热爱自己的职业，规范自己的职业行为，成为和其他服务行业的员工一样，具有保障有力、敬业爱岗和服务顾客的职业精神。通过提高北京出租车行业的运营数量和质量，有助于解决打车难的问题。

参考文献

[1] 向勇，邓琳娜. 从出租汽车行业困境看政府与市场的关系 [J]. 时代金融，2006（6）.

［2］汪丁丁．为什么"政府失灵"比"市场失灵"更加危险？［J］．财经，2003（1）．

［3］张翠华．英国的出租车经营和管理［J］．现代交通管理，2001（10）．

［4］张闻．北京着手解决"打车难"已逾 20 年，电话叫车迟迟未能普及［EB/OL］．http：//china.cnr.cn/ygxw/201301/t20130111 _ 511758372.shtml，2013－1－11．

集体建设用地公开流转问题研究

毛 未[1]

摘 要：中国的城镇化计划，对农村集体建设用地提出了新的要求。现阶段，工业化与城市化所需的土地大部分来自农地的征用，这种国家垄断征用农地是目前农村建设用地流转的唯一渠道。这种模式使城乡差距进一步拉大，围绕土地产生的各种矛盾、冲突不断发生。本文分析了集体建设用地公开流转的必要性，并在汲取各地集体土地流转试点的基础上，根据浙江省江山市峡口镇集体土地流转现状、制约因素等，提出了从规划着手，立法、确权、市场、收益分配、配套6个方面全方位改革的制度建议，以期探究我国集体建设用地公开流转的有益措施。

关键词：集体建设用地 流转 公开

引 子

十八大报告明确提出，解决好农业、农村、农民问题是全党工作重中之重，城乡发展一体化是解决"三农"问题的根本途径。城乡一体化，要形成以工促农，以城带乡，工农互惠，城乡一体的新型工农、城乡关系。土地是农民的"命根子"，解决好土地问题是繁荣农村经济，促进城乡一体化发展的关键。根据《中华人民共和国土地管理法》的规定，我国的土地分为三大类，即农用地、建设用地和未利用地。集体建设用地是存在于农村当中的建设用地，所有权归农民集体，农民个体享有使用权，使用权期限无规定。集体建设用地主要包括公共设施用地和公益用地、乡镇企业用地、农民的宅基地。

❶ 项目基金：华东政法大学研究生创新项目资助。

作者简介：毛未（1990— ），女，浙江衢州人，华东政法大学经济法学院在读研究生，研究方向经济法。E-mail：mwdaisy1989@hotmail.com

《土地管理法》对集体建设用地的流转做出严格的限制。集体建设用地使用权不能公开进入土地市场，其流转受到严格限制。

一、集体建设用地公开流转的必要性

1. 农民致富的有效路径

宅基地是集体建设用地中的主要类别，也是农民"握在手里"的最直接的集体建设用地。农民在宅基地上修建房屋作为世世代代的居所，宅基地对于农民的意义巨大。在城市化不断发展的过程中，许多农民不满足于在农村务农，纷纷进城谋生活，大量的房屋闲置，无人居住。由于现有法律禁止集体土地的流转，农民只能固守自己名下的宅基地。这把农民禁锢在土地上，堵住了农民宅基地的变现渠道。大量的资源处于不流动状态，限制了农民生活水平的提高。国家和政府已经把"三农"问题作为关系国家和社会发展的重大问题，但在解决"三农"问题的措施上主要以一些外部的援助措施和一些优惠政策为主，忽略了农村自身力量。若允许集体建设用地流转，则壮大了集体经济实力，增加了农民的长远利益，为新农村建设提供一个强大的支撑。

2. 能有效缓和房地产供求矛盾

随着城市化的进程不断加剧，农村人口不断往大城市聚集，大大增加了城市人口对房屋的需求，加上一些炒房团的作用，城市房地产市场呈现一片繁荣景象。农村土地流转是农村人口向城市人口流动，农村城镇化趋势下的重要表现。房地产的过热现在也间接地提升了农村土地的价格。由于对农村环境以及生活节奏的喜好，很多城市人口萌生了在农村居住的想法，只是法律的限制不能到农村购房。法律的限制极大程度上抑制了需求市场，进一步增加了集体建设用地流转的困难程度。若允许农村集体建设用地流转就能一定程度上吸引部分购买力流向农村。随着需求的减少，城市房地产市场的过热现象将得到缓解。

3. 能保障粮食安全

农民进城了，农业凋敝了，大量的农田被抛荒，无人耕种。这直接影响到我国的粮食安全。大部分农村只剩下老人和小孩留守，甚至形成了空心村，这无疑是在浪费我国的土地资源。允许集体建设用地流转就能让留守的老人和小孩也走出农村，适宜耕种的宅基地由政府购买以后复垦为良田。集体建设用地流转有效保护耕地，使土地集约利用水平进一步提高。土地资本化，由专业人员进行管理，形成规模化、农场化生产模式。摆脱现阶段农村分散、粗放的土地经营模式，推广先进的科学技术，发挥大型机械的作用，提高农村生产力水平，保障我国的粮食安全。农村集体土地使用权的流转能促进土地资源向生产效率高的农户转移，提高农村土地资源的利用效率，促进农民向非农产业发展，提高人地自由。在我国人多地少的局面下，我们更应该让存量耕地的生产能力最大化。

4. 能加速城镇人口集聚

当前法律的规定限制了人口的自由流动，农民进城打工常被称为农民工。农民工是城镇基础建设最大的主力军，但是他们却不能享有基本的城市户口。这对付出辛勤劳动的他们来说是不公平的。但是有人会说如果让农民拥有城市户口，将会加大现行的户籍管理的难度，而且会增加社会不安定因素。基于上述考虑，笔者认为，可以允许农民落户镇上，允许集体建设用地在镇的范围内流转。允许乡镇村之间的人口自由流动可以作为未来允许人口自由流动政策的一个缓冲。在乡镇村范围内允许劳动力资源按照市场规则自由流动，有利于发挥资源的集中优势，推进城市化进程。集体建设用地流转使小城镇建设进程加快，促进了农村经济的快速发展，流转后产生新的资产效应有利于整合农村资源，特别通过盘活存量集体建设用地，使集镇规模不断扩大，城镇化水平提高。

二、试点中的问题及突破

我国集体建设用地流转的试点主要经历 3 个阶段。

1. 早期探索（1996—2004 年）

这一阶段主要形成了苏州、芜湖、顺德模式。苏州集体建设用地流转最突出的特点是其与乡镇企业改制分不开。❶ 1999 年 11 月，国土资源部批准安徽省芜湖市开展农民集体所有建设用地使用权流转试点。芜湖市试点最大特点是由乡镇政府负责本行政区域内的镇域规划、集体建设用地使用权流转等具体工作。但农户和村集体在集体建设用地流转过程中的利益如何界定及保障成为改革中最突出的问题。❷ 随后被确定为试点的广东省却为逐步实现

---

❶　1996 年苏州市政府出台《苏州市农村集体存量建设用地使用权流转管理暂行办法》，开启了集体建设用地流转的进程。在改制过程中，为使乡镇企业所使用的土地纳入统一的资产管理，政府要求企业更换土地使用权人。

❷　《芜湖市农民集体所有建设用地使用权流转管理办法》规定土地使用者应当向市、县人民政府缴纳一定比例的土地流转收益，并强调，"按照'谁所有，谁投入，谁受益'的原则，在土地所有者与市、县、乡（镇）人民政府之间进行分配。"

国有土地和农民集体土地"同地、同价、同权"，❶ 切实保护农民的合法权益，建立和完善统一、规范的土地市场积累经验。在利益分配方面广东的做法更是解决了芜湖试点中的利益分配问题。❷ 广东省《关于试行农村集体建设用地使用权流转的通知》第 25 条规定：集体土地所有者出让、出租集体建设用地使用权所取得的土地收益应当纳入农村集体财产统一管理。其中50％以上应当存入银行（农村信用社）专户，专款用于本集体经济组织成员的社会保障安排，不得挪作他用。❸

2. "增减挂钩"阶段

2004 年 10 月 21 日，国务院发布的《关于深化改革严格土地管理的决定》规定："鼓励农村建设用地整理，城镇建设用地增加要与农村建设用地减少相挂钩"。这一规定所称的"增减挂钩"是指城镇建设用地增加和农村建设用地减少相挂钩，依据土地利用总体规划，将若干拟整理复垦为耕地的农村建设用地地块（拆旧地块）和拟用于城镇建设的地块（建新地块）等面积共同组成建新拆旧项目区（简称项目区），通过建新拆旧和土地整理复垦等措施，在保证项目区内各类土地面积平衡的基础上，最终实现建设用地总量不增加、耕地面积不减少、质量不降低，城乡用地布局更合理的目标。❹这一阶段先后有 24 个城市被列为试点。天津的"宅基地换房"政策，原本分散零碎的土地整合在一起，实现土地的集约利用与规模经营；与此同时，通过小城镇建设，住房容积率得以提高，实现了建设用地的节约高效利用。嘉兴的"两分两换"政策是指宅基地与承包地分开，搬迁与土地流转分开，以土地承包经营权换股、换租、增保障，推进集约经营，转换生产方式；以宅基地换钱、换房、换地方，推进集中居住，转换生活方式。❺ 在"增减挂钩"的实施过程中也存在着许多问题：第一，为了城镇乡村规划，农民被上楼的现象时常发生。第二，"增减挂钩"政策未能突破我国城乡二元土地制度基本框架。产权的确认仍是需要解决的基础性问题。

3. 成都的实践

2007 年成都的改革迈向实质性阶段，2008 年年初《中共成都市委、成

---

❶ 广东省集体建设用地的流转办法规定只要集体建设用地获得依法批准、符合各类规划、办理登记并拥有土地权属证书、界址清楚，就可出让、转让、出租和抵押。

❷ 张惠强：《集体建设用地试点改革小结》，载《东方早报》2012 年 3 月 12 日。摘自：http://www.dfdaily.com/html/8762/2013/3/12/959538.shtml。

❸ 摘自 http://www.gd.gov.cn/govpub/zfwj/zfxxgk/gz/200810/t20081006_69957.htm。

❹ 摘自 http://baike.baidu.com/view/2756697.htm。

❺ 摘自 http://baike.baidu.com/view/2132439.htm。

都市人民政府关于加强耕地保护，进一步改革完善农村土地和房屋产权制度的意见（试行）》出台（以下简称为《意见》），标志着改革正式启动。《意见》第 2 条规定："确认土地和房屋权属，奠定农村土地和房屋产权制度改革的基础"。成都的改革以确权为基础积极推动农村土地承包经营权、集体建设用地使用权、农村房屋所有权等的合法流转，建立完善集体土地流转收益分配机制，最终建立健全"归属清晰、权责明确、保护严格、流转顺畅"的农村产权制度。成功解决了"增减挂钩"遗留的难题。在交易方式上成都的做法也很有创新：集体建设用地使用权初次流转应当采取挂牌方式，再次流转除采用挂牌方式外，还可采用协议、电子竞价、综合评审、拍卖、招标、投标等。成都的集体建设用地改革之路是在维持现有征地制度的前提下，逐渐实现城乡建设用地的"同地同价同权"，并保障农民享受城市化带来的收益。

三、集体建设用地流转的现状及制约因素

随着市场经济的不断发展，人们对土地的需求不断提升。但现行法律却限制集体建设用地公开进入市场，其流转受到严格的限制。事实上农村集体非农建设用地私下转让、买卖大量存在，特别是在城郊接合部，城市居民到农村购买住宅和土地的情况也时有发生。在农村经济发展缓慢、城乡居民收入差距逐年拉大的背景下，集体建设用地作为重要的生产要素，却不能合法地参与市场流动，这一局面将会引发严重的社会问题。禁止集体建设用地使用权流转的结果是隐性流转泛滥成灾，集体建设用地这种无序流转的状态造成大量农村集体土地资产的流失和资源的占用。这不仅影响了土地市场的正常交易秩序，而且进一步影响土地资源的可持续利用。解决集体建设用地使用权的流转问题迫在眉睫。

1. 集体建设用地流转现状

（1）政策、法律。同属于建设用地的国有建设用地和集体建设用地不"同地、同价、同权"。国有建设用地已经建立了比较完善的市场机制，例如，国有土地使用权协议出让制度、招拍挂出让制度、抵押制度等。集体建设用地实际上是不能流转的。《土地管理法》第 43 条规定，"任何单位和个人进行建设需要使用土地的，都必须依法申请使用国有土地。但本集体经济组织成员使用本集体经济组织土地办企业或建住房除外"。同时，该法第 63 条规定："集体土地使用权不得出让、转让或出租用于非农业建设。但是，符合土地利用总体规划，并依法取得建设土地的企业，因破产、兼并等情形

致使土地使用权依法发生转移的除外"。虽然《国务院关于深化改革严格土地管理的决定》《中共中央关于推进农村改革发展若干重大问题的决定》等文件当中曾出现允许集体建设用地流转的字样，但是《土地管理法》第63条仍然规定了集体建设用地不能流转。况且，现实中缺乏流转的实施细则。由此可见，我国目前的法律对农村非农建设用地的流转限制是比较严格的。因破产、兼并等情形致使土地使用权流转虽被法律许可，但也由于缺乏具有可操作性的具体规定，实际上或者无法公开正常进行，或者以违法私自转让等方式交易。结果是自发、私下的农村非农建设用地的流转，直接造成土地利用的混乱，对土地利用总体规划和城市规划的实施都产生了较大的冲击，使得城乡建设用地总量难以有效控制。❶ 2007年，国务院办公厅发布的《关于严格执行有关农村集体建设用地法律和政策的通知》规定，"农村住宅用地只能分配给本村村民，城镇居民不得到农村购买宅基地、农民住宅或'小产权房'。"进一步限制了集体建设用地的流转。这个规定不仅限制了城镇居民取得集体建设用地使用权的可能性，甚至是不同村的村民之间集体建设用地也是不能流转的。

（2）现实例子：峡口镇集体建设用地。峡口镇位于浙闽赣三省交界处，是浙江省江山市境内的第二大镇，是"一心三区"产业发展布局的南部生态经济发展区、"一体两翼"工业平台开发体系的南翼和"一主二副"服务业发展的副中心。因此，城镇化发展水平很高。法规政策的规定并没有阻碍客观的市场规律对人们的激励作用。在全国各大中城市的周边，农村集体建设用地上盖房子并与非集体组织成员进行交易的现象比比皆是。峡口镇也存在同样的情况，由于都是私下交易，政府难以统计，更难于监管。虽然《国务院关于深化改革严格土地管理的决定》《中共中央关于推进农村改革发展若干重大问题的决定》等文件已经松口，但是《土地管理法》仍然没有修改，况且国务院也没有出台相应的实施细则。在机制上没有保障，所以在现实中地方政府是不允许的。因此，买卖小产权房的风险很大，一旦反悔，将得不到政府的支持。

实际上，峡口镇基层政府也做过集体建设用地流转的探索。为了配合好江山市人民政府新农村建设工作的开展，峡口镇作为"下山移民搬迁"这一重大工程的移民安置点已经安置了1 000多户、4 000多人，新一期还将安置7 000多人。镇政府利用集体建设用地在本镇范围内为下山安置的移民建造房屋，并以低于成本的价格出售给移民。这是一项福利性措施，且被安置

❶ 摘自 http://china.findlaw.cn/fangdichan/tudichengbao/nctdcb/170865.html。

的移民并非本村村民。有关法律法规规定：对于集体建设用地只有本村村民才享有使用权。使用权可以在本村村民之间流转，但不可以流转给非本村村民。"下山移民搬迁"工程正是基层政府进行"跨村建房"的有益探索。政府利用集体建设用地把山里的村民大部分迁到了镇上。让生活原始，交通不便的大山里的村民也能享有镇上完善的配套设施。这不仅是一项人道主义的政策，而且为峡口镇的发展增加了劳动力，达到了双赢。

允许集体建设用地公开流转是峡口镇政府的希冀。峡口镇是江山市政府重点建设的镇之一，其发展速度也令人欣慰。但在建设发展过程中集体土地的流转成为困扰本镇发展的一个重大难题。峡口镇是江山市的第二大镇，从前几年的数据来看，峡口镇的发展十分迅速。2009 年，全镇实现国内生产总值 7.99 亿元，财政收入 1 903.3 万元，农村居民人均纯收入 6 996 元。峡口镇范围内建有大型工业园区，吸引了省内外众多企业前来投资。园区配套设施齐全，企业发展基础好。而且，峡口镇的目标是生态与工业发展并重。峡口资源丰富。全镇拥有耕地 21 735 亩，山林面积 269 086 亩，森林覆盖率 80％，城镇绿化覆盖率 38％，人均公共绿地达 8.22 平方米。大片山林中有丰富的动植物资源，许多企业可以就地取材。地处江山港上游的峡口，也有着大量的水资源。境内山塘水库星罗棋布，万顷良田旱涝保收。境内的白水坑水库与峡口水库都为良田灌溉和防洪抗旱提供了保障。这样一个资源丰富、环境优美，经济发展水平高、配套设施齐全、交易质量高的集镇具有相当强的人口集聚能力，由于法律禁止跨村建房，人口流动受阻，外面的人口不能享受这样的生活环境。这也造成了峡口镇发展的局限性。因为新型城镇化首先是人口的城镇化，不单纯是建房子。如果允许集体建设用地公开流转，可以根据各方面的条件规划一块土地，由厂选位，这样人口一下子就进入集镇。开发方式也可以多样，自主选地建房或者由政府统一开发。目前的唯一难题就是法律的限制。

2. 流转障碍

（1）缺乏法律依据。《土地管理法》第 63 条规定："集体土地使用权不得出让、转让或出租用于非农业建设。"虽然国务院以及中共中央的相关文件已经松口，各地已经陆续进行了集体建设用地试点工作，但是位于最高地位的法律仍然不允许。因此，各地的流转实践只能作为试点工作。各地私下的集体建设用地流转仍然缺乏明确的法律依据，一旦一方反悔将得不到法律的支持。在无明确的法律支持下，流转集体建设用地存在极大的风险成本。

（2）产权不明晰。美国产权经济学家德姆赛茨认为，产权是指使自己或他人收益或受损的权利。道格拉斯·诺斯则指出：产权的本质是具有排他性的权利。土地产权是人们在土地上占有、使用、收益、处分方面的权利关系，产权具有激励和约束功能。产权关系不清晰，使用权"流转"难以规范。表现为村集体经济组织内部的产权关系不明确，农民之间的产权界限不清晰，导致权利行使上较模糊。国家立法对农村建设用地使用权的流转问题持谨慎态度。农村集体土地所有权主体明晰是市场经济的客观要求，也是土地流转的基础。《宪法》规定："农村和城市郊区的土地，除法律规定属于国家所有外，属于农民集体所有。"现行法律对农民集体的概念解释模糊，农民集体的真实意愿难以得到真正体现。《土地管理法》第 10 条规定："农民集体所有的土地依法属于村农民集体所有的，由村集体经济组织或者村民委员会经营、管理；已经分别属于村内两个以上农村集体经济组织的农民集体所有的，由村内各该农村集体经济组织或者村民小组经营、管理；已经属于乡（镇）农民集体所有的，由乡（镇）农村集体经济组织经营、管理。"从法律条文上看我国集体边界界定不清楚，集体所有者的权利义务不明确。所有权利实际掌握在基层政府和村民委员会、村民小组手中，农民手中的产权是虚置的。因此，农民的利益何从保护？

（3）缺失市场体系。由于法律的规定，集体建设用地的流转受到很大的限制。完善健全的市场体系还未建成，隐形市场却早已存在。集体建设用地的私下流转情况在大多数农村地区也时常发生。我国实行最严格的耕地保护政策——要守住 18 亿亩红线。在这样的大背景下，全国各地政府手中都握有相应的指标。上述限制政策的制定并没有思量区域发展的非均衡性和经济发展阶段的特殊性，实践中由于经济发达地区建设用地指标不够，欠发达地区的指标用不完，从而导致一些地区出现了大量的非法用地现象。❶ 这种政策制约了当地经济的发展。

（4）收益分配不合理。依据现行制度，土地流转的大部分收益被政府垄断，集体建设用地需要征收为国有建设用地后才能在土地市场上流转。农民集体作为集体建设用地的所有人只能取得少量的征地补偿金，土地的大部分收益落入政府的囊中。尽管少数地区进行了集体建设用地流转的试点，但是流转收益分配仍然是困扰其制度建设的重大问题。主要问题包括：参与收益的主体不一致，存在争议。农民集体作为所有者，农民作为使用者当然成为收益分配的权益人。主要争议在于政府作为国家政权的代表、土地流转的管理者是否能在流转收益中分一杯羹？并且各利益主体的权利未得到保障。农

---

❶ 王永红：《集体建设用地使用权流转的必要性与可行性证成》，载《贵州警官职业学院学报》2012 年第 2 期。

民集体的收益被各地政府分割或者由于基层干部的不规范行为，造成农民的实际利益总是远远低于赢得利益。实际中经常有损害集体利益的事情发生。

四、集体建设用地流转的制度设计

集体建设用地的流转关乎农民的切身利益，政府想要彻底解决问题将涉及社会多方利益，强硬的手段可能激化社会矛盾，带来预想不到的社会后果。唯有设计一个合理的集体建设用地使用权流转通道，让政府、村集体尤其是农民的利益均能得到保障，才能缓解目前的紧张和矛盾，加速新农村建设。

1. 规划

在进行集体建设用地公开流转工作之前，规划部门应当首先做好城市规划工作。以日前中国乡镇的现状来看，笔者认为允许乡镇之间的集体建设用地公开流转对于实现乡镇土地和劳动力资源的整合有很大意义。要想在乡镇之间实现集体建设用地的自由流转首先要做好规划，因地制宜。为了吸纳人口，集镇需要规划一块土地用于安置外来人口；同样，对于土质条件好的宅基地应当由政府购买复垦为良田。按照工业向园区集中、农业向规模集中、居住向城镇集中原则进行规划。

2. 立法

现行法律对集体建设用地流转的限制成为建设用地流转的最大障碍。尽管政府层面已经松口，但是实际贯彻实行，何时流转、如何流转、实行机关、纠纷解决途径都是需要法律来最终敲定。明确的法律支持是各级地方政府进行集体建设用地公开流转的强大后盾。虽然现行法律对集体建设用地的流转做了严格的限制，但是其中仍然保留了其立法空间。《宪法》第10条规定："任何组织或者个人不得侵占、买卖或者以其他形式非法转让土地。土地的使用权可以依照法律的规定转让。"条文中规定的土地使用权是一个笼统的概念，既可以只理解成国有土地也可以理解成国有土地和集体土地。《物权法》第151条规定："集体所有的土地作为建设用地的，应当依照土地管理法等法律规定办理"。物权法的建设用地这一章仅对国有建设用地的转让、互换、出资或者赠与等情况作了规定。同时，《物权法》只对集体建设用地作了授权性规定："应当依照土地管理法等法律规定办理"，以避免将来条件成熟时，物权法的固化给改革带来的不利影响。❶ 现行《土地管理法》

---

❶ 李浩宇：《从物权法的角度看农村集体建设用地使用权流转问题》，中国政法大学，2010年论文。

并未完全否定集体建设用地的流转。《土地管理法》第 2 条规定："土地使用权可以依法转让"，第 63 条规定："农民集体所有的土地的使用权不得出让、转让或者出租用于非农业建设；但是，符合土地利用总体规划并依法取得建设用地的企业，因破产、兼并等情形致使土地使用权依法发生转移的除外。"第 2 条规定土地使用权可以流转，虽然第 63 条禁止集体建设用地流转，但是还规定企业符合土地利用总规划并合法取得土地的在出现破产、兼并等情形时可以流转。这也为今后的立法埋下了伏笔。并且《国务院关于深化改革严格土地管理的决定》《中共中央关于推进农村改革发展若干重大问题的决定》等文件当中曾出现允许集体建设用地流转的字样。从这些政策规定可以看出，国家为农村集体建设用地使用权流转的立法控制的逐步松绑和开口子，指引了前进的方向。❶ 因此下一步最关键的就是在法律上明确集体建设用地流转的合法性，给建设用地流转市场创造良好的法制环境，提供坚强的法律支持。

3. 确权

确权是流转的基础。只有在确权的基础上流转才能提高流转效率，避免纠纷。确权也是长期困扰着我们的难题，直到成都模式中才得到解决。成都模式中的坚持以确权为基础的土地流转制度应当被广泛应用。诺思说："每当所有权未予确定限制或没有付诸实施时便会出现这种不一致。如果私人成本超过了私人收益，个人通常不会愿意去从事活动，虽然对社会来说可能有利。"也就是说，没有界定产权或者产权界定不清时，就会出现这种情况，在缺乏有效的产权制度保证私人收益接近社会收益的情况下，人们是不会去从事有利于经济增长的活动的。建立稳定、明晰和有效的产权制度是土地产权界定所要解决的问题。❷ 笔者有以下 3 点建议：第一，要清晰界定农村集体土地所有权的主体才能进一步明确土地使用权的主体，把土地使用权流转的决策权完全赋予农民，这样农户才能成为土地使用权流转的主体，拥有土地的长期使用。当前立法对所有权的主体规定尚不明确，笔者建议将所有权主体直接赋予村民集体（以村为单位），只有细化到每个村才能真正做到产权明晰。取消乡镇农民集体类似的规定。第二，集体建设用地使用权物权化。物权法也提供了立法空间。虽说集体建设用地的使用权赋予农民，但却未赋予农民处置权等其他物权法权能，在这样的立法背景下使得农民处于尴

❶ 许恒周：《集体建设用地入市流转的法理》，载《中国国土资源经济》2010 年第 2 期。

❷ 李芳芳：《从产权角度出发解决我国农村集体建设用地流转问题》，载《发展研究》2010 年第 1 期。

尬的境地。因此，只有集体建设用地使用权物权化才能给流转提供坚实的法律支持。第三，应该建立集体建设用地的收益保障措施。

4. 市 场

建立一个规范有序的市场必须有一个主导者。政府当仁不让地成为集体建设用地流转的推动者，也是完善有序的流转市场的建立者。芜湖模式的经验告诉我们，由乡镇政府负责集体建设用地流转的具体工作是明智的。为什么地方政府成为主导？集体建设用地流转制度变迁是中央政府、地方政府和农民三元主体共同博弈的结果。在制度变迁过程中，中央政府、地方政府和农民三者扮演了不同的角色。农民是集体建设用地流转制度变迁的需求者，但是由于"搭便车"问题，农民未能进行有效的制度供给；放权让利改革后的地方政府已经成为一个重要的制度变迁主体，由于地方政府能够从集体建设用地流转制度创新中获得较多的潜在收益，因此通过多种途径进行制度创新；中央政府对集体建设用地流转制度创新的态度分为两个阶段：在地方政府自发制度创新之前，考虑到放开流转给耕地保护和国有土地市场会带来冲击，因而没有推进集体建设用地流转制度变迁，在地方政府自发制度创新之后，由于中央政府在地方推动的制度变迁中分享了收益，同时维持原有制度安排的成本太高，中央政府开始逐渐承认并主动推进地方政府发起的集体建设用地流转制度变迁。❶ 同时，地方政府长期从事基层工作，更能因地制宜地开展土地流转工作。笔者认为，第一，如上所述政府是主导者。怎样才能成为一个主导者？潜在的市场是建立集体建设用地流转有形市场的前提，潜在的市场靠经济发展水平、交易效率以及配套设施的完善程度来吸引外来人口及商业。因此，政府最大的职责就是发展好本行政区内的经济，形成良好的经济环境和市场环境来吸引投资。另外，政府还可以配套推出一些优惠政策吸引外来人口和商机。只有有人才能建立市场。第二，根据法律法规以及国务院制定的具体实施办法，政府出台具体的实施方案，因地制宜地发展本区域内的集体建设用地流转。包括市场、交易所的运行机制、交易规则、风险管理、纠纷处理等方面的具体措施。第三，建立一个集体建设用地流转交易平台，成立集体建设用地流转交易所。第四，切实有效地对流转市场进行监管。

5. 收益分配

顺德模式提醒我们要重视收益分配问题。如前所述现行制度之下，农村土地进入市场须先转为国有土地，农民仅获得征地补偿。土地征收、转用过

---

❶ 姜开宏：《集体建设用地流转制度变迁的经济分析》，载《中国土地科学》2005年第1期。

程中的级差收益被政府拿走。国家在最大利益的诱惑下，就会倾向滥用其行政权力和垄断地位掠夺本属于农民享有的土地收益。地方政府常常以公益之名低价征用农民土地然后用于经营性开发，这也是助长了土地利用粗放扩张的重要原因。在当前市场经济发展日趋成熟的条件下，正视农民集体土地所有权，推行集体土地有偿使用制度的改革，建立健全农村集体土地使用权合理、规范的流转途径已迫在眉睫。集体建设用地进入市场的立法宗旨就是让农民分享土地级差收益的成果。农村集体建设用地隐形市场的普遍存在，反映了农民分享城市化所带来的土地级差收益的要求。集体建设用地的立法应在坚持规划的前提下充分保障农民集体获得土地级差收益的权利，包括让农民集体土地直接进入工业用地市场；在完善税制的同时，尝试农民集体建设用地进入经营性开发；突破农民宅基地"一户一宅"的限制，推进宅基地商品化，让农民分享城市化进程的房租收入。❶ 因此，为了保证我国土地资源的可持续发展，必须切实加强集体非农建设用地的管理和流转的监督。关于收益分配的具体方案，笔者认为：政府在集体建设用地的过程中已经获得了劳动力和购买力的集聚，这对小城镇的发展至关重要。毕竟城镇化首先是人口的城镇化。因此，只要有完善的配套设施、良好的交易环境就能吸引人口的流入促进经济的发展。城镇化发展要靠乡镇村政府积极做好经济发展的规划，完善自身条件，而不是靠掠夺农民的土地收益来维持。在流转过程中政府进行了交易场所的建设、交易的监督等工作可以收取一定比例的手续费。剩下的土地流转费用分 3 种情况处理：第一，若土地流转后农民离开本村迁往中心镇，则可以根据试点中的经验，实行类似于"两分两换"的政策，农民以原房屋和土地换取中心镇的房屋和土地，再给予其适当的补贴。收益大部分归中心镇提供土地和住房的镇政府。村政府在镇政府的监督下将土地复垦，恢复农业生产。第二，若土地流转后农民依然居住在本村，则集体建设用地的所有权本属于农民集体，则这部分收益应当大部分归集体所有，但是应当监督其将这部分钱真正用于全体农民。第三，如流转后农民既不须中心镇提供住房，又不住在原村，则这部分转让收益应当大部分归农民个人所有，其次是集体。这样做实现了各种土地之间的空间置换，有效保障 18 亿亩耕地的红线，整合耕地资源发展农业，整合集体建设用地发展乡镇经济。

6. 配套

在土地流转进入规范化进程以后，农村的相关配套改革应随之进行。成

---

❶ 姜开宏：《集体建设用地流转制度变迁的经济分析》，载《中国土地科学》2005 年第 1 期。

都模式以配套改革为保障的土地流转政策使流转工作更加顺利。首先，城市土地流转需要交税，包括营业税、契税、增值税等。由于集体建设用地流转这块法律的空白，若参照国有土地交纳同等的税费也缺乏法律依据。因此，在法律明确允许集体建设用地流转后，国务院应当制定配套的实施意见作为基层政府实施的依据。其次，集体建设用地基准地价和最低限价尚未建立，这得依靠政府在土地评估的基础上确定。建立基准地价和最低限价有利于保障农民的利益，以免农民由于信息不对称或者缺乏经验而蒙受损失。再次，需建立流转收益管理办法。最后，要做好社会保障工作，妥善安排迁居农民的生活。

参考文献

[1] 许恒周. 集体建设用地入巾流转的法理 [J]. 中国国土资源经济，2010 (2)：21—24.

[2] 刘俊. 中国农村土地法律制度创新研究 [M]. 重庆：群众出版社，2012：78—98.

[3] 王永红. 集体建设用地使用权流转的必要性与可行性证成 [J]. 贵州警官职业学院学报，2012 (2)：96—102.

[4] 李芳芳. 从产权角度出发解决我国农村集体建设用地流转问题 [J]. 发展研究，2010 (1)：74—76.

[5] 张惠强：集体建设用地试点改革小结 [N]. 东方早报，2012—3—12.

[6] 蒋晓玲. 农村土地使用权流转法律问题研究 [M]. 北京：法律出版社，2011：66—89.

[7] 徐凤真. 集体土地征收制度创新研究 [M]. 北京：法律出版社，2012：140.

[8] 李浩宇. 从物权法的角度看农村集体建设用地使用权流转问题 [D]. 中国政法大学，2010.

[9] 段力，傅鸿源. 地票模式与农村集体建设用地流转制度的案例研究 [J]. 公共管理学报，2011 (2)：86—92.

[10] 高圣平. 集体建设用地进入市场：现实与法律困境 [J]. 管理世界，2007 (3)：62—72，88.

[11] 姜开宏. 集体建设用地流转制度变迁的经济分析 [J]. 中国土地科学，2005 (1)：34—37.

营改增的税法精神

李永贞[1]

摘　要：现今我国正处于加快转变经济发展方式的关键阶段，大力发展第三产业，特别是现代服务行业，对推进经济结构调整和提高国家综合实力具有重要意义。因此建立健全有利于科学发展的财税法律制度体系，将营业税改征增值税，有利于完善税法制度，避免重复征税；有利于社会专业化分工，促进第三产业融合发展；有利于降低企业税收成本，增强企业发展能力；有利于优化投资、消费和出口结构，促进国民经济健康协调发展。本文通过分析部分企业营改增措施的实行，阐述我国税法制度逐步完善的精神。

关键词：营改增　税率　税制　经济结构

2013 年 5 月 24 日，财政部、国家税务总局发布了《关于在全国开展交通运输业和部分现代服务业营业税改征增值税试点税收政策的通知》，自 2013 年 8 月 1 日起，在全国范围内开展交通运输业和部分现代服务业营改增试点工作作出规定；同时，《财政部 国家税务总局关于营业税若干政策问题的通知》第三条第（十六）和第（十八）项，自 2013 年 8 月 1 日起废止。

《关于在全国开展交通运输业和部分现代服务业营业税改征增值税试点税收政策的通知》的主要内容是："在营改增试点地区，从事交通运输业和部分现代服务业的纳税人自 2013 年 8 月 1 日起，由缴纳营业税改为缴纳增值税；在已有的增值税 17％和 13％两档税率的基础上，新增 11％和 6％两档低税率；交通运输业适用 11％税率，部分现代服务业中的研发和技术服务、信息技术服务、文化创意服务、物流辅助服务、鉴证咨询服务适用 6％税率；部分现代服务业中的有形动产租赁服务适用 17％税率；试点地区纳税人原享受的技术转让等营业税减免税政策，试点后调整为增值税免税或即

---

❶　李永贞，女，阜阳师范学院经济与管理学院副教授，博士。

征即退；试点地区和非试点地区现行增值税一般纳税人向试点纳税人购买增值税应税服务，可抵扣进项税额；试点纳税人提供的符合条件的国际运输服务、向境外提供的研发和设计服务，适用增值税零税率；试点纳税人在境外或向境外提供的符合条件的工程勘察勘探等服务，免征增值税；试点纳税人原适用的营业税差额征税政策，试点期间予以延续；原归属试点地区的营业税收入，改征增值税后仍归属试点地区；营业税改征的增值税，由国家税务局负责征管。"

一、营改增法律综述

（一）法国增值税制度

法国于 1954 年 4 月 10 日立法实施，是最早实行增值税征收制度的国家。法国增值税的主要法律是 1966 年 1 月 6 日的增值税法（编入税收法典）和 1971 年 12 月 24 日颁布的关于增值税地域范围的法令和以后相关法令法规。

增值税是法国经济学家 Maurice Lauré 于 1954 年所发明的。1954 年，法国实行税制改革，在原来流转税的基础上设置了增值税，并逐渐发展到各行各业；1968 年扩大到商业零售环节，农民也可以自主选择是否实行增值税，1978 年进一步扩大到与经济生产直接有关的设计师、建筑师、工程师等自由职业者身上，最后形成了现行的增值税模式。2004 年，法国增值税收入占税收收入的 16.7%，占国有生产总值的 7.3%。[1] 但是目前法国政府有 45% 的收入来自增值税。[2]

法国增值税征收范围几乎覆盖了商品生产、销售或劳务服务的所有经营活动，基本上覆盖所有行业（农业、工业、建筑业、商业、服务业等领域）的所有应税交易行为。对于纳税人购入的固定资产价值中所含增值税税金允许一次性扣除，实行的是消费性增值税。

在税率方面，法国实行的增值税是多档结构的，包括标准税率（19.6%，2012 年 10 月 1 日起上调到 21.2%）、低税率（5.5%）、特别税率（2.0%）和零税率，一般的商品和劳务都要征收增值税，免税要求十分严格。

法国建立了一套比较完善的征管制度，这是其成功经验。法国税法明确规定，增值税纳税人必须强制性进行税务登记，没有依法进行登记的纳税人会受到惩罚。当纳税人拖欠税款或不缴纳税款时，税务人员不需要经过法

---

[1] 陈柏华、张慕颜：《国内外增值税比较研究》，载《化学工业》2010 年第 4 期。

[2] http://wiki.mbalib.com/wiki/%E5%A2%9E%E5%80%BC%E7%A8%8E。

院，就可以执行税收强制措施。事后，如果纳税人不服，可以向法院上诉。

（二）德国的增值税制度

德国在 1968 年 1 月 1 日正式实行增值税制度。目前，德国的增值税是仅次于个人所得税的第二大主体税种。

德国实行全面增值税，规定增值税纳税人为从事食品销售和提供劳务的企业主以及从事进口活动的任何人。

在税率方面，目前德国的增值税实行三档税率：标准税率（又叫普通税率，19％）、减低税率（又叫特殊税率，7％）和零税率。其中标准税率适用于一般交易和商品的进口；减低税率适用于家养动物、鱼、肉、茶、小米、植物、谷物、自来水、文化用品；零税率则适用于商品出口。

（三）英国的增值税制度

20 世纪 70 年代初，因为西欧各成员国都普遍推行了增值税，英国于 1973 年改革了商品课税制度，将购买税和特别就业税调整合并，并使该税成为英国间接税中的一个最重要税种，其税收收入通常占全部间接税收收入的 50％～60％。

英国实行的是消费型增值税，就是对纳税人购入的所有物品或劳务所含的增值税予以扣除。增值税纳税人为从事商品销售和提供劳务的企业主以及从事进口活动的任何人。除政府通过税法特案规定免征增值税的交易项目外，企业主从事任何销售商品和提供劳务的活动都要缴纳增值税。至于从事进口活动，无论是企业主还是非企业主，除了特殊规定外，都有就进口行为缴纳增值税的义务。

英国实行的增值税也是三档税制：标准税率（普通税率）、低税率（特殊税率）和零税率，目前分别是 17.5％和 5％。在免税方面，英国增值税的免税分两种类型：一种是普通意义上的免税，即免缴销项税金，但进项税金不能获得抵扣，称为"不可抵扣的免税"；另一种是零税率，即在免缴销项税金的同时还可以对全部的进项税金进行抵扣，称为"可以抵扣的免税"。当前，不可抵扣的免税主要适用于购置不动产；企业的转让；某些金融服务；邮局提供的通讯及其他劳务（如电信服务、保险、教育、火葬、体育等）的供应。零税率主要适用于水、书籍等商品和劳务以及所有出口商品和劳务。

二、中国增值税改革的历程

增值税自 1954 年在法国开征以来，因其有效地解决了传统销售税的重复征税问题，迅速被世界其他国家采用。目前，已有 170 多个国家和地区开征了增值税，征税范围大多覆盖所有货物和劳务。

（一）中国增值税的引入

我国 1979 年引入增值税，最初仅在襄樊、上海、柳州等城市的机器机械等 5 类货物试行。1984 年 9 月 18 日国务院颁布《中华人民共和国增值税条例（草案）》，在全国范围内对机器机械、汽车、钢材等 12 类货物征收增值税。

（二）1994 年分税制改革

《中华人民共和国增值税暂行条例》（1993 年 12 月颁布）国务院令〔1993〕第 134 号，本条例自 1994 年 1 月 1 日起施行。1984 年 9 月 18 日国务院发布的《中华人民共和国增值税条例（草案）》《中华人民共和国产品税条例（草案）》同时废止。

1994 年分税制改革，新流转税制出增值税、消费税、营业税组成，在工业生产领域和批发零售商业普遍征收增值税，对特定消费品征收消费税，对不实行增值税的劳务和销售不动产征收营业税；将增值税征税范围扩大到所有货物和加工修理修配劳务，对其他劳务、无形资产和不动产征收营业税。

（三）2009 年增值税发展

2008 年 11 月 10 日，国务院公布修订后的《中华人民共和国增值税暂行条例》，自 2009 年 1 月 1 日起在全国统一实施。在维持现行增值税税率不变的前提下，允许全国范围内（不分地区和行业）的所有增值税一般纳税人抵扣其新购进设备所含的进项税额，未抵扣完的进项税额结转下期继续抵扣。为预防出现税收漏洞，将与企业技术更新无关，且容易混为个人消费的应征消费税的小汽车、摩托车和游艇排除在上述设备范围之外。同时，作为转型改革的配套措施，将相应取消进口设备增值税免税政策和外商投资企业采购国产设备增值税退税政策，将小规模纳税人征收率统一调低至 3%，将矿产品增值税税率恢复到 17%。

（四）2012 年营改增试点启动

2012 年 1 月 1 日起在上海市交通运输业和部分现代服务业开展营业税改征增值税试点改革，拉开营业税改增值税的改革大幕，同年 8 月营改增试点分批扩大。按照规划，最快有望在"十二五"（2011—2015 年）期间完成"营改增"。

上海 2012 年 1 月 1 日首轮试点选择交通运输业及 6 个部分现代服务业，即"6＋1 模式"。选择交通运输业试点主要考虑：一是交通运输业与生产流通联系紧密，在生产性服务行业中占有重要地位；二是运输费用属于现行增值税进项税额抵扣范围，运费发票已纳入增值税管理体系，改革的基础较好。选择部分现代服务业试点主要考虑：一是现代服务业是衡量一个国家经济社会发达程度的重要标志，通过改革支持其发展有利于提升国家综合实力；二是选择与制造业关系密切的部分现代服务业进行试点，可以减少产业分工细化存在的重复征税因素，既有利于现代服务业的发展，也有利于制造业产业升级和技术进步。

2013 年 2 月 1 日，财政部、国家税务总局在北京召开营业税改征增值税（简称营改增）试点座谈会。会议认为，从各地情况看，营改增试点取得明显成效，主要表现为：完善了税制，打通了增值税抵扣链条，从制度上解决了重复征税问题；减轻了试点企业特别是中小企业的税负，原增值税一般纳税人购进试点服务抵扣增加、税负下降；促进了服务业加快发展，新办企业不断增加、业务量大幅增长；促进了制造业创新发展，推动了服务外包和主辅分离，鼓励了设备更新和科技创新；促进了企业转型升级，推动了企业经营组织模式转变和内部管理加强。据初步统计，截至目前，纳入营改增试点范围的纳税人超过 100 万户，试点当年共实现减税超过 400 亿元❶。在各方的共同努力下，试点地区均已实现了营改增税制平稳转换，征管系统顺畅运行，相关税款及时入库，结构性减税实现预期目标。

财政部 2013 年 5 月 28 日发布通知，明确了在全国开展交通运输业和部分现代服务业营业税改征增值税试点的税收政策。通知指出，经国务院批准，自 2013 年 8 月 1 日起，在全国范围内开展交通运输业和部分现代服务业营改增试点。同时适当扩大部分现代服务业范围，将广播影视作品的制作、播映、发行等纳入试点，并择机将铁路运输和邮电通信等行业纳入试点。

营业税改征增值税试点改革是国家实施结构性减税的一项重要举措，也是一项重大的税制改革。

三、营改增的法理分析

为了贯彻落实国务院关于先在上海市交通运输业和部分现代服务业开展改革试点的决定，根据经国务院同意的《营业税改征增值税试点方案》，财政部和国家税务总局印发了《交通运输业和部分现代服务业营业税改征增值税试点实施办法》《交通运输业和部分现代服务业营业税改征增值税试点有

---

❶ http://finance.jrj.com.cn/2013/02/07081915049375.shtml。

关事项的规定》和《交通运输业和部分现代服务业营业税改征增值税试点过渡政策的规定》等文件，自 2012 年 1 月 1 日起施行。

试点实施办法明确了对交通运输业和部分现代服务业征收增值税的基本规定，包括纳税人、应税服务、税率、应纳税额、纳税时间和地点等各项税制要素。

试点有关事项的规定是对试点实施办法的补充，主要是明确试点地区与非试点地区、试点纳税人与非试点纳税人、试点行业与非试点行业适用税种的协调和政策衔接问题。

试点过渡政策的规定主要是明确试点纳税人改征增值税后，原营业税优惠政策的过渡办法和解决个别行业税负可能增加的政策措施。

目前实行增值税的 170 多个国家和地区中，税率结构既有单一税率，也有多档税率。改革试点将我国增值税税率档次由目前的两档调整为四档，是一种必要的过渡性安排，也是借鉴国外成功经验的结果。今后将根据改革的需要，适时简并税率档次。

（一）我国营改增思路

按照国家规划，我国"营改增"分为三步走。

第一步，在部分行业部分地区进行"营改增"试点。上海作为首个试点城市于 2012 年 1 月 1 日已经正式启动"营改增"。截至 2012 年 5 月，上海市共有 12.6 万户企业（其中，交通运输业 1.1 万户，现代服务业 11.5 万户；一般纳税人 4 万户，小规模纳税人 8.6 万户）纳入改革试点范围，由原缴纳营业税改为缴纳增值税。2012 年 5 月中旬，上海市政府对外公布了一季度数据，全市试点企业和原增值税一般纳税人整体减轻税负约 20 亿元。

第二步，选择部分行业在全国范围内进行试点。这一阶段在 2013 年开始。

第三步，在全国范围内实现"营改增"，也即消灭营业税。按照规划，最快有望在"十二五"（2011—2015 年）期间完成"营改增"。

1. 税制政策过渡

一是不同地区之间的税制衔接。纳税地点和适用税种，以纳税人机构所在地作为基本判定标准。试点纳税人在非试点地区从事经营活动就地缴纳营业税的，允许其在计算增值税时予以抵减。

二是不同纳税人之间的税制衔接。对试点纳税人与非试点纳税人从事同类经营活动，在分别适用增值税和营业税的同时，就运输费用抵扣、差额征税等事项，分不同情形做出了规定。

三是不同业务之间的税制衔接。对纳税人从事混业经营的，分别在适用税种、适用税率、起征点标准、计税方法、进项税额抵扣等方面，做出了细化处理规定。

为保持现行营业税优惠政策的连续性，试点文件明确规定，对现行部分营业税免税政策，在改征增值税后继续予以免征；对部分营业税减免税优惠，调整为即征即退政策；对税负增加较多的部分行业，给予了适当的税收优惠。

2. 试点后税负变化

国家税务总局局长肖捷 2012 年 4 月 1 日在《经济日报》中撰文："试点的一般纳税人中，85％的研发技术和有形动产租赁服务、75％的信息技术和鉴证咨询服务、70％的文化创意服务业纳税人税负均有不同程度下降；加工制造业等原增值税一般纳税人因外购交通运输劳务抵扣增加和部分现代服务业劳务纳入抵扣，税负也普遍降低。试点的小规模纳税人大多由原实行 5％的营业税税率降为适用 3％的增值税征收率，且以不含税销售额为计税依据，税负下降幅度超过 40％。"❶

上海市发展改革研究院课题组近日发布的《2012 年一季度上海服务业重点监测企业问卷调查报告》指出，从行业分类看，认为税负有所增加的企业主要集中在运输仓储业。36 家运输仓储业有 63.9％认为税负有所增加，其中税负增加 10％以上的企业占 27.8％。此外，从事文体娱乐、水利环境业的企业也多数反映税负有所增加。

（二）营改增给企业的影响

营改增后，企业会在以下 3 方面受益。首先是服务性企业登记成为一般纳税人后，可以抵扣购买固定资产、货物和服务的相关进项。其次是制造性企业，货物批发和零售企业能抵扣接受服务的相关进项。再者，从事跨境服务的企业原来通常会产生 5％的营业税成本，现在营改增后可能不会发生任何实际的增值税成本。

1. "营改增"对于企业而言是机遇与挑战并存

参与了北京"营改增"立法工作的华税律师事务所律师指出：一方面，"营改增"可以克服重复征税的弊端，对于大部分企业可以降低税负；尤其对于小企业，提高了增值税一般纳税人认定标准后，众多小规模纳税人企业可以按照 3％的征收率纳税，税负降低明显。从上海试点第一季度的反馈来看，70％的企业实现了税负下降。另一方面，试点开始阶段，部分企业会由

---

❶ 国家税务总局局长肖捷 2012 年 4 月 1 日在《经济日报》中撰文：继续推进增值税制度改革——完善有利于结构调整的税收制度。

于生产周期、成本结构等原因，进项税额较少，加之试点范围有限，从非试点地区无法取得增值税专用发票，因此出现税负增加的情况。从上海的情况来看，交通运输企业税负增加明显。同时，"营改增"后，企业在增值税专用发票管理、纳税申报等方面的工作量会增加，增值税专用发票带来的行政及刑事风险也需要引起企业的高度关注。

我国推行增值税转型改革，短期可为企业减负、增加企业投资积极性，长期可以刺激投资、扩大内需，配合市场经济结构转型，对振兴经济和民众信心具有重要作用，该政策对企业会计报表和财务指标产生影响，在同样生产经营条件下，企业可减少税收上缴额度和偿债负担，提高整个行业竞争力和利润水平。营业税单项税收优惠政策繁多，应税项目几乎涵盖整个第三产业，每个税目存在具体应税细目和税率差别，企业财务人员需要针对自身业务，详细分析税目注释分类，有效划分核算不同税目间、不同税率间、内外劳务间、减免税与征税间的经营活动，对降低税负、减少不必要税费支出，提高利润有着重要意义。所得税作为现行税制第二大税种，在国家税收中的地位日益重要，是国家调控经济运行、调节收入分配的重要工具，"两税并轨"的新企业所得税法及税收优惠政策在"简税制、宽税基、低税率、严征管"的税制改革思路下，税收法制进程不断推进，弄清新旧税法差异和如何衔接，对推动企业利润增长，探索纳税筹划新方法起到重要作用。❶

2. 税收筹划提升企业利润

企业经营目的是实现利润最大化，而利润既是企业经营发展的基本保证，也是经营绩效的重要指标，这就决定企业必然会想方设法减少成本，以获得较高利润。企业税务会计在多种纳税方案中通过事先筹划，合理安排公司筹资、投资、经营、利润分配等财务活动，针对采购、生产经营以及内部核算等进行合理决策，利用国家法规积极进行税务筹划，既保证企业完成利税义务，增加自身"造血"能力，降低税收负担，也提高了税后利润，实现自身的持续健康发展。

航天信息 ERP 产品与国家涉税系统进行信息传递与要素延续，对企业经营过程涉及的诸多税种（增值税、所得税、营业税、消费税、关税、出口退税等）进行业务处理，既可准确核算各种应纳税金进行申报纳税，提高财税人员工作效率，也可对企业账务、票证、经营、核算、纳税情况进行评估，更好帮助企业正确执行国家税务政策，进行整体经营筹划及纳税风险防

---

❶ "营改增"8月全国推开 成财税体制改革"重头戏"。资料来源 http：//finance. people. com. cn/n/2013/0411/c1004－21094248. html。

范，为企业管理决策献计献策，为创利打下坚实基础。

一项成功的税收筹划是对财税政策的及时更新获取，以及多种税收方案优化选择的结果，利用税收政策与经济实际适应度的不断变化，寻找纳税人在税收上的利益增长点。企业进行税收筹划要树立风险成本意识，认真分析各种可能导致的风险因素，积极采取有效措施进行预防，避免落入偷税、逃税负面陷阱，并从多方位对筹划项目的合法性、合理性及企业综合效益充分论证，关注税收政策变化和当地税务机关税收征管特点、具体方法，从整体税负轻重角度应用财会知识进行实操，优化选择标准是尽可能在税负较小情况下，实现企业整体利润最大化。

高顿研究院认为，应该稳妥推进增值税"扩围"（扩大抵扣范围和征税范围）改革，完善增值税抵扣链条，保持整体税赋公平，使目前的增值税转向真正的消费型增值税。

3. 完善税法体系

一是为现有的增值税制度瘦身。积极推进减结构、减税率、减比重的改革。我国现行税制结构是以流转税为主体税种的税制结构，依据目前我国经济运行状态和趋势，特别是面对金融海啸引发的国际经济急剧动荡，切实可行的减税方案必须选择增值税：减少税率结构、减低税率、减小收入比重。这方面可以主要参考东盟成员国的做法，将扩大增值税征税范围与缩小其规模并行，最终实现基本税率（标准税率）在15％左右，收入比重在30％以下的消费型增值税制度。

二是全面推进税收的网络建设，建设税收信息系统，推进征管方式现代化，使税收征管和监督有序进行。实现纳税人数据动态共享，早日实现税务信息化管理，提高征管工作的质量和效率。

三是缩小增值税减免税优惠范围，实施进口产品全面征税、出口产品彻底退税。其余的税收优惠逐渐缩小，做好过渡时期的衔接工作。

当然营业税改征增值税后，增值税制度本身仍有待继续完善和规范。需要进一步完善出口退税机制，研究将现行增值税起征点的适用范围由个体工商户扩大到小型企业，适度减少增值税税率档次，探索建立留抵税额退税等制度，使增值税在广度和深度上与国际普遍适用的制度安排更加接轨，为加工制造业和服务业企业参与国际市场竞争创造更为有利的税制环境。

浅析家电维修服务行业乱象
及其整治建议

吴一东[1]

摘　要： 随着我国经济的不断进步，经济发展的模式逐渐向服务方向转变，然而在转轨的过程中出现了很多的问题，这些问题严重阻碍了可持续发展的前进步伐，家电维修服务业作为与老百姓生活息息相关的行业，其问题更加复杂且更难于解决，整体行业由于其特殊的行业属性更加难于管理和执法，伴随着服务业的快速发展，"小、散、乱"的格局愈加体现，加之在行业内部缺乏规范的标准和监管体系，市场乱象频发，消费者投诉率居高不下，如何根据目前存在的问题，提出相应的解决办法成为我们亟待解决的问题。

关键词： 家电维修　乱象整治　行业监管　人才问题

随着我国工业化程度的不断加深，在工业产品附加值的构成中，纯粹的制造环节所占的比重越来越低，而服务业特别是生产性服务业中维护保养、物流与营销等服务所占比重越来越高，这使得在价值链中，利润发生了从中间加工制造环节向上下游服务环节转移的趋势。[2] 这一趋势在家电行业表现得也越来越明显。在家用电器专业连锁销售的企业中，不少具有一定规模的大企业开始把维修服务作为主营业务，通过股份制、特许加盟、连锁经营等形式，深入维修服务市场。伴随着家电维修服务业的快速发展，市场乱象频发，消费者投诉率增多，如何规范和整治家电维修服务市场已成为亟待解决的问题。

---

[1]　吴一东，男，北京物资学院产业经济学研究生，主要研究方向为流通经济与法制。

[2]　引自《家电维修服务业发展现状》，中国服务贸易指南网 http://tradeinservices.mofcom.gov.cn/e/2007－11－27/13184.shtml。

一、家电维修服务行业的现状

从经营者角度讲，目前的家电售后维修服务方式主要有 3 种：一是厂家委托商家的维修站对顾客提供该产品的售后服务，一些中小品牌企业大多采用这种方式。二是厂家投资建立售后服务站，直接向顾客提供售后服务。大品牌企业为了降低管理成本，也多委托特约维修站。三是渗透于社区的私营小型维修店。这些维修店通常无稳定维修场所，维修设备、测试设备不全。除大型企业自建的维修中心或者维修站以外，维修服务机构中 90% 左右为中小规模型。行业内准入门槛过低，维修服务机构一般只需要获得工商管理部门的营业许可证即可营业，有的维修服务机构甚至连工商部门的许可都没有，如一些渗透于社区的小型维修店。另外，家电维修服务机构的分布地区和层次也是不均匀的，总体上大城市、发达地区机构多服务质量相对较好，农村和偏远山区的服务机构少，且技术力量跟不上。

从从业人员角度讲，当前，行业内维修服务人员学历层面多以职高生或企业、社会培养的短训班学员为主，大专院校的 IT 类很少，维修人员方面断层，70 后为资深主体。据中国家电维修协会的《家电服务维修行业从业人员基本状况抽样调查报告》显示，维修从业人员文化水平较低，高中以下学历者高达 80% 以上。而且现有培训设备和师资水平落后于家电行业发展至少 10 年，特别是高端产品工作原理及维修技术培训教材严重滞后。专业素质低下，大部分从业人员没有取得国家职业资格证书，致使维修服务的质量很难保证，从业人员流动性大，人才市场长期供不应求，企业留不住人，给市场的监管带来了不小的困难。

从行业监管角度讲，由于家电维修服务业涉及产品质量、服务规范与经营秩序、职业资格等多方面问题，目前我国对于家电维修服务业实际是多部门管理，而且各部门管理都出台了相应的法律、法规，如《家用电器维修服务部等级评定规范》《家用电器维修服务明码标价规定》《家电维修服务业管理办法》《旧电器电子产品流通管理办法》《家用电子电器维修业服务经营规范》等。同时，与工商、质检等其他部门相比，商务部门的执法力量相对薄弱，由于当前的执法是通过加强日常执法检查频率、举报优先查的方式进行的，如果缺乏部门间的协调，极易形成重复检查的局面，提高监管者与被监管者的成本，造成资源的不必要浪费。而在行业协会方面，虽然在解决消费者纠纷、规范管理市场、为企业提供服务和技术转让、技术质量鉴定、行业数据等方面起了一定的作用，但目前由于资金和人员方面的匮乏，协会方面的作用仍有提升空间。

二、家电维修服务行业存在的问题

家电维修市场乱象屡遭诟病，从中国消费者协会的数据了解到，2011年全国消协系统受理家用电子电器类投诉13.88万件，而仅仅2011年上半年，全国消协组织受理涉及售后服务问题的投诉28 554件，占投诉总量的11.1%。其中，电器维修投诉1 575件，占售后服务问题的比例高达42.2%。

针对目前对家电维修服务业的投诉比较多的情况，以下从行业监管部门，行业标准制定，行业从业人员及行业经营者4个方面分别论述。

（一）行业多头管理，职能界定不清晰

政府对消费者、企业、社会3个方面的问题管理无体系、体制不完善，涉及家电维修服务业的行政管理部门主要有商务部门、工商部门、质量监督检验检疫部门、人力资源与社会保障部门、税务部门等，看似单一的行业，实际上管理者众多，职能存在交叉，既容易造成监管的重复，也容易形成监管的盲区，导致效率低下。在法律制定时，各部门的法律制定在问题处理上倾向于全部划归己管，各部门对问题都有规定，而在具体的责任认定时又存在各部门的分推、分派责任的情况。在实施执法过程中，执法问题都要交到工商部门，生活服务类项目都要交给商务部门，而消费者协会、"12315"在收到相关问题举报投诉时，更倾向于将责任推给其他的部门，在受理消费者投诉时，没有专门人员处理，不管是拨打"12315"热线还是其他热线都无法妥善解决相应的问题。对于正规化的在编企业的管理尚且无法做到规范，当消费者遭遇"山寨"维修或者单纯的维修诈骗，到底应该如何维权，是否需要寻求公安部门的帮助，这些问题亟须有关部门给予重视。

总体而言，由于家电维修服务业行业属性不清晰，难于管理，商务部门作为行业主管部门的地位未能得到充分体现，相关法律规定在职责界定上存在交叉，而在实施过程中又存在互相推诿的问题，监管体制尚不成熟。

（二）行业标准不完善

通常，家电维修服务行业的经营都涉及环境卫生、质量等诸多方面的问题，这些领域都应涉及国家的强制性标准，但相关的涉及内容并没有在这些国家标准中做出详细解释，仅仅有一部分规范对家电维修服务行业做出强制性规范，如《家用电子电器维修业服务经营规范》（GB/T 28841—2012）、《房间空气调节器安装规范》（GB 17790—1999）、《家用和类似用途电器维

修服务从业人员行为规范》（QB/T 2837—2006）、《工业产品使用说明书》（GB 9969.1—1998）、《消费品使用说明——家用和类似用途电器的使用说明》（GB 5296.2—1999）等，由于行业内涉及资质、经营、安装、价格方面的规范多为鼓励推荐性的，实施操作起来并没有达到应有的效果，仅有部分大企业在承接大的工程项目时会去使用或者遵守相关的规定。随着不规范现象的日益增多，更加急需制定强制性有约束力的行业服务标准予以规范。

与此同时，由于家电维修服务业没有明显的行业属性，单独经营家电维修服务的公司企业比较少，大部分经营者采取的都是经营家电产品及零配件出售，并负责家电行业的售后服务。再加上服务产出和服务质量鉴别具有一定的主观性，服务标准执行过程中可能出现各人理解不同的情形，对人的约束难以量化，从而使得标准的执行难以统一。如果服务标准化协调推进机制也不够完善，则其标准推广实施率就更低了（一些地方通常由当地行业协会予以推进，有关政府部门予以支持，则能够起到一定作用）。

上述协会标准存在的问题一方面说明家电维修服务业的发展迫切需要标准化的建设，另一方面也反映出标准规范适用上的不统一现象较为突出，亟须通过行业的共同努力，制定统一的家电维修服务业标准，针对特定产品细化条文，并不断跟踪，更新完善相关条文。

（三）行业内人才流失严重，资格证书、培训制度实施不理想

1. 资格证书普及状况不理想

现阶段，国家不提倡行业内有资格证书，而在安全、电梯、高空作业、环保方面，管理很不规范，无准入门槛和资格，市场内缺乏统一的从业资质认定，跨地区的维修服务人员资质无法流通认证，而且相关资质证书的行业认可度不高，许多地方根本不要求有国家职业资格证书。据不完全统计，目前上海约有 1.8 万名左右的家电维修工人，其中具有相应资质的大约只有5500 名左右，仅占约三成。"无技从业、无证上岗"的现象比较普遍❶。许多小店根本没有固定的维修场所，维修设施不齐全且摆放杂乱，更谈不上从业人员持有上岗证和职业资格证书，一些企业的专业售后维修人员对自家的产品的故障也诊断不清。这些问题企业占据了家电维修服务行业相当大的比例。2011 年，商务部发布了《商务部关于"十二五"期间规范发展家电维修服务业的指导意见》，其中明确指出"逐步完善行业法规标准，规范行业服务行为，健全从业资质管理制度，从业人员持证上岗率达到 60％以上，维修服务质量和规范化水平进一步提高。"这一工作任务的提出，也从一个

---

❶ 参见"家电维修从业者仅三成拥有资质"，中国市场秩序网 http://www.12312.gov.cn。

侧面反映出当前从业资质问题仍具有一定的普遍性。

2. 行业面临人才问题

受全球经济大环境的影响，家电行业目前的发展态势并不景气。而"价格战"一直是很多商家的竞争手段。家电价格不断降低，利润空间缩小。商家对于销售的关注度远高于售后维修服务，维修业的利润空间被挤压，直接导致了从业人员的收入难以提高。一方面，随着生活成本的日趋上涨，从业人员的待遇问题得不到解决。许多维修企业并没有任何绩效考核机制，工资长期一成不变，单独从事维修行业无法维持正常运营，整个社会对于家电维修服务从业人员的服务价值不够认可，相关技术学校生源长期不足；另一方面，行业法规对于从业人员权益保护方面也没有做出明确的规定。在实施某些高危维修作业时，没有足够的安全措施去保护从业人员。在家电维修的旺季，一半以上高空维修作业都是临时的，发生意外的情况屡见不鲜。这两方面因素共同导致整个行业招人难和留人难的问题。从业人员数量无法满足整个维修市场的需求，导致整个行业内维修从业人员良莠不齐。行业内对于维修从业人员缺乏备案机制，给不法分子以可乘之机。打着大型维修企业的旗号招摇撞骗，老百姓苦不堪言。

3. 岗前培训效果不理想

目前我国家电维修服务人员的技术培训，除一部分为专业培训机构培养外，还有一部分为店内以师带徒的方式培养，二者都存在培训时间过短，培训效果难以保障的问题。除此之外，当前现有的培训设备和师资水平落后，政府资质认证所选取的教材难与世界接轨，维修人员维修水平与家电维修服务中需要具备的专业人员素质要求差距比较大，家电维修服务的质量很难保证。现实中家电产品的复修率很高，折射出岗前技术培训问题亟待解决。

综上所述，行业内面临人才流失的问题，一方面需要政府加大对于企业的鼓励和对于从业人员的关注和补贴，另一方面需要相关企业建立激励机制，提高从业人员待遇。从业资质认定和相关职业培训状况的实施亦不理想，亟须通过发挥各方力量制定相关的评价标准规范和备案制度，定期开展技术提升和考核评价活动，并由相关部门监督制度的贯彻实施。

（四）经营者基本遵守规范经营义务，但存在不规范现象

1. 服务经营机构问题多

随着家电维修服务市场规模不断扩大，维修服务机构的数量不断增多。但由于市场内缺乏必要的资质认定，市场准入门槛较低。有关企业只要获得工商部门的营业许可即可从事相关服务，导致维修服务市场的鱼龙混杂。一方面"山寨"维修充斥市场，主要的表现为通过网上搜索或小名片散播联系方式；通过冒充厂家服务人员，上门以"免费检测维修"为借口行骗；冒用知名家电连锁企业或者品牌售后的名义；申请400/800电话混淆视听，这类电话的特点就是不能根据电话查询到具体地址，一旦出现问题就被拉入黑名单，无法联系。另一方面部分维修企业无工商营业执照或从事家电维修相应的资质，无稳定的维修场所，维修设备、测试设备不全，各类电器及电器配件杂乱堆放，上门服务人员不佩戴企业标志。除此之外，为了减少成本，许多大型家电生产企业往往选择将维修外包给当地的维修中心。一些地方的维修中心再将业务外包给大大小小的服务网点或者普通家电维修部，使得不少无资质的维修点也成为了"正规"的售后服务网点，服务质量和服务水平可想而知。

上述种种不良经营行为经媒体曝光后常常带来较大的负面效应，严重损及行业的社会形象，给行业的健康发展带来不可估量的损失。同时相关法律规定比较空泛，行业准入条件低、"山寨"维修、维修场所设施不齐全等问题亟待解决。

2. 行业内定价混乱

尽管像海尔、亚都、东芝、厦华等品牌的维修网点都按照规定，在同一品牌做到了价格统一和明码标价。但由于相关法律对"上门费"等费用没有明确规定，企业纷纷巧立名目以此增收。"上门费"的收取在费用的制定上并没有什么可靠依据。而在许多小型的家电维修点，店内并未悬挂相应的维修项目和价格表，也没有明示价格手册。同一维修项目，每家门店的收费都不一样，基本是由店主随口喊。这就容易造成不开修理修配业专用发票，没有维修记录，超过规定维修期限而不向顾客提供备用机的情况。还有的维修工人不当面作业，而是将机器拉走，维修价格也不事先商定。除此之外，家电维修所用的"配件"非常昂贵，如彩电的"座架费""挂架费"，空调的"支架"和铜管的费用，甚至某些插座和插头的费用等，比同等规格的市场售价高出一倍还多。

上述问题的存在不利于行业的健康发展。商务部门应密切与工商、质检、公安等相关部门和行业协会协调配合，支持和指导行业协会开展行业自律与管理、行业信用建设，促进行业规范发展。

3. 市场欺诈盛行

当前行业内市场欺诈盛行，不法分子利用消费者缺乏专业技术知识屡屡得手。其欺诈方式主要表现为以下3点：一是无中生有，如虚报故障零部件，故意夸大故障程度。二是屡修屡坏，多次修理始终查不出故障原因。三是移花接木，用有瑕疵的零部件替换掉好的零部件，或者将二手配件冒充新品。家电维修市场欺诈陷阱主要集中出现于某些小型的家电维修店铺和"山寨"维修，即使是国家重视的产业孵化基地中关村，也是坑骗盛行，更不要说在百度搜索引擎中所找到的。同时，虽然国家制定有"三包"规定，但是个别售后服务网点以厂商单方制定的售后服务文本为挡箭牌，不按规定履行免费保修义务，或者履行保修义务更换配件后的保修期明显偏短；更有甚者，当消费者认为产品不合格提出更换要求时，其往往以要求消费者提供权威机构的《质量检测报告》证明有质量问题方可更换来逃避更换义务。

综上所述，经营者基本上能够履行法律所规定的相关义务，但在规范化问题上确实存在着两极分化，大型的企业在各方面的服务都比较正规，而相对小型的企业则问题比较多，加上媒体对于"山寨"问题的大肆报道，导致消费者对整个家电维修市场缺乏信心，亟须通过各方部门的努力，细化制度的制定，明晰部门职能，加强各部门联合执法检查，整顿净化家电维修市场，重塑行业信心，切实保护消费者的合法权益。

三、家电维修服务业的整治建议

（一）推动标准化建设，推行标准化格式合同

各地方性维修服务标准存在差异，而国家有关标准数量少、实用性不强、标准过时，反映出行业标准建设的不足。可在实践中推行家电维修服务业的标准化建设，需要在行业主管部门的指导下，由行业协会和企业共同制定、推广，并借助市场竞争机制的作用，细化标准的制定，采取措施鼓励标准的逐渐贯彻和实施。同时针对目前家电维修服务行业中存在的种种乱象，可推行标准化的格式合同。通过合同内容规定经营者、消费者和维修人员的权利义务。合同的内容确定属于专业性问题，可由协会方面参与或者主导，使得内容制定更加符合行业整体规范，贴近行业实情，有效地控制经营者方面对于信息的垄断地位，规范行业市场，保护消费者的权益。而相应合同的制定、检查和具体的落实可由政府及有关部门负责管理和支持，又能有效地对整个行业进行良好的约束，推进行业整体的标准化建设，保护了消费者的权利和利益。

（二）建立台账和备案制度

就家电配件而言，可借鉴食品药品流通制度中的做法，规定家电维修服务经营者应当向供货商索取正式销售发票及相关凭证，必须检查购买的相关零配件的相应的许可证、批准证书、证号等，并对上述文件的复印件予以备案、登记。同时，要求建立专门的进货采购和销售台账制度，详细记载所采购家电零件、有关用品的信息，如名称，数量，供应商，供应商的基本信

息，相关证照、批准证书，使用情况等，并辅以规定相应的罚则。

就备案制度而言，可分别从开业登记、从业人员、服务项目及收费标准等内容的明示、签约维修网点授权等方面建立备案制度。要求经营者在开业登记前通过相关部门核准从业人员应具备的职业、技术资质；将《家电维修服务业管理办法》中规定的明示的如家电配件的收费标准、质量规范、质保期限以及投诉电话等项目的内容，每年以电子版方式在政府管理部门及行业协会备案；将签约授权的维修服务网点信息在政府主管部门及行业协会备案。❶

（三）加强行业协会职能

政府应当适当放权给协会，在规范制定和管理过程中广泛征集行业内部专家和相关协会、企业方面的意见，避免由于缺乏相应的专业知识，使所制定的法律出现操作性不强、笼统空泛等问题。由协会主导，各部门配合建立专业的纠纷解决机制。同时，许多专业性较强的工作可放手让行业协会来做，如行业专业职业技能（技术职称）资格考评工作、家电维修服务职业资格认定、质量鉴定、技能培训、行业统计和家电维修经营者信息备案、协助监管和日常性检查等工作。

（四）加大政府的扶持力度

从家电行业方面讲，由于利润的压缩，需要由政府方面给予售后服务部门相应的补贴，从而带动家电维修服务行业的发展。从家电维修服务行业角度讲，行业发展仍然不够成熟、规范，经营者良莠不齐，媒体对行业的负面报道比较多，需要政府积极正面的推动、保护，同时加强对行业从业人员的关注和补贴保障，提高维修从业人员的待遇。从行业协会角度讲，协会方面存在资金和人力方面的紧缺，需要政府的加大支持，从而促进行业监管效率的提高，有利于整个行业的发展。

---

❶ 根据北京电子电器协会 2012 年 11 月提交北京市商务委服务交易处的《北京市贯彻落实商务部〈家电维修服务业管理办法〉实施办法》归纳整理。

关于我国物流成本管理的问题研究

胡耀伟[1]

摘　要： 20世纪70年代，在世界产业结构调整改革的浪潮当中，诞生了一种典型且尤为重要的生产性服务业，即物流业。它将传统的运输、储存、装卸、搬运、包装、流通加工、配送、信息处理等基本功能根据实际需要有机结合，在一国经济发展中的地位越来越重要。然而，由于我国物流业发展起步晚，加之缺乏相应的制度规范，造成了我国物流成本管理方面存在严重问题。本文旨在通过对物流成本和物流管理等基本概念的梳理，以及对我国传统物流业发展中一直存在的诟病进行分析，提出了建立和完善物流成本核算系统、转变物流成本的发展观念和构建现代化的、标准化的成本核算手段等措施。

关键词： 物流成本　物流管理　成本核算

20世纪70年代，世界产业结构调整，发达国家纷纷将劳动密集型产业向发展中国家转移，而自己迅速发展生产性服务业。在经济全球化与区域经济一体化的过程中，许多国家从高度集中的制造业模式向高度集中的生产性服务业模式转变。在这次改革的浪潮中，诞生了一种典型且尤为重要的生产性服务业，即物流业。作为一种将运输、储存、装卸、搬运、包装、流通加工、配送、信息处理等基本功能根据实际需要实施有机结合的复合型新兴产业，物流业在一国经济发展中的地位越来越重要，但如何有效地控制物流成本，合理配置资源，从而对物流成本进行有效管理控制成为一个物流企业发展的关键，进而关乎到整个国家物流产业的发展。

---

❶　胡耀伟（1990—　　），男，河南省登封市人，北京物资学院劳动科学与法律学院研究生，主要研究方向为流通经济法和流通政策。

一、物流成本和物流管理的概念

物流成本（Logistics Cost）是指产品的空间移动或时间占有中所耗费的各种活劳动和物化劳动的货币表现。具体来说，它是产品在实物运动过程中，如包装、搬运装卸、运输、储存、流通加工等各个活动中所支出的人力、物力和财力的总和。对于一个企业来说，它主要贯穿于企业的整个生产经营过程，包括产品从原材料的供应，到生产加工，到包装销售，再到最后的回收利用等一系列过程中所发生的物流活动的全部消耗。因此，物流成本涉及企业的各方面成本，占据企业经营销售中发生费用的重大部分。

物流管理（Logistics Management）是指在社会再生产过程中，根据物质资料实体流动的规律，应用管理的基本原理和科学方法，对物流活动进行计划、组织、指挥、协调、控制和监督，使各项物流活动实现最佳的协调与配合，以降低物流成本，提高物流效率和经济效益。现代物流管理是建立在系统论、信息论和控制论的基础上的。

基于对以上基本概念的理解，我们必须要弄清这样一个基本事实：物流成本管理，是要通过成本去管理企业的物流，而不是要去管理成本。物流成本管理是将成本作为手段的管理方法之一。采用成本作为物流管理的手段，原因在于：一是成本能真实地反映物流活动的实态；二是成本可以成为评价所有活动的共同标尺。物流成本管理的出发点应是提高资源的利用效率，有效合理地进行资源配置；目的应是降低和控制企业的物流成本，提高企业的经济效益。

作为一种先进的管理理念，物流成本管理的着眼点不仅要考虑物流本身的效率，而且还应综合考虑提高服务、创新技术、改进质量以及与其他企业相比取得竞争优势等各种因素，甚至从物品流通的整个过程来考虑物流成本的效率化。只有从企业的整个系统和战略的高度来看待物流成本管理，才可能在真正意义上降低整体物流成本。

二、我国物流成本管理的现状及存在问题

（一）发展现状

1979 年，"物流"一词第一次从日本引入中国。随后，我国的物流管理的发展进入了概念借鉴和初级理论研究阶段。进入 21 世纪，我国物流业又有了新的发展，特别是近几年网络技术的进步，加强了我国物流业与世界物

流业的合作与交流。但是随着中国社会经济的不断发展，物流活动表现出强劲的增长趋势。与此同时，物流成本和费用一直较高，影响了物流企业的竞争力。为此，建立健全的企业物流成本管理体系，提高企业物流成本管理能力是近年来我国物流产业发展的重点。

近年，虽然全球物流业飞速发展，但由于我国的物流产业起步较晚，因此物流业发展仍处于初级阶段，对于物流成本管理的研究更是少之又少，物流成本管理的发展跟不上世界现代物流发展的需要。国内物流企业的物流成本管理大多数还处于了解物流成本的实际状况，即对物流活动的重要性提高了认识的第一阶段，很少一部分物流企业达到了基本的物流成本核算水平，物流成本的管理远远落后于国际范围内其他同行业的管理水平。

2006 年，我国《企业物流成本构成与计算》（GB/T 20523—2006）的国家标准颁布，这一标准在理论上填补了国内物流成本计算和管理的空白，使得企业能够准确地把握自身的物流成本支出，也可以在不同企业之间实施物流成本的比较。但在具体的实践上，由于缺少推广和宣传，这一标准在实际的执行中并未真正发挥作用，目前我国真正实施此项标准的企业也就十分少。

（二）存在问题

由于我国物流业发展缓慢，再加之相关的标准规范缺乏，使得物流企业在成长与发展的过程中，仍面临较多的实际操作问题。

1. 成本核算体系不健全

这里面的核算体系主要包括物流成本的核算处理法、记账方法，核算标准，核算范围，核算科目设置等。规范缺乏或者制定不合理使得整个物流成本核算体系不完善。

举例来说，关于物流成本核算的记账方法，在 2006 年 9 月国家标准化管理委员会批准发布的国家标准《企业物流成本构成与计算》（GB/T 20523—2006）中有明确的规定，但是由于物流成本构成的复杂性以及其核算的实际操作难度大，目前我国真正全面贯彻落实该标准的企业为数不多。大多数企业仍没有在财务会计报表中单独设立物流成本项目，而是将企业的物流成本列在制造成本和其他费用一栏中。因此，企业仍无法全面掌握物流成本的构成，也较难对企业物流活动发生的全部费用做出确切、全面的计算与分析。造成物流成本信息的失真，形成"经济黑大陆"和"物流冰山"现象，增加了物流成本管理的难度。关于物流成本的核算方法和核算标准。我国物流企业也多是根据自身的状况进行设定，没有统一的计算方法和标准。这样一来显然违背了国家《企业物流成本的构成与计算》的规范。但是在实际操作中，国家又不能强制企业执行规定，因为不同物流企业包含的成本范围不同。这样，缺乏统一的标准又使各企业之间的物流成本无法有效进行比较，想要对企业的相对绩效进行评估更是难上加难。关于成本核算范围，在物流企业的财务报表中，物流费用核算的只是企业在对于外部运输所支付的运输费用或者是在仓储保管中所发生的仓储保管费等传统的物流成本。企业只是关注物流发生的外部费用，而不关注已经发生在企业内部的费用。但我们在定义物流成本的时候可以明显看出，一企业的物流成本应该是发生在整个产品的生产经营过程中的所有流动环节的费用总和。这样一来，在销售发生之前，产品在本企业内部的各种搬运、装卸、加工制造等环节所发生的各种人员费、设备折旧费、材料损耗费等成本却没有表现在物流成本中进行统一核算，最终企业实际发生的物流成本费用远大于会计记录数据。根据现代物流管理的新理念，这一情况显然使企业难以正确把握和控制企业实际的物流成本。此外，关于物流成本核算也缺乏相应的成本核算会计科目。由于目前我们对于物流成本的构成比较模糊，传统的成本核算方法是以标准的会计科目进行计算，没有专门的物流成本核算科目。企业都是将与物流活动相关的各种支出列于各项费用之中，或者以制造费用等形式归于制造成本之中，这无形就隐藏了实际的物流成本，使得企业的产品成本中对物流成本的表现不明显。

2. 成本核算管理观念不正确

这主要表现在我国目前的大多数企业对物流成本管理的重视程度不够，未能从战略成本管理的视角管理企业物流，未能从系统整合的角度管理物流总成本，也未能利用供应链整合效益来提升物流运作效率。

具体来说，目前，我国大多数制造企业仍然对企业物流活动中存在的"第三利润源"视而不见，粗放地进行物流成本管理，既没有设置和配备正规的负责物流管理的机构和人员，也没有制订培养物流管理工作人员的计划和机制，有的企业甚至想把降低物流成本的工作完全寄希望于他人。这导致了整个社会物流成本的专业管理人员相对比较缺乏，物流管理水平较为低下。

随着市场竞争日趋激烈，企业生存和发展的关键在于获得并保持长期的竞争优势。科学高效的物流成本管理能够降低企业产品成本，为顾客提供优质的服务，使企业获得成本优势和价值优势。因此，现代物流成本管理作为重要的竞争手段被纳入企业战略管理的范畴。由于目前我国学者对物流成本管理研究还处于初级阶段，大部分企业仍将生产和销售领域作为物流成本管理关注的重点，还未能从企业竞争需求的战略高度进行物流成本管理。

企业的物流活动是由供应物流、生产物流、销售物流、回收物流、废弃物流等子系统共同组成的一个相互联系的系统，各个物流子系统间以及系统中的各个要素间往往存在着相互联系、此消彼长的"效益背反"关系。目前，我国制造企业的物流活动存在着没能从物流整体这一系统性的角度出发，只是片面的消减某一单个物流职能部门的成本或某一职能部门的某一项物流费用，违背了物流整体系统和"效益背反"规律，从而引起物流总成本的增加或降低物流服务水平，导致降低企业的利润和整体竞争力。

现今在我国制造企业内部，一方面缺乏各个职能部门之间的有效沟通和协调的机制，部门经理很可能为了本部门的利益而做出损害企业整体利益的次优化选择，从而导致企业内部物流运作效率低下；另一方面，物流供应链上下游企业之间也缺乏沟通、协调与合作，不能利用物流供应链的整合效益来提升企业之间物流运作的效率和效益。上述两方面的原因导致企业物流运作效率低下，物流成本居高不下，企业整体运营成本较高。

3. 成本核算缺乏标准化、规范化和现代化的控制手段

目前，我国只有一个《企业物流成本构成与计算》（GB/T 20523—2006）的标准范式，且规范的构成并没有在企业中很好地执行，物流企业在成本核算区域缺乏多样性和实际可操作性等选择性的规范，看似只有一个统一的标准，但实际并未发挥规范标准的作用。这主要是因为我国物流成本的核算方法发展不成熟，市场上的企业核算方法发展不充分，导致社会范围内没有一种主导的物流成本核算方法引领潮流，也就缺失了真正意义上的标准化和规范化的核算方法。进入 21 世纪，互联网的快速发展使得众多的企业发展模式发生转变，现代物流要实现货物由生产厂家到消费者的无缝衔接，信息化和标准化是基础和关键。而我国物流产业标准化和信息化程度较低，发展相对滞后，物流成本的核算本来也应借助这次改革浪潮发生变革，但实际上我国的物流成本核算依然停留在传统的人工计算上，物流成本居高不下。此外，对于成本核算的控制手段，由于缺乏统一标准，造成物流成本严重失真，也就难以有效地发现一种合理的控制手段。

三、针对我国物流成本管理的建议和措施

（一）建立和完善物流成本核算系统

1. 建立和完善物流成本核算体系

积极建立多种类的针对不同企业的物流成本核算方法，颁布相关的同一行业的标准成本核算规则。此外还应积极宣传我国国家标准化管理委员会批准发布的《企业物流成本构成与计算》（GB/T 20523—2006）国家标准，以

求更多的企业能够真正地全面贯彻落实我国 2006 年颁布的物流国家标准，真正掌握企业物流成本的构成，并单独分类核算企业物流成本，进而对企业物流活动发生的全部费用做出确切、全面的计算与分析。

2. 明确物流成本核算范围

进一步完善物流成本核算的范围，圈定不同企业应划归于物流成本的构成部分。企业不仅要关注物流成本构成的传统组成部分，及外部的销售所发生的运输和仓储保管费，更应积极关注企业内部的物流成本构成及多种形态的物流成本。其中，企业内的物流计算包括：材料费、人工费、水气电费、维护费、物流利息计算、其他费用等；多种形态成本核算，包括委托物流计算费（企业委托外单位进行运输、保管、装卸、包装、流通、加工等所支付的物流费）和外企业支付物流费（包括供应外企业支付物流费计算和销售外企业支付物流费计算）。

3. 尽快设置专门的物流成本核算科目

在企业的成本核算体系中建立专门的"物流成本"核算科目，从现行的成本会计及财务会计账户中分离出关于物流成本的内容，并对企业发生的物流成本进行核算。由于涉及物流系统的成本支出散落在多个会计账户中，我们可以在不打破原有财务会计的框架之下，单独设置"物流成本"二级科目，利用本门核算的原理进行汇总计算，在二级科目之下设"供应物流成本""生产物流成本""销售物流成本""废弃物流成本"等三级科目进行归集。

（二）转变物流成本管理观念

对于这一观念转变，首先，应提升企业对于物流成本管理的重视程度，充分认识到物流成本的控制是一个企业"第三方利润"的重大来源，有效地管理和控制其成本对任何企业来说都是行业竞争优势。因此，企业应积极构建内部物流成本管理的机构和体系，制订管理计划，培养物流管理的专职人员，让全体员工参与到物流成本的控制中去，提高企业成本管理水平。其次，从战略成本管理和系统整合的角度去管理企业。只有有效降低企业的成本，才能使企业获得竞争优势。而物流成本占据着企业经营费用支出中的大部分，有效降低其成本是企业脱颖而出的关键。因此，现代物流产业的成本管理应该上升到事关企业生死的战略高度，才能使企业不断发展和立于不败之地。再次，由于企业的物流活动是一个彼此相连的系统，单从某个部门或者某个区域去削减物流成本的价格都是不准确的核算方法。应充分关注与企业整个物流体系有关的上下游所产生的物流成本，全面控制企业的物流成本，进而为科学管理物流成本和设置先进的成本控制手段打下基础。

（三）构建标准化、现代化成本核算控制手段

在传统的人工管理模式下，企业的成本控制受诸多因素的影响，往往不易也难以实现各个环节的最优控制。企业应积极借助互联网发展，构筑现代信息系统，强化对电子信息技术的应用，对降低企业的物流成本具有积极的现实意义。具体来讲，现代物流信息系统可以使企业将客户的选购意向、订购产品的数量和价格等方面的信息通过网络进行快速便捷的沟通和交流，使生产、流通全过程的企业或部门分享由现代物流信息系统对物流信息的快速传送带来的利益，也使得企业可以充分应对未来随时可能发生的各种需求，调节整个供应链上不同企业之间或企业内部不同的职能部门之间的生产经营计划，使得企业可以从整体上降低物流成本费用，也使企业能更加快速和便捷地对具体区域的成本进行监督和控制。